Weidenmann · Erfolgreiche Kurse und Seminare

Konzept und Beratung der Reihe Beltz Weiterbildung:

Prof. Dr. *Karlheinz A. Geißler*, Schlechinger Weg 13, D-81669 München.
Prof. Dr. *Bernd Weidenmann*, Weidmoosweg 5, D-83626 Valley.

Bernd Weidenmann

Erfolgreiche Kurse und Seminare

Professionelles Lernen mit Erwachsenen

Beltz Verlag · Weinheim und Basel

Über den Autor:

Bernd Weidenmann, Jg. 1945, ist Professor für Pädagogische Psychologie. Seit über 20 Jahren arbeitet er auch als Trainer, vorwiegend im Bereich Trainerqualifizierung.

Für Heike

Die Deutsche Bibliothek – CIP-Einheitsaufnahme

Weidenmann, Bernd:
Erfolgreiche Kurse und Seminare : professionelles Lernen mit Erwachsenen /
Bernd Weidenmann. – Weinheim ; Basel : Beltz, 1995
    (Beltz Weiterbildung : Training)
    ISBN 3-407-36322-2

Lektorat: Ingeborg Strobel

© 1995 Beltz Verlag · Weinheim und Basel
Herstellung: Klaus Kaltenberg
Satz (DTP): Satz- und Reprotechnik GmbH, Hemsbach
Druck: Druckhaus Beltz, Hemsbach
Umschlaggestaltung: Bernhard Zerwann, Bad Dürkheim
Printed in Germany

ISBN 3-407-36322-2

Inhaltsverzeichnis

Dank

Dieses Buch enthält meine Erfahrung aus vielen Kursen und Seminaren. Dazu haben Personen beigetragen, denen ich danken möchte:

- Jens-Uwe Martens hat vor über 20 Jahren den Mut gehabt, mich für sein »Institut für wissenschaftliche Lehrmethoden« zu engagieren; hier habe ich mein erstes Seminar geleitet.
- Karlheinz A. Geißler hat mich in gemeinsamen Supervisionsseminaren und in seinen Büchern erfahren lassen, was es heißt, mit Personen und Gruppen zu arbeiten.
- Hermann Will ist für mich ein Wegweiser zur kreativen und spielerischen Seite der Arbeit mit Erwachsenen geworden.

Danken möchte ich auch den vielen Teilnehmerinnen und Teilnehmern, den heiteren und den unzufriedenen, den eifrigen und den störrischen, den schnellen und den bedächtigen. Den stillen kann ich nicht danken; ich habe zu wenig von ihnen erfahren.

Vorwort und Einführung

Was will das Buch?

Teilnehmerinnen und Teilnehmer an Kursen und Seminaren sind heutzutage anspruchsvoller als je zuvor.

- Sie wollen besonders effektiv lernen.
- Sie wollen direkt Verwendbares für ihren Alltag lernen.
- Sie wollen beim Lernen etwas erleben.
- Sie wollen sich als Person entwickeln.

Zum Wunsch nach effektivem Lernen: Zeit ist sowohl im Beruf wie in der Freizeit scheinbar knapp. Die Betriebe gehen sparsam mit der Zeit für Kurse und Seminare um, weil Aus- und Weiterbildung als Investition, nicht als produktive Zeit gesehen wird. Und in der Freizeit muß der Besuch eines Kurses mit einem überreichen Angebot an Erholung und Vergnügen konkurrieren. Lernen soll deshalb schnell und erfolgreich vonstatten gehen. Die Teilnehmer sind ungeduldiger als früher.

Zum Wunsch nach Lernen für den Alltag: Typisch für den Zeitgeist ist die allgegenwärtige Frage »Was bringt mir das?« Sie bestimmt auch die Haltung gegenüber Kursen und Seminaren. Das Gelernte soll direkt verwendbar sein, am besten am nächsten Tag. Die Teilnehmer sind nutzenorientierter als früher.

Zum Wunsch nach Lernen als Erlebnis: Die Ware »Erlebnis« bieten heute die Massenmedien, die Einkaufszentren, die Touristikunternehmen, die Gastronomen, die Multimediaanbieter und viele andere an. Als Konsument erwartet man, daß auch Kurse und Seminare spannend und unterhaltend sind. Die Teilnehmer sind verwöhnter als früher.

Zum Wunsch, sich als Person entwickeln: Typisch für den Zeitgeist ist auch das ausgeprägte Interesse an der eigenen Person. Man will Neues über sich erfahren und seine Fähigkeiten erweitern. So wie viele beim Bodybuilding oder bei Aero-

10

bic ein Körperideal zu realisieren versuchen, erwarten sie von Kursen und Seminaren ein »Mindbuilding« oder ein »Personality engineering«. Auch an Veranstaltungen zu Sachthemen werden persönliche Beratungserwartungen herangetragen. Die Teilnehmer wollen mehr als Individuen beachtet und gefordert werden als früher.

Wenn diese Einschätzungen ein Stück Realität erfassen, haben wir es mit einem recht widersprüchlichen Phänomen zu tun. Einerseits wären die Teilnehmer verwöhnte Kind-Erwachsene (nach Neil Postmans Bestseller: »Wir amüsieren uns zu Tode«), die sich auch im Kurs und Seminar gut unterhalten wollen und ein möglichst müheloses Lernen erwarten. Andererseits wären sie aber anspruchsvolle Lernkunden, die genau wissen, was sie lernen wollen, und dafür ein hochprofessionelles Angebot einfordern. Wie geht man als Kursleiter oder Kursleiterin damit um?

Die Teilnehmer: Kind-Erwachsene oder Lernkunden?

Dieses Buch geht davon aus, daß die Ansprüche der Teilnehmer auf effektives, erlebnisorientiertes, praxisnahes und personbezogenes Lernen zu Recht bestehen. Das heißt: Kursleiter und Trainer müssen mehr sein als gekonnte Wissensvermittler. Sie müssen ebenso professionell

Nur Wissensvermittlung ist zu wenig

- eine produktive und kooperative Seminarkultur prägen,
- anregende und herausfordernde Lernsituationen arrangieren,
- Lernende individuell beraten und ihre Entwicklung fördern,
- positive Beziehungen zwischen den Teilnehmern unterstützen,
- schwierige Situationen produktiv bearbeiten.

Nur eines sollten sie nicht: bei den Teilnehmern die Haltung des bequemen Konsumenten zulassen oder gar verstärken.

Sämtliche Kapitel dieses Buches sind als Anregung dafür zu lesen,

- wie man die Selbständigkeit und Selbstverantwortung der lernenden Erwachsenen herausfordert und stärkt;
- wie man die Teilnehmer in direkten und intensiven Kontakt mit dem Lerngegenstand bringt.

Die Ziele professioneller Arbeit mit Erwachsenen

Deshalb werden Sie in diesem Buch keine Techniken und Strategien finden, wie man Gruppen »in den Griff bekommt«, wie man Teilnehmer »motiviert«, wie man als Trainer oder Trainerin Autorität bekommt und sich beliebt macht. Taktiken dieser Art verraten eine Sichtweise, die meiner Ansicht nach grundfalsch ist, weil sie den Lernprozeß – und ebenso den Gruppenprozeß – behindert, anstatt ihn zu unterstützen.

- Statt eine Gruppe »in den Griff« zu bekommen, gilt es, während des Seminars die Arbeitsfähigkeit der Teilnehmer zu sichern und zu optimieren.
- Statt Teilnehmer zu »motivieren«, gilt es, die Lernsituationen mit Fantasie und Geschick so arrangieren, daß die Teilnehmer mit dem Thema möglichst unmittelbar und ungestört in Kontakt kommen und dabei Erfahrungen machen können, die sie weiterbringen. Motivieren kann sich eine Person nur selbst. Allerdings muß sie das Thema und die Beschäftigung mit dem Thema als bedeutsam und herausfordernd erleben.
- Statt sich als Trainer oder Trainerin Achtung oder Beliebtheit zu verschaffen, gilt es, die gemeinsame Lernarbeit professionell zu gestalten. Man sollte sich gerade nicht als unentbehrlicher Dolmetscher zwischen Stoff und Teilnehmer stellen, sondern sich als ideenreicher und erfahrener »Kuppler« von Lernthema und Lernenden verstehen.

»In den Griff bekommen«, »motivieren«, sich als Kursleiter und Trainer wirkungsvoll darstellen – das sind Absichten, die eine trainerzentrierte, nicht eine teilnehmerzentrierte Haltung kennzeichnen. Die Position dieses Buches ist eine andere.

Wie ist das Buch aufgebaut?

Das Buch besteht aus vier Kapiteln. Zusammen bilden sie eine Landkarte der modernen Lernarbeit mit Erwachsenen.

In *Kapitel 1 »Die Lernarbeit«* geht es um Grundfragen der Tätigkeit als Leiterin oder Leiter von Kursen und Seminaren, z.B.:

- Was ist unser Job als Leiterin oder Leiter?
- Was sind die Ziele unserer Arbeit?
- Unter welchen Bedingungen arbeiten wir?
- Was bedeuten uns die Teilnehmerinnen und Teilnehmer?
- Was wäre eine erwachsenengerechte Lernarbeit?
- Wie erhalten wir unsere Arbeitsfähigkeit im Trainerberuf?

Dieses Kapitel macht meine Position zur Lernarbeit mit Erwachsenen deutlich.

In *Kapitel 2 »Die wichtigsten Methoden«* und in *Kapitel 3 »Die wichtigsten Medien«* finden Sie das handwerkliche Rüstzeug für eine erfolgreiche Lernarbeit mit Erwachsenen. Hier wird das Inventar der verbreiteten Methoden und Medien vorgestellt und die Anwendung in der Praxis beschrieben.

Besonders wichtig war mir aber darüber hinaus, die Methoden und Medien vom Standpunkt der Konzeption (siehe Kapitel 1) aus zu bewerten. Ich habe das in anderen Büchern zum Thema vermißt. Interessanterweise deckt diese »Verträglichkeitsprüfung« eine Reihe von Schwächen gängiger Methoden und Medien auf. Im Buch finden Sie aber jeweils konkrete Vorschläge dazu, wie Sie diese Nachteile vermeiden oder zumindest verringern können. In der Regel handelt es sich um Varianten, die ich gefunden oder entwickelt, ausprobiert und für gut befunden habe, so z.B. beim Lehrgespräch, beim Rollenspiel, beim Folienvortrag, beim Einsatz von Video. Damit verbunden ist auch der Wunsch an die Leserinnen und Leser, selbst solche Verträglichkeitsprüfungen mit ihrer eigenen Trainingskonzeption vorzunehmen und neue methodische Varianten zu entwickeln, mit denen sie sich wohl fühlen.

In *Kapitel 4 »Den Prozeß gestalten«* richtet sich der Fokus auf die Beziehungsdynamik der gemeinsamen Lernarbeit. Dieser Aspekt wird zwar in den anderen Kapiteln immer mit einbezogen, rückt aber in diesem Kapitel in den Mittelpunkt. Es soll deutlich werden, daß Leiterinnen und Leiter nicht nur mit Methoden und Medien vertraut sein, sondern auch auf der Beziehungsebene professionell agieren sollten.

Ein Anstoß für dieses Kapitel war die Erfahrung aus meinen Train-the-Trainer-Seminaren, daß viele Kolleginnen und Kollegen diese Ebene vorwiegend taktisch und selbstzentriert angehen: »Wie mache ich mich beliebt?«, »Wie schalte ich schwierige Teilnehmer aus?«, »Wie setze ich mich durch?« Kapitel 4 bringt statt dessen Beispiele dafür, wie man als Leiterin oder Leiter eine erwachsenengerechte und lernförderliche Beziehungskultur im Kurs und Seminar gestaltet. Dies wird gezeigt am Beispiel von Symbolen und symbolischen Handlungen, von Spielen und Erfahrungsübungen, vor allem aber von Strategien, um mit Krisen und Beziehungsstörungen produktiv umzugehen.

Wie kann man das Buch lesen?

Sie werden zu Recht erwarten, daß Einteilung und Abfolge der Kapitel wohlüberlegt sind. Da ich aber selbst zu den Lesern zähle, die mal hier, mal dort einsteigen und sich am liebsten ihre eigene Route durch ein Buch suchen, habe ich beim Schreiben darauf Rücksicht genommen. Sie können also bedenkenlos bei jedem Kapitel oder Unterkapitel anfangen, ohne einen »Absturz« befürchten zu müssen.

Die mir wichtigen Prinzipien einer professionellen Lernarbeit mit Erwachsenen prägen alle Kapitel in gleicher Weise; sie werden natürlich um so deutlicher, je mehr Kapitel Sie lesen. Die Reihenfolge ist dabei jedoch bedeutungslos.

Ihre Erfahrungen sowohl beim Lesen wie beim Anwenden dieses Buches sind mir wichtig. Ich freue mich über alle Anregungen und Hinweise, die den Leserinnen und Lesern künftiger Auflagen zugute kommen.

Die Lernarbeit

»Es muaß wos g'schehn.
Weil, wenn nix g'schiacht,
nacha passiat no wos.«

(Volksweisheit aus Bayern)

1.1 Die Situation

Lernsituationen

- Frau B. schult im Computerraum eines Softwarehauses Sekretärinnen in einem Desktop-Publishing-Programm.
- Herr K. trainiert in einem Hotel Führungskräfte in Projektmanagement.
- Professor V. hält vor Studenten eine Vorlesung über »vernetztes Denken«.
- Frau Dr. A. informiert Pharmareferenten über die Wirkungsweise eines neuen Medikamentes.
- Herr C. und Frau Z. inszenieren mit Betriebsräten Rollenspiele zur Verhandlungstechnik.
- Frau L. diskutiert mit Beratungslehrern einen Schulleistungstest.
- Herr O. führt mit Autofahrern einen Schleuderkurs durch.
- Frau W. erteilt in einem Elektrokonzern ausländischen Arbeitnehmern Deutschunterricht.

Gemeinsam ist diesen Situationen:

Was ist typisch für Lernsituationen?

- Erwachsene haben sich nach Absprache für eine bestimmte Zeit an einem bestimmten Ort versammelt.
- Für diese Zeit haben sie unterschiedliche Rollen übernommen: Die einen lehren/unterrichten/trainieren, die anderen lernen/hören zu/führen Anweisungen aus.
- Die Lehrenden werden für ihre Tätigkeit honoriert, teils direkt von den Lernenden, teils stellvertretend für die Lernenden von einer Institution.

Diese Gemeinsamkeiten weisen die typischen Merkmale von Arbeit auf: Organisation, Arbeitsteilung, Honorierung. Und die Zielsetzung, daß durch die gemeinsame Anstrengung etwas Verwertbares produziert wird. Institutionalisiertes Unterrichten und Trainieren ist also eine Arbeitssituation. Von den Lehrenden wird eine Dienstleistung erbracht. Ich als Trainer verkaufe Kompetenz an die Teilnehmer und/oder deren Arbeitgeber.

Arbeitsvereinbarungen

Es gibt auch in Bildungsveranstaltungen einen Arbeitsvertrag. Neben Absprachen (z.B. zu Termin, Inhalt usw.) sind unausgesprochene Arbeitsregeln wirksam. Sie räumen den Lehrenden gegenüber den Lernenden besondere Rechte ein, z.B.

Die heimlichen Privilegien der Lehrenden

- die Ziele und das Lehrangebot festzulegen,
- uneingeschränkt reden zu dürfen und Teilnehmern das Rederecht zu erteilen,
- zu bestimmen, in welchen Formen und mit welchen Methoden gearbeitet wird,
- zu bestimmen, wann gearbeitet und wann Pause gemacht wird,
- sich während der Arbeit frei zu bewegen (die Teilnehmer haben meistens zu sitzen),
- die Teilnehmer und ihre Leistung zu bewerten.

Diese Rechte sind einseitig. Wenn ein Teilnehmer oder eine Teilnehmerin sie für sich in Anspruch nähme, würde das alle Beteiligten irritieren. Allerlei Reparaturhandlungen würden einsetzen, um die alte und vertraute Rollenverteilung zwischen Lehrenden und Lernenden wiederherzustellen. Womöglich müßte der »schwierige Teilnehmer« die Veranstaltung verlassen.

Für die Privilegien der Lehrenden lassen sich durchaus plausible Gründe anführen. Wieviel Energie und Zeit läßt sich einsparen, wenn sich die Lernenden nicht jedesmal über die Ziele und die Vorgehensweise verständigen müssen. Wie entlastend ist es, wenn die Lehrenden für einen geordneten Lernbetrieb sorgen. Andererseits: Ist diese Rollenverteilung erwachsenen Lernern angemessen? Warum ist es nicht selbstverständlich, daß die Teilnehmer die Ziele und die Vorgehensweisen der Lernarbeit nach Bedarf ändern, die Aufteilung der Lernarbeitszeit festlegen, die Leitung von Diskussionen selbst in die Hand nehmen oder während eines Lehrvortrags oder Lehrgesprächs genauso von ihrem Sitzplatz aufstehen und im Seminarraum herumgehen, wie es die Lehrenden tun? Warum könnenTeilnehmer ihre Leistung nicht selbst bewerten, wenn die Lehrenden sie darauf vorbereiten und dabei unterstützen? Die Konventionen verstellen leicht den Blick dafür, daß die Situation »Lernarbeit« durchaus verschieden gestaltet werden kann.

ist das nicht ausgeschlossen bei partizipativen Wkshps!

Lernarbeit so oder so?

Wie unterschiedlich die Lernarbeit, speziell die Arbeitsbeziehung, gestaltet werden kann, soll an zwei aus vielen anderen möglichen Positionen verdeutlicht werden.

So?	Oder so?
»Meine Teilnehmer und Teilnehmerinnen sind mir anvertraut. Ich habe die Verantwortung dafür, daß sie das Lernziel erreichen, und will mein Bestes dafür tun. Deswegen habe ich mich sorgfältig vorbereitet und mich für den optimalen Lernweg entschieden. Allerdings erwarte ich, daß die Teilnehmer meinen Anweisungen folgen. Wenn es nötig wird, fordere ich dies auch ein. Denn ich bin überzeugt: Es wird zum Besten der Teilnehmer sein.«	»Lernen können nur die Teilnehmer und Teilnehmerinnen selbst. Die Verantwortung liegt bei ihnen. Allerdings kann ich günstige Voraussetzungen dafür schaffen und dies fortlaufend überprüfen. Dafür sehe ich mich professionell verantwortlich. Ich erwarte von den Teilnehmern, daß sie selbst ein Interesse an der Optimierung der Arbeitsbedingungen haben und mir signalisieren, wenn sie meinen, anders besser lernen zu können oder etwas anderes lernen zu wollen.«

Beiden Trainerpositionen ist der Realitätsbezug gemeinsam, daß sie die Lernarbeit erfolgreich zu gestalten suchen, daß sie die Trainertätigkeit als Dienstleistung definieren und daß ein Expertentum des Trainers vorausgesetzt wird. Jede Position gestaltet jedoch die Lehr-/Lernsituation und das Arbeitsverhältnis recht unterschiedlich. Position 1 (So?) erinnert an die Beziehung Lehrer/Schüler, Position 2 (Oder so?) an die Beziehung Berater/Klient.

Lernarbeit nach dem Muster »Lehrer/Schüler«

Leiterzentrierte Lernarbeit

- Prinzip: Die Lehrenden »vermitteln« Wissen und Können. Die Lernenden sollen es aufnehmen und übernehmen.
- Gewinn für die Lehrenden: Autorität, Respekt, Kontrolle über das Geschehen.
- Nachteile für die Lehrenden: Sie werden für Erfolg und Mißerfolg verantwortlich gemacht. Mit den Jahren drohen Routine und Gleichförmigkeit.

- Gewinn für die Lernenden: Sicherheit, klare Vorgaben, Orientierung, Bequemlichkeit.
- Nachteile für die Lernenden: wenig Bezug zur eigenen Person und Lebenssituation.
- Lernchancen: abhängig davon, wie gut die Planung zu Vorwissen und Lernbedürfnissen der Teilnehmer paßt.
- Konfliktpotential: Lernende wollen mehr Selbständigkeit oder zweifeln am Expertenstatus der Lehrenden. Im Konfliktfall offener Widerstand, Unterlaufen der Anweisungen oder Passivität.

Lernarbeit nach dem Muster »Berater/Klient«

- Prinzip: Die Lernenden nutzen professionelle Unterstützung bei ihrem Anliegen, etwas für sich zu lernen.
- Gewinn für die Lehrenden: Kooperation mit den Lernenden. Lernarbeit als gemeinsames Problemlösen. Spannend: die unterschiedlichen Lernprozesse bei den Teilnehmern.
- Nachteile für die Lehrenden: Lerngeschehen wenig vorausplanbar. Anstrengend: sich auf die einzelnen Teilnehmer einstellen und die Arbeit in der Gruppe koordinieren.
- Gewinn für die Lernenden: Möglichkeiten der Selbststeuerung und Gestaltung der Lernarbeit. Eigenaktivität.
- Nachteile für die Lernenden: Verantwortung für das Lerngeschehen. Lernen als »Holschuld«.
- Lernchancen: durch die starke Eigensteuerung der Lernenden Nähe zu ihrer Lebenssituation. Wissen ist »angeeignet«. Guter Transfer. Nebeneffekt: Sie lernen, das Lernen selbst zu organisieren.
- Konfliktpotential: Lernende scheuen die Eigenverantwortung und wollen geleitet werden. Die Abstimmungsprozesse in der Lerngruppe sind zu aufwendig. Die Lehrenden verhalten sich zu passiv (laisser-faire).

Teilnehmerzentrierte Lernarbeit

Das Drehbuch »Lehrer/Schüler« ist allen Beteiligten bestens vertraut. Die Erfahrungen aus vielen Schuljahren prägen unsere Vorstellung von organisiertem Lernen auch im Erwachsenenalter. Das Programm »Schule« schaltet sich automatisch ein, sobald man den Fuß in einen Seminarraum setzt. Man nimmt Platz, schaut nach vorne und erwartet mit den anderen, daß jemand »Unterricht macht«.

Das Drehbuch »Berater/Klient« erwerben wir erst in der Erwachsenenwelt und außerhalb von Bildungsveranstaltungen, etwa bei der Erziehungsberatung, Verbraucherberatung, Anlageberatung, Steuerberatung, Einrichtungsberatung. Die Beratungssituation ist ganz anders als die Schulsituation. Zur Beratung bringe ich als Klient ein konkretes Problem mit, für das ich eine Lösung suche. Ich erwarte und verlange, daß sich der Berater auf mich und mein Anliegen einstellt. Ich frage so lange, bis ich alles verstanden habe, äußere Zweifel oder Widerspruch, wenn ich etwas nicht nachvollziehen kann. Ich allein treffe die Entscheidung, was ich tun werde. In der Beratungssituation arbeiten Erwachsene gemeinsam an einem Problem. Der Berater erbringt eine Dienstleistung für den Klienten.

Ein Trainer fragt

A: »Was mich als Trainer interessiert: Welche Situation ist denn nun für die Lernarbeit mit Erwachsenen am besten geeignet?«

B: »Wie würden Sie denn selbst gut lernen und gerne lernen?«

A: »Das ist gar nicht so einfach.«

B: »Was ist das Problem?«

A: »Es sind so verschiedene Wünsche. Die kriege ich nicht zusammen.«

B: »Was wünschen Sie denn?«

A: »Daß es nicht langweilig ist. Daß es effektiv ist. Daß ich lerne, was ich wirklich gebrauchen kann. Daß die Arbeit mit den anderen gut läuft.«

B: »Sie meinen, das bekommt man in der Praxis nicht zusammen?«

A: »Das Unterhaltende ist meistens nicht effektiv.«

B: »Muß das so sein, oder haben Sie es auch schon anders erlebt?«

A: »Nicht in einem Seminar, sondern in der Freizeit.«

B: »Beim Lernen?«

A: »Ich habe ein Hobby und sauge wie ein Schwamm seit Jahren alles auf, was ich dazu finden kann. Das ist sehr unterhaltend und erstaunlich effektiv. Inzwischen bin ich fast Experte.«

B: »Was ist beim Hobby anders als beim Lernen im Seminar?«

A: »Das Thema interessiert mich. Ich will immer mehr darüber wissen. Und ich bestimme selbst, wann ich was mache.«

B: »Ginge das auch mit anderen zusammen?«

A: »Nur wenn die das gleiche Interesse haben. Dann stelle ich mir das sogar noch besser vor als allein. Das wäre ideal.«

B: »Ohne oder mit Leitung?«

A: »Wenn die Gruppe gut weiterkommt, braucht es keine Leitung. Wenn nötig, kann man ja mal den einen oder anderen Experten einladen.«

B: »Sie sind Trainer. Wieviel von dieser Art Lernen erleben die Teilnehmer in Ihren Veranstaltungen?«

A: »Leider viel zuwenig.«

B: »Woran liegt das?«

A: »Bei den Seminaren geht es nicht um ihre Hobbys. Das Interesse fehlt. Ich muß oft den Hund zum Jagen tragen.«

B: »Wie tragen Sie den Hund?«

A: »Ich versuche, den Stoff so interessant wie möglich rüberzubringen. Wichtig ist Abwechslung, mal Gruppenarbeit, mal Folien, mal Video.«

B: »Rüberbringen klingt nach Füttern, nicht nach Jagen. In Ihrem Hobby haben Sie sich als Jäger beschrieben. Als Trainer füttern Sie.«

A: »Ich sagte schon, vielen Teilnehmern fehlt das richtige Interesse. Deshalb muß ich sie ja füttern. Mir wäre lieber, sie hätten Lust zum Jagen. Das können Sie mir glauben.«

B: »Macht Füttern Lust auf Jagen?«

A: »Manchmal schon. Ich kann, wenn ich als Trainer gut arbeite, beim einen oder anderen Interesse am Thema wecken.«

B: »Ich habe den Eindruck, Sie tragen nicht den Hund zum Jagen, sondern führen ihn an der Leine durch einen Parcours, einen abwechslungsreichen Parcours. Was könnte ›Jagen‹ in einem Seminar sein?«

A: »Wenn wir ein Problem als Beute definieren und uns überlegen, wie wir es packen.«

B: »Wie könnten solche Überlegungen aussehen?«

A: »Was müssen wir wissen? Wer hat schon Erfahrungen damit gemacht? Wie wollen wir vorgehen? Was müssen wir vorbereiten? Wie teilen wir die Arbeit auf?«

B: »Als Trainer ist man der erfahrene Jäger und kennt die Beute. Wie könnte man sich verhalten, damit die anderen das Jagen lernen?«

A: »Hungrig machen. Ihnen erzählen, wie die Beute schmeckt und wie spannend das Jagen ist.«

B: »Geben Sie Tips, Ratschläge?«

A: »Nur wenn sie allein nicht zurechtkommen und Ratschläge wollen. Hinterher kann man sich ja gemeinsam anschauen, was warum geklappt hat oder nicht.«

Didaktisches Lexikon

Authentizität

Die Situationen im Lernprozeß sollten aus den Alltagserfahrungen der Lernenden kommen, also »authentisch« sein. Lernen wird dann als besonders sinnvoll erlebt. Die Situation ist die eigene und damit eine bedeutsame. Wenn Anfänger in einem Beruf noch zu wenig Erfahrungen erworben haben, ist es an den Leitern und Leiterinnen, solche Situationen möglichst realitätsnah zu präsentieren.

Interesse

Interesse beschreibt eine enge Beziehung zwischen Person und Gegenstand/Thema/Tätigkeit. Wie die Forschung zeigt, entsteht Interesse besonders dann, wenn man direkt und selbstgesteuert Erfahrungen mit dem Gegenstand sammelt. Im Hobbybereich ist das die Regel. Die Situation sollte anregend sein, d.h., Neugier wecken, zum Ausprobieren und Erkunden verführen.

Kooperation

Arbeit in Teams trägt zur Multiperspektivität bei, weil die verschiedenen Ansichten und Erfahrungen der Mitglieder zusammenkommen. Auch für die Prinzipien Authentizität und Selbststeuerung läßt die gemeinsame Arbeit in Gruppen besonderen Raum.

Lernen mit allen Sinnen

Sicher kennen Sie Tabellen, aus denen man ablesen kann, wieviel Prozent man jeweils durch Hören, Sehen, Lesen, Nacherzählen, Tun usw. behält. Wissenschaftlich sind sie nicht haltbar. Doch es gibt gute lernpsychologische Argumente für Vielfalt beim Lernen.

- Vielfalt bei der Informationsaufnahme: Text, gesprochenes Wort, Bilder, Skizzen usw. für ein- und denselben Lerninhalt.
- Vielfalt bei der Informationsverarbeitung: sich etwas sprachlich einprägen, sich innere Bilder dazu vorstellen, in eigene Worte bringen.

● Vielfalt bei der Informationswiedergabe: das Gelernte anderen erklären, visualisieren, auf konkrete Probleme anwenden.

All dies trägt dazu bei, daß ein Lerninhalt vielfältig erfaßt und abgespeichert wird. Außerdem wird das Lernen dadurch interessanter.

Multiperspektivität

Alltagssituationen sind anders als Lehrbuchsituationen, nämlich vielfältig, unscharf, jedesmal anders. Für solche Situationen braucht man kein starres Wissen, wie es in Lehrbüchern steht, sondern flexibles Wissen. Flexibilität muß bereits den Wissenserwerb bestimmen, damit das Wissen flexibel verfügbar abgespeichert wird. Das didaktische Prinzip der Multiperspektivität zielt darauf ab, eine Situation, ein Problem aus mehreren Richtungen zu beleuchten. Für einen Inhalt werden unterschiedliche Anwendungsbeispiele gesucht; er wird in unterschiedlichen Codierungen festgehalten (Sprache, Bilder, Formeln).

Selbststeuerung

Erwachsene haben über die Jahre individuelle Lernstile, Vorlieben, Strategien ausgebildet. Sie sind es gewohnt, selbst zurechtzukommen. Beim erwachsenengemäßen Lernen sind daher Ziel und Zwischenziele so klar wie möglich zu beschreiben. Auf dem Weg dorthin ist aber Raum für die unterschiedlichen Lerngewohnheiten und Vorlieben der Lernenden zu lassen. Nach jeder Arbeitsetappe werden die Erfahrungen der Lernenden mit ihrem Weg für das weitere Vorgehen ausgewertet.

Selbstwirksamkeit

Zentral für Motivation ist Selbstwirksamkeit als Erlebnis und als Überzeugung. Als Erlebnis: Ich erfahre, daß sich etwas durch mein Tun verändert. Als Überzeugung: Ich führe eine Veränderung, z.B. einen Erfolg, auf mein Tun zurück. Wenn ich mich in einer Situation befinde, in der ich nichts verändern kann, werde ich kaum motiviert sein, etwas zu tun. Und wenn ich eine Veränderung nicht meinem Einwirken, sondern anderen Einflüssen (z.B. dem Zufall) zuschreibe, wird mich das nicht motivieren, weiter aktiv zu sein. Wenn also Teilnehmer Selbst-

23

wirksamkeit als Lernende erfahren sollen, müssen sie Gelegenheit dazu bekommen. Fremdsteuerung verhindert zwar das Risiko von Mißerfolg, verhindert aber auch, daß die Lernenden einen Erfolg ihrer Selbstwirksamkeit zuschreiben können und sich damit für weiteres Lernen motivieren.

Situierung

Im schulischen Unterricht wird Wissen oft ohne einen Verwendungszusammenhang, ohne Kontext gelernt. Dieses Wissen ist dann meist träges Wissen. Man kann es abrufen und wiedergeben, aber kaum auf eine konkrete Situation anwenden. Deshalb raten Lernpsychologen dazu, Wissen schon beim Erwerb zu situieren, also mit konkreten Situationen verknüpfen.

Situationen gestalten

Wie sieht das Modell
»Beratung«
in der Praxis aus?

Zurück zu den Anfangsbeispielen. Wie könnten die Leiterinnen und Leiter in diesen Beispielen auf die Anregung reagieren, die Seminarsituation stärker nach den im didaktischen Lexikon genannten Prinzipien und nach dem Modell »Berater/Klient« zu gestalten?

Beispiel Softwareschulung

Frau B: »Die Teilnehmerinnen müssen eine festgelegte Zahl von Programmbefehlen lernen. Die Sachlogik schreibt eine bestimmte Abfolge vor. Ich leite daher die Teilnehmerinnen Schritt für Schritt, bis sie das Programm kennen. Zum Üben führe ich dann aber Situationen aus der Praxis ein.«

Kommentar: Sollen die Teilnehmerinnen wirklich nur Programmbefehle lernen? Sind nicht folgende Ziele ebenso wichtig: Freude am Arbeiten mit dem Programm bekommen, es als Erleichterung für den Berufsalltag erleben, auf Fehler nicht hilflos reagieren, das Handbuch zum Programm kennen und benutzen? Läßt nicht die Programmstruktur sehr wohl verschiedene Reihenfolgen beim Erlernen der Befehle zu?

Und hier einige Vorschläge für ein situations- und teilnehmerorientiertes Vorgehen:

- Jede Teilnehmerin sollte, bevor sie ins Programm einsteigt, eine möglichst anschauliche »Vision« haben, was sich an ihrem Arbeitsplatz durch das Programm ändern würde. Deshalb sollten zuerst konkrete Anwendungssituationen für das Programm beschrieben werden.
- Man bildet Zweier- oder Dreierteams pro Computerplatz.
- Die Teams starten mit einer Explorationsphase, d.h., sie versuchen gemeinsam, sich mit dem Programm und dem Handbuch einen ersten Überblick zu verschaffen.
- Die Ergebnisse dieses Erkundens werden dann im Plenum ausgetauscht. Aufgetauchte Fragen sind zu beantworten.
- Es folgt die erste Arbeitsphase: Die Teams entscheiden sich für ein Anwendungproblem, das sie mit dem Programm lösen wollen. Frau B. berät sie hinsichtlich des Schwierigkeitsgrades.
- Die Teams versuchen, das Problem zu lösen. Als Hilfen stehen zur Verfügung das Handbuch, die Hilfefunktion des Programms, andere Teams und zuletzt Frau B.
- Wieder im Plenum: Die Teams berichten über Erfahrungen und Schwierigkeiten. Offene Fragen werden geklärt.
- Fortsetzung mit weiteren selbstgewählten Anwendungssituationen.
- Zur Leistungskontrolle: Test anhand eines komplizierteren Falls, den Frau B. vorbereitet hat.
- Abschlußtraining »Umgang mit Fehlern« durch Frau B.

Beispiel Projektmanagement-Training

Herr K.: »Ich arbeite bereits mit diesen Prinzipien. Nach einer kurzen Einführung in die Technik des Projektmanagements und in die Instrumente bearbeiten wir ausschließlich konkrete Situationen aus dem Führungsalltag. Die Führungskräfte würden mir einen langen Vortrag oder am grünen Tisch ausgetüftelte Übungen nicht abkaufen.«

Kommentar: Konkrete Fälle zu bearbeiten, die Teilnehmer selbst erlebt haben, ist in vielerlei Hinsicht vorteilhaft (s.o. zu Authentizität). Allerdings muß die Gefahr in Kauf genommen werden, daß der jeweilige Teilnehmer sein damaliges Verhalten bewußt oder unbewußt durch die Gruppe bestätigt wissen möchte. Das ist menschlich gut nachvollziehbar, kann aber die Kreativität der Gruppenarbeit erheblich behindern.

Deshalb sollte die Problematik vor Beginn der Arbeit angesprochen werden. Wenn die Gruppe oder der Teilnehmer es möchten, kann ein Gruppenmitglied speziell hierfür einen Beobachterauftrag übernehmen und intervenieren, wenn das Problem auftaucht. Keine gute Idee wäre es, den Teilnehmer einer anderen Gruppe zuzuordnen und nicht an »seinem« Fall arbeiten zu lassen. Sein Wissen um die Details und sein Interesse an dieser Situation sind ja gerade wertvoll.

Beispiel Vorlesung

Professor V.: »Vorlesungen müssen sein. Das sieht der Studienplan vor. Außerdem habe ich als Student selbst viel aus Vorlesungen gelernt. Für Lernen in Situationen gibt es die Praktika und Seminare.«

Kommentar: Hochschulen sind didaktische Notstandsgebiete. Jede Vorlesung einschließlich Folien oder Dias könnte durch einen gedruckten Text oder eine Diskette ersetzt werden. Im Unterschied zum gesprochenen Wort erlauben Texte den Lernenden individuelles Lerntempo, vielfältige Bearbeitungsmöglichkeiten und späteres Nachschlagen. Empirische Untersuchungen zur Wirksamkeit von Vorlesungen haben niederschmetternde Resultate erbracht.

Da Vorlesungen sein müssen, sollte man zumindest in Ansätzen die genannten Prinzipien realisieren: durch Einbindung von Lebenswelt und Verwendungssituationen in den Vortrag, durch regelmäßige Unterbrechungen für Teilnehmerfragen. Und Professor V. könnte ein- oder zweimal im Semester einen kurzen Feedbackbogen an die Studentinnen und Studenten ausgeben, z.B. mit den Rubriken: »Das finde ich an Ihrer Vorlesung hilfreich« und »Das würde ich mir wünschen«.

Beispiel Pharma-Fachschulung

Frau Dr. A.: »Ich habe drei Stunden Zeit. Dann müssen alle das Medikament so gut kennen, daß sie auch einem kritischen Arzt Rede und Antwort stehen können. Das geht nur als Fachvortrag. Ich versuche, das als Lehrgespräch zu machen und viel mit Folien zu arbeiten. Zum Schluß wird ein Wissenstest gemacht.«

Kommentar: Wenn die Teilnehmer auf ein »Rede und Antwort stehen« vorbereitet werden sollen, müssen sie das im Seminar üben. Die Methode des Fachreferats führt vermutlich zu trägem Wissen (s.o.). Da die Situation aber bei jedem Arzt anders sein wird, ist flexibles Wissen gefragt. Wegen der Zeitknappheit sollte die Basisinformation zum Medikament vor dem Seminar durch ein Selbstlernmedium (Programmierte Unterweisung oder guter Informationstext mit Abbildungen) erfolgen. Auf diese Weise können sich die Teilnehmer individuell nach ihrem Vorwissen und Lerntempo vorbereiten. Das Seminar selbst dient dann der Nutzung und Ergänzung dieses Wissens in alltagsnahen Situationen.

- Dazu bieten sich Rollenspiele in kleineren Teams an, die zeitgleich in verschiedenen Räumen durchgeführt werden. In diesen Argumentationsübungen erkennen die Teilnehmer, was sie schon beherrschen und wo noch Wissenslücken und Mißverständnisse auszuräumen sind. Die Teilnehmer sollten die Übungssituationen (Rollenspieldrehbücher) aus ihrer Erfahrung selbst festlegen. Sie wechseln nach jeder Übung die Rollen, so daß jeder auch einmal aus der Rolle des Arztes agiert.
- Die erkannten Wissenslücken oder offenen Fragen werden nach jeder Runde auf Kärtchen festgehalten. Nach der Übungsrunde in den Kleingruppen werden die Kärtchen aus allen Teams zusammengetragen und in einer gemeinsamen Runde mit Frau Dr. A. bearbeitet.
- Zum Schluß können die Teilnehmer aus dem Erarbeiteten eine praktische Argumentationshilfe zum betreffenden Medikament zusammenstellen, die sich zur Vorbereitung auf den nächsten Arztbesuch eignet. Bei dieser Aufgabe sollten die Teilnehmer individuell entscheiden, ob sie lieber allein oder mit anderen zusammenarbeiten möchten. Die Ergebnisse können, wenn gewünscht, zum Abschluß an die Pinwand geheftet, als »Wandzeitung« besichtigt und somit als Anregung genutzt werden.

Beispiel Rollenspiele »Verhandeln«

Herr C.: »Unsere Teilnehmerinnen und Teilnehmer kommen mit klaren Interessen her. Sie wollen rhetorisch sicherer werden. Und das schon bis zur nächsten Konferenz im Betrieb. Denen kann ich keine langen Vorträge halten. Das muß authentisch und situationsbezogen sein. Deshalb machen wir sofort Rollenspiele, zeichnen sie auf Video auf und analysieren dann die Fehler.«

Frau Z.: »Theorie ist natürlich auch wichtig. Wir bringen sie über die Auswertungen der Rollenspiele ein.«

Kommentar: Rollenspiele und das wiederholte Analysieren von Videoaufzeichnungen kosten viel Energie und Konzentration. Außerdem besteht durch die Wiederholung die Gefahr der Monotonie und Sättigung. Bei Rollenspielseminaren ist daher eine »ergonomische« Dramaturgie besonders wichtig. Als Abwechslung zum intensiven Rollenspiel und zur schwierigen Arbeit des Auswertens könnte man denken an: Lesen eines interessanten Textes zum Thema, Entwikkeln eines Leitfadens mit Verhandlungstips (auch für Kollegen), Gespräch mit einem eingeladenen Experten, Theoriereferat mit Diskussion. Sinnvoll ist es, solche Rollenspielseminare durch ein späteres Supervisionsangebot zu ergänzen. In diesem Rahmen könnten persönliche Probleme in Verhandlungssituationen (Rollenkonflikte, Beziehungsknoten, persönliche Unsicherheiten usw.) systematisch und kooperativ bearbeitet werden.

Beispiel Diskussion Schulleistungstest

Frau L.: »Mit den Beratungslehrern will ich keine Schulung im üblichen Sinne machen. Das sind für mich Kolleginnen und Kollegen. Deshalb treffen wir uns zu einem Thema und diskutieren. Manchmal sprechen wir uns vorher ab, daß jemand bis zum nächsten Mal etwas vorbereitet und vorträgt. Wir sind also immer an konkreten Situationen dran. Jeder kann jederzeit seine Interessen einbringen. Es gibt keine Zwänge oder feste Abläufe.«

Kommentar: Der Diskussions- oder Arbeitskreis mit Kollegen ist eine erwachsenengemäße Form des Lernens. Allerdings sind zwei Gesichtspunkte zu beachten, die nicht unabhängig voneinander sind: Teilnehmerzahl und Produktivität. Es gibt eine kritische untere und obere Mitgliederzahl. Ist der Kreis zu klein, fehlen die Impulse; ist er zu groß, wird die Verteilung der Redezeit schwierig. Besonders harmonische Gruppen neigen nach einigen Treffen dazu, nur noch die kollegiale Eintracht zu pflegen. Die Interaktion wird oft fade und unproduktiv. Deshalb: nicht nur diskutieren, sondern konkrete Probleme definieren und bearbeiten, Ergebnisse dokumentieren, Sitzungsthemen vorausplanen und vorbereiten. Und bei einer größeren Gruppe öfter die Moderationstechnik einsetzen.

Beispiel Schleuderkurs

Herr O.: »Mein Kurs ist so teilnehmerorientiert, daß die sogar ihre eigenen Autos fahren. Und Situationen bewältigen tun meine Teilnehmer andauernd.«

Kommentar: Wer Verhalten lernen will, muß Verhalten üben. Je öfter, desto eher wird das eigentliche Lernziel erreicht, daß das richtige Verhalten automatisch, ohne Nachdenken, abläuft. Anfangs ist die bewußte Steuerung noch nötig. Dies verleitet manche Trainer dazu, die Lernenden mit Instruktionen zu überschütten (»Jetzt mußt du...!«, »Nein, nicht...!«). Doch der bessere Weg wäre auch hier soviel Selbststeuerung durch die Lernenden wie möglich. Leiter sollten sich am Beratermodell orientieren.

Wie man Verhalten erwachsenengemäß lernt, zeigt die folgende Abbildung:

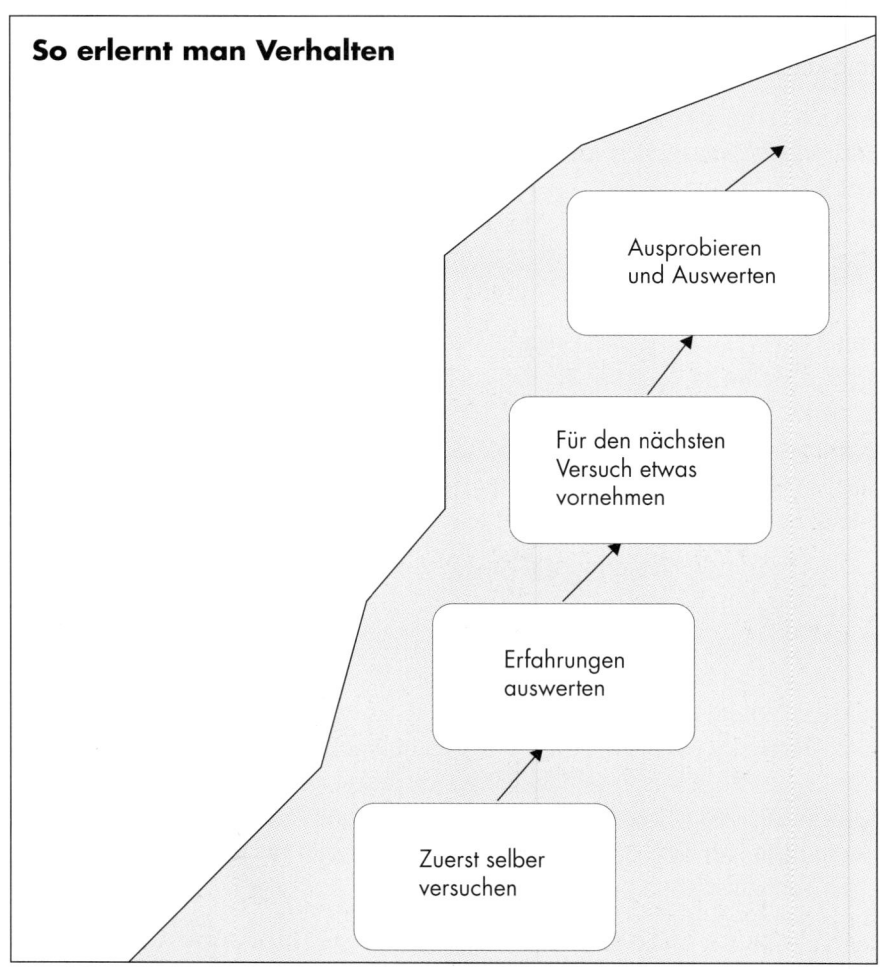

So erlernt man Verhalten

Ausprobieren und Auswerten

Für den nächsten Versuch etwas vornehmen

Erfahrungen auswerten

Zuerst selber versuchen

In diesen Lernzyklen geht es weiter. Der Trainer oder die Trainerin instruiert nicht, sondern erfüllt eine wichtige Beraterfunktion. Er oder sie sorgt dafür, daß Versuchen, Beobachten, Vorsatz und Erproben jeweils exakt erfolgen. Anfänger nehmen weniger wahr als Experten und haben schlechtere Erklärungsmuster, warum ein bestimmtes Verhalten sich so und nicht anders auswirkt. Im geschilderten Lernzyklus erfassen die Lernenden die Zusammenhänge sensibler und erleben mehr Selbstwirksamkeit als beim beflissenen Befolgen von Instruktionen. Wenn man sich selbst den Kopf darüber zerbricht, woran es liegt, daß etwas nicht wie gewünscht klappt, weiß man auch Tips mehr zu schätzen und versteht sie besser, als wenn man mit ihnen eingedeckt wird.

Das konventionelle Verfahren »instruieren, dann nachmachen« scheint auf den ersten Blick effektiver. Das selbstgesteuerte Vorgehen ist allerdings nachhaltiger, weil die Lernenden die Fähigkeit erwerben, auch ohne Trainer das eigene Verhalten zu analysieren und zu korrigieren. Für die spätere Praxis ist diese Selbständigkeit sehr wertvoll.

Beispiel Sprachenlernen

Frau W.: »Wie wichtig die Lebenssituation der Teilnehmerinnen und Teilnehmer für das Lernen ist, habe ich bei den ausländischen Arbeitnehmern ganz deutlich bemerkt. Wer sich in Deutschland nicht wohl fühlt, bei dem sperrt sich auch etwas gegen die deutsche Sprache. Wir nehmen uns deshalb im Kurs viel Zeit, einander kennenzulernen. Erst wenn wir uns verstehen, macht das Sprechen Sinn.«

Kommentar: Dies ist ein überzeugendes Beispiel dafür, daß es in der Erwachsenenbildung nie »nur um die Sache« geht. Die Sachen, d.h. die Lerninhalte und Ziele, haben ihre Bedeutung in der persönlichen Lebenswelt. Für Schüler sind die Lerninhalte oft bedeutungslos für ihr gegenwärtiges Leben. Für Erwachsene aber sind die Lerninhalte im Kurs oder Seminar in die Realität außerhalb der Veranstaltung eingebettet. Man besucht den Kurs, um in seinem Beruf weiterzukommen. Oder weil man etwas in seinem privaten Interessengebiet lernen will. Für eine Sprache gilt dies in besonderer Weise. Deshalb wird in der neueren Fremdsprachendidaktik Sprache nicht wie ein beliebiger »Stoff« gepaukt, sondern in möglichst authentischen Situationen erworben.

Die Beispiele und Kommentare zeigen, daß die Umsetzung der genannten didaktischen Prinzipien auch bei Lerninhalten möglich ist, die nach Meinung vieler Leiter nur mit darbietenden, leiterzentrierten Methoden zu vermitteln sind. Erwachsenengemäßer und an Lernerfahrungen reicher sind Situationen, in denen die Lernenden erkunden, ausprobieren, eigenständig gestalten können. Wie man sich auch als Leiterin oder Leiter entscheidet: Man kann Lehr-/Lernsituationen immer nur arrangieren. Ob darin Lernen stattfindet, ist Sache der Teilnehmer.

1.2 Die Teilnehmerinnen und Teilnehmer

Wann waren Sie zuletzt Teilnehmer?

Die meisten professionellen Leiterinnen und Leiter von Kursen und Seminaren sind seit Jahren nicht mehr in der Teilnehmersituation gewesen. Sie haben vergessen, wie anstrengend Zuhören sein kann, wie schwer langes Sitzen fällt, wie dumm man sich fühlt, wenn man etwas nicht versteht. Wenn Teilnehmer zwischendurch abschalten, nur schleppend eine Gruppenarbeit beginnen oder die Pausenzeit überziehen, ist man als Trainer schnell geneigt, mit Ärger oder Enttäuschung über die faule Gruppe zu reagieren. Dabei würde man sich als Teilnehmer genauso verhalten.

Ein eigenes Erlebnis: Bei einem Elterntreffen stellten sich die Lehrerinnen und Lehrer für das neue Schuljahr vor. Nach zehn Minuten sagte meine Frau: »Fällt dir etwas auf?« Tatsächlich schwätzten wir und andere Eltern aus purer Langeweile miteinander, wie wir es Kindern nicht erlauben würden.

Interessieren Sie sich für Ihre Teilnehmer?

Anfängerinnen und Anfänger im Trainerberuf sind meistens noch so intensiv mit sich und dem Lernstoff beschäftigt, daß sie keine Aufmerksamkeit für das Innenleben der Teilnehmer übrig haben. Sie nehmen selbstzentriert wahr (»Wie komme ich an?«). Routinierte Trainer andererseits haben nach vielen Berufsjahren oft keine Lust mehr, sich in die Teilnehmer hineinzufühlen. Sie haben das Interesse an den Menschen verloren, mit denen sie arbeiten. Gleichgültigkeit aus Sättigung ist ein klassisches Zeichen für das »Burnout-Syndrom«. Man beschreibt damit einen Zustand von Ausgebranntsein, der häufig in sozialen Berufen nach einer Zahl von Berufsjahren auftritt. Im Extremfall kommt es zu Zynismus gegenüber den Teilnehmern. Abwertende Äußerungen über die Teilnehmer kann man in Lehrerzimmern oder am Trainertisch im Seminarhotel zur Genüge hören.

Das Interesse an den Teilnehmern und die genannten Prinzipien einer erwachsenengemäßen Lernsituation hängen miteinander zusammen: Einerseits verlangen diese Prinzipien von den Leitern, daß sie Neugier und Energie aufbringen, um die einzelnen Teilnehmer zu beobachten, zu verstehen und zu beraten; der Lohn sind interessante und überraschende Einblicke in die Lernenden und den Lernprozeß. Eine leiterdominierte Lernarbeit dagegen »entlastet« die Trainer davon, sich intensiv mit den einzelnen Personen zu beschäftigen; andererseits wird ihre Arbeit damit gleichförmiger, gleichgültiger und weniger befriedigend.

Dieses Kapitel soll Leiterinnen und Leiter an ihre Teilnehmererfahrungen erinnern und sie für die Situation ihrer Lernpartner (wieder) sensibler machen. Gegliedert ist das Kapitel nach den typischen Aufgaben, die Teilnehmer in jeder Lehr-/Lernsituation bewältigen müssen.

»Will ich so bleiben, oder will ich mich ändern?«

Jede Lernsituation reizt mit Gewinn für das Ich und bedroht zugleich das Gewohnte. Man will das Neue und will zugleich das Vertraute nicht verlieren.

In Lernprozessen kann man beobachten, welche der beiden Richtungen gerade die Oberhand hat. Am Anfang, wenn man sich freiwillig für eine Bildungsveranstaltung anmeldet, überwiegt die Bereitschaft, sich verändern zu wollen, etwas dazuzulernen. Wenn es dann mühsamer oder langwieriger verläuft als erwartet, wird die erste Stimme immer lauter, die sagt: »Es reicht jetzt.« Bei einer verordneten Teilnahme, wie sie in der betrieblichen Erwachsenenbildung nicht selten vorkommt, hat diese Stimme oft schon von vornherein das Sagen. Dann bestimmt der Widerstand gegen Veränderung die Teilnehmersituation.

Man sagt, je älter jemand sei, desto schwerer fiele das Lernen. »Was Hänschen nicht lernt«. Man erklärt es mit der nachlassenden Leistungsfähigkeit des Gehirns. Doch andere Erklärungen sind wahrscheinlicher. Mit dem Alter haben sich zahlreiche Erfahrungen angehäuft. Diese Erfahrungen werden, wie alles, was unser Gehirn aufnimmt, eingeordnet. Das gibt Sicherheit und entlastet. Ordnen ist aber auch Festlegen. Wenn ältere Menschen glauben, das meiste im Leben schon zu kennen, so zeigen sie damit, daß sie ihre Erfahrungen in eine überschaubare aufgeräumt haben. Die Haltung »Das kenne ich schon« macht es aber schwer, für Neues offenzubleiben oder Bekanntes mit neuen Augen zu sehen. Warum man im Alter schwerer lernt, wäre demnach eine Folge vieler gut aufgeräumter Erfahrungen. Man möchte sich die Ordnung nicht durcheinanderbringen lassen. Menschen, denen ein aufgeräumtes Weltbild verdächtig und zu langweilig ist, werden aber auch im höheren Alter erfolgreiche Lernende bleiben.

Lernt man mit dem Alter schwerer?

Die zwei Lernerseelen

Lerner haben eine dünne Haut

Die eigenen Erfahrungen sind ein Teil der Person. Wenn man sich wünscht, Neues zu lernen, ist das auch ein Wunsch, die eigene Person ein Stück zu erneuern. Und wenn man etwas nicht begreift oder ausüben kann, ist das eine Niederlage für die eigene Person. Dies mag übertrieben klingen. Doch wie sehr auch bei personenneutral erscheinenden Lerninhalten die eigene Person auf dem Spiel steht, kann man leicht beobachten, wenn sich nahestehende Personen (Ehepaare, Eltern und Kinder) etwas beibringen wollen. Die Beziehungsdramen auf Skipisten, Tennisplätzen oder bei den Hausaufgaben haben ihre Ursache darin, daß die lernende Person vor sich und vor dem »bedeutsamen anderen« ihr Bild schützen möchte. Eigentlich müßte es ganz normal sein, daß man etwas nicht gleich kann. Aber es ist einem nicht egal, wenn man als fehlerlos und intelligent gesehen werden möchte. Je sorgfältiger diese Selbstdarstellung gepflegt wurde, desto verletzlicher und nervöser verhält man sich in der Lernerrolle, und desto bereitwilliger gibt man dem lehrenden Partner die Schuld, wenn es nicht gleich klappt. Man will lernen, aber alles schon können. Man lehnt die eigene Person ab, solange sie lernt.

Die dünne Haut von erwachsenen Lernenden wird durch Narben von früheren Lernerfahrungen noch empfindlicher. Fast alle sind wir durch ein Lerntraining gegangen, das Fehler rigoros sanktionierte. Wer hat schon Lernerfahrungen erlebt, in denen Fehler als etwas Wichtiges und Anregendes bewertet und verwertet wurden? Wer gelernt hat, vor allem Fehler zu vermeiden, dem wird ausprobierendes, selbstgesteuertes Lernen nicht geheuer sein, obwohl es gerade ihm zu wünschen wäre, dieses andere Lernen und dessen Vorzüge zu erfahren.

Wie geht man als Leiterin oder Leiter mit dem Lernerzwiespalt »Will ich so bleiben, oder will ich mich verändern?« um? Wie immer ist es hilfreich, sich bewußtzumachen, wie man selbst in der Lernerrolle damit umgeht und welches Trainerverhalten man sich selbst wünschen würde. Das führt zu der überraschenden Einsicht, daß man die üblichen Rezepte für sich selbst gar nicht so gerne möchte, z.B. leichte Aufgaben und viel Lob. Statt dessen wünschen sich die meisten Lernenden Herausforderung und Ehrlichkeit, Respekt für ihre Person und Verständnis für ihre Probleme.

Die wichtigsten Traineraufgaben im Spannungsfeld von »so bleiben« oder »sich verändern« sind drei:

So hilft man Lernenden, sich zu ändern

● *Die Veränderungen aufzeigen*
Die lernende Person bemerkt es oft nicht, wenn sich eine Veränderung ereignet hat. Lob allein ist wenig informativ. Was man als Lerner braucht, sind Informationen darüber, wo man weitergekommen ist und worin dieses Weiterkommen genau besteht.

● *Die Vision lebendig halten*
Die lernende Person verliert bei Problemen leicht den Blick für das Ziel oder sie zweifelt daran, das Ziel erreichen zu können. Für die Lernmotivation ist es wichtig, daß die Vorstellung, das Erwünschte bereits erreicht zu haben, so anschaulich und plastisch wie möglich bewußt bleibt. Manchmal ist es gut, sie mit den Lernenden als geleitete Phantasie aufzufrischen.

»Ich bin ganz Ohr«
von A. Winteler
und P. Forster

In der Literatur zu NLP (»neurolinguistisches Programmieren«, ein etwas pseudowissenschaftlicher Titel für eine schillernde Mischung psychologischer Techniken) findet man Anregungen zur Arbeit mit Visionen und anderen inneren Bildern, die man auch während der Lernarbeit einsetzen kann. Um eine positive Vision vom Lernziel zu aktivieren, könnte eine Trainerin z.B. sagen: »Schließen Sie die Augen, und stellen Sie sich eine Situation vor, in der Sie das, was Sie jetzt noch lernen, perfekt beherrschen und anwenden. Welches Bild kommt Ihnen in den Sinn? Machen Sie das Bild farbig. Drehen Sie den Ton dazu an. Lassen Sie das Bild als Film laufen. Spüren Sie, wie gut Sie sich dabei fühlen? Genießen Sie das Gefühl. Lassen Sie nun das Bild wieder stehen. Gehen Sie mit Ihrer inneren Kamera ganz nahe heran. Bauen Sie einen schönen Rahmen um das Bild. Schauen Sie es in allen Einzelheiten an, und genießen Sie noch einmal das Gefühl, daß Sie das Gekonnte anwenden. Prägen Sie sich das Gefühl und das Bild gut ein. Öffnen Sie wieder die Augen. Denken Sie immer an dieses Bild, wenn Ihnen das Lernen zu mühsam wird und Sie die Zuversicht verlieren.«

● *Die Selbstwirksamkeit unterstützen*
Selbstunsichere Lernende erklären Probleme beim Lernen mit persönlichen Eigenschaften, an denen sich nichts ändern läßt: »Ich bin völlig unbegabt.« Sorglose Lernende nehmen alles nicht so ernst, geben sich vorschnell zufrieden und schieben Mißerfolge auf äußere, sie entlastende Umstände: »Pech gehabt. Aber macht mir nichts aus.« Bei beiden Lernvermeidungsstrategien sind konfrontierende Trainerimpulse nötig, z.B.
– »Was haben Sie konkret getan?«
– »Was wollen Sie jetzt tun?«
– »Was brauchen Sie an Informationen, damit Sie weiterkommen?«
Das lenkt die Wahrnehmung der Lernenden auf die eigene Selbstwirksamkeit.

»Ist das Thema mein Thema?«

Fragt man Trainerkolleginnen und -kollegen nach ihrem größten Problem bei der Lernarbeit, dann sagen sie einhellig: fehlende Motivation der Teilnehmer. Doch was sie meinen, ist nicht Motivation (im Sinne von Bereitschaft, sich zu engagieren), sondern Interesse, d.h. die Beziehung zwischen Thema und Teilnehmer.

Wenn das Thema einen interessiert, wenn ein Lernziel sehr bedeutsam ist, wenn man in der Thematik richtig »drin« ist, dann gibt es kein Motivationsproblem. Dann engagiere ich mich und lasse auch bei Schwierigkeiten und Anstrengungen nicht locker. Interesse heißt: Das Thema ist mein Thema, die Lernziele sind meine Lernziele.

Trainerinnen und Trainer neigen dazu, diese wichtige Frage zu unterschätzen und ihr zu wenig Beachtung zu widmen. Sie meinen, wenn sich Personen zu einem Kurs anmelden oder zu einem Seminar anreisen, sei doch dokumentiert, daß das Thema auch ihr Thema sei. In Wirklichkeit ist zu Seminarbeginn der Bezug zum Thema bei jedem Teilnehmer anders. Die eine weiß genau, was sie will; der andere weiß es nicht genau und wartet, was auf ihn zukommt; die dritte weiß wie die erste genau, was sie will, aber es ist etwas anderes als das Thema. Die Seminarleiterin oder der Seminarleiter schließlich hat seine eigene Vorstellung zum Thema. Für Teilnehmer ist es beruhigend, wenn sie zu Beginn der Lernarbeit die Gewißheit gewinnen, daß die Vorstellung des Leiters oder der Leiterin zu Thema und Zielen mit den eigenen Vorstellungen übereinstimmen. Auch sollten die Leiter öfter ihr Interesse am Thema überprüfen. Ein gleichgültiger Trainer kann nicht »anstecken« und andere neugierig machen.

Folgende Maßnahmen können dazu beitragen, daß für die Teilnehmerinnen und Teilnehmer das Thema des Seminars auch ihr Thema ist.

Die Gruppe entscheidet über die Inhalte und den Ablauf

Man kann in einer Vorbesprechung vor der eigentlichen Veranstaltung oder in der Anfangssituation die Teilnehmer bitten, auf Kärtchen festzuhalten, was sie persönlich nach dem Kurs oder Seminar am liebsten wissen und können möchten. Das läßt sich gut mit einer Entspannungsübung und »inneren Bildern« unterstützen.

Beispiel: Ein offener Koffer, z.B. der Moderatorenkoffer, wird in die Mitte gestellt. Die Teilnehmer sollen sich vorstellen, welche Fähigkeiten, welches Wissen usw. sie in Zukunft gerne noch »im Gepäck« haben möchten. Sie beschriften Karten und legen sie in den Koffer. Aus den individuellen Karten lassen sich an der Pinwand gemeinsame Themenblöcke herauskristallisieren. Gemeinsam wird eine Abfolge für die Bearbeitung festgelegt, auf Flipchartbogen festgehalten und an die Wand gehängt. Dann beginnt die Lernarbeit.

Der »Lernkoffer« wird gepackt

Ein solches Vorgehen bietet sich immer dann an, wenn Spielraum für die Auswahl der Themen besteht und wenn man als Trainer ausreichend Erfahrung und Material mitbringt, um für die Wünsche gerüstet zu sein. Der große Vorzug dieses Vorgehens liegt darin, daß ein »Maßanzug« für die Lerngruppe geschneidert wird und daß die Teilnehmer ihre Verantwortung für die Lernarbeit erkennen.

Ärgerlich ist dagegen folgende Praxis: Zu Beginn einer Maßnahme führt man eine Kartenabfrage nach den Erwartungen der Teilnehmer an das Seminar durch. Die Karten werden dann angepinnt und kurz besprochen, bleiben aber für das weitere Vorgehen ohne jede Konsequenz. Im Unterschied zur oben geschilderten gemeinsamen Entscheidung über die Inhalte machen die Teilnehmerinnen und Teilnehmer hier eine fatale Erfahrung: »Man tut so, als sei meine Meinung gefragt. In Wirklichkeit ist alles festgelegt. Ich fühle mich hereingelegt.«

Die Teilnehmer lassen ihre Erfahrungen zum Thema
lebendig werden

Der »Erfahrungs-
koffer« wird
ausgepackt

Als »warming up« zu jedem neuen Abschnitt im Kurs oder Seminar sollte man als Leiterin oder Leiter zu Verfahren greifen, die den Teilnehmern helfen, an den Erfahrungsschatz und die Gefühle zum jeweiligen Thema heranzukommen. Das kann ein anregender Impuls sein, z.B. »Was haben Sie zum Thema schon erlebt?«, »In welcher Situation haben Sie sich schon einmal gewünscht, daß Sie dazu mehr Wissen hätten?«, »In welcher Situation zu diesem Thema haben Sie sich wohl bzw. unwohl gefühlt?« Der Impuls kann auch durch Bilder erfolgen (s. »Bildkartei« in Kapitel 4.2) oder in Form von Ton- und Filmdokumenten (s. Kapitel 3.4 und 3.5).

Wenn die Zeit es zuläßt, kann man anregen, daß die Teilnehmer ihre Erfahrungen zum Thema als Ton- oder Videoaufzeichnung selbst dokumentieren. Man stellt Kassettenrecorder und Videoanlage zur Verfügung. Die Teilnehmer sollen in Kleingruppen Produkte erstellen, die ihre Erfahrungen zum Thema möglichst eindringlich übermitteln. Es ist immer wieder überraschend, wie kreativ die Teilnehmer diese Aufgabe bearbeiten und wie in kurzer Zeit und mit wenig Aufwand Dokumente mit reichem Bearbeitungspotential entstehen.

Wenn die Technik fehlt, kann man Szenen als Stegreifrollenspiel vorführen lassen oder Interviews (Experte und Befrager sind jeweils Teilnehmer) inszenieren. Solche und andere Verfahren (z.B. innere Bilder, Tagträume zum Thema usw.) erfüllen eine wichtige Funktion: Die Teilnehmer richten ihre Aufmerksamkeit auf das, was sie zum kommenden Arbeitsthema bereits in sich tragen. Sind diese persönlichen Beziehungen zum Thema lebendig geworden, entwickelt sich von selbst eine aktive Haltung zum Lerngegenstand. Es wird einem bewußt, was man wissen, geklärt haben, zum eigenen Nutzen verwenden möchte.

Die Praxis sieht meistens anders aus: Das Thema wird vom Kursleiter eingeführt und soll sofort bearbeitet werden. Wen wundert es dann, daß es den Teilnehmerinnen und Teilnehmern äußerlich bleibt?

Die Teilnehmer machen authentische Erfahrungen mit dem Lerngegenstand

Veranstaltetes Lernen ist in der Regel Lernen aus zweiter Hand. Man bekommt Ergebnisse der Lernarbeit anderer (Trainer, Buchautoren usw.) zu hören oder zu lesen. Authentische Erfahrungen entspringen dagegen der unmittelbaren Beschäftigung mit dem Lerngegenstand.

- Authentisch ist es, wenn ich im Sporttraining selbst Bewegungen ausführe; vermittelt ist es, wenn ich diese Bewegungen vorgeführt bekomme und sie mir merken soll.
- Authentisch ist es, wenn ich im Fremdsprachenunterricht selbst versuche, einen Dialog zu führen; vermittelt ist es, wenn ich einen Musterdialog nachspreche.
- Authentisch ist es, wenn ich selbst über ein Problem nachdenke; vermittelt ist es, wenn mir eine Kursleiterin den Lösungsweg demonstriert.

Authentisches Lernen

Ohne Zweifel kann man über vermittelte Erfahrungen und vermitteltes Wissen effektiv, vor allem zeitsparend lernen. Wie die Schule zeigt, bleibt dieses Wissen jedoch oft »träge« (s. Kapitel 1.1), und das Lernen wird als wenig befriedigend erlebt. Anders ist es bei der unmittelbaren, eigenständigen Auseinandersetzung mit dem Lerngegenstand. Sie gibt Gelegenheit, mit dem Lerngegenstand »warm« zu werden, sich ihn »anzueignen«. Man erfährt die Widerstände des Gegenstandes, aber auch die Freude, etwas selbst entdeckt und erworben zu haben. So kann das für die Lernmotivation wichtige Gefühl der eigenen Wirksamkeit (s.o.) entstehen. Deshalb sollten Trainerinnen und Kursleiter ihre didaktische Phantasie einsetzen, um den Teilnehmern und Teilnehmerinnen möglichst viel Gelegenheit zur direkten Begegnung mit dem Lerngegenstand zu geben.

»Kann ich das brauchen?«

Im Hobbybereich stellt sich diese Frage nicht; man lernt dort, was man braucht. Mein ehemaliger Nachbar baute mit Begeisterung Modellautos. Im Laufe der Jahre war er Experte geworden, bei dem andere Experten Rat holten. Als Autodidakt (er hätte sich wohl Auto-Didakt genannt) beschaffte er sich findig jeweils die Informationen, die er brauchte. Sie wurden sofort verwendet und in die konkrete Arbeit umgesetzt. Das Transferproblem der Didaktik, die Übertragbarkeit des Gelernten auf die Realsituation, stellte sich für ihn nicht, weil die Realsituation seine Informationsbeschaffung lenkte und filterte. Das ist ein Beispiel für selbstgesteuertes »Just-in-time«-Lernen mit sofortiger Überprüfung der Anwendbarkeit.

Solches Lernen wünschen sich die meisten Erwachsenen auch im Kurs und Seminar. Dort wird aber dann im Gleichschritt gelernt und mit Inhalten, die man sich als Teilnehmerin oder Teilnehmer nicht aussuchen kann. Zwangsläufig stellt sich das Transferproblem.

Im Kurs- und Seminaralltag gibt es Methoden, um Teilnehmer anzuregen, die Nützlichkeit des Gelernten für ihren Berufsalltag zu überprüfen.

● Vorsatzbildung: Die Teilnehmer gehen in Gedanken die Seminarinhalte durch und notieren sich Vorsätze für ihren Alltag.
● Lerntagebuch: Die Teilnehmer führen im Laufe des Kurses ein Tagebuch, in dem sie festhalten, was sie nicht vergessen wollen.
● Transfermeditation: Nach jedem Seminarabschnitt wird eine Nachdenkpause eingelegt, in der die Teilnehmer Situationen imaginieren, in denen sie das Gelernte anwenden.

Manche Trainerinnen und Trainer machen den Transfer erst in der Schlußsituation zum »offiziellen« Thema. Doch nichts beschäftigt während des Kurses die Teilnehmer so sehr wie die Frage, ob sich die Mühe lohnt und welchen Nutzen sie von der Lernarbeit haben werden. Deshalb gehört dieses Thema fortlaufend auf die Tagesordnung.

Hier einige Anregungen, die berücksichtigen, daß erwachsene Teilnehmer immer Vorerfahrungen und Beziehungen zum Thema mitbringen:

● Fragen zu Beginn einer neuen Kurseinheit: »Welche Rolle spielt dieses Thema in Ihrer Praxis?«, »Was möchten Sie genauer wissen/besser können?«, »Was ist Ihnen besonders wichtig?«

● Fragen während einer Kurseinheit: »Was möchten Sie gleich ausprobieren?«, »Fällt Ihnen dazu eine Situation aus Ihrer Praxis ein?«, »Wo stimmt das mit Ihren Erfahrungen überein, wo nicht?«, »Was fehlt Ihnen noch?«

Für das Danach eignen sich Lerntagebuch, Transfermeditation und ähnliche Verfahren, die ein geistiges Sammeln, Ordnen und Festhalten anregen (s. dazu auch Kapitel 4.2).

Die genannten Fragen sollten schon die Vorbereitung des Kurses oder Seminars bestimmen, damit man sich als Leiter Beispiele, Übungen und andere Methoden überlegt, mit denen der Nutzen der Inhalte für die Praxis der Teilnehmer überprüft und erkennbar gemacht wird.

Die Fragen »Will ich so bleiben, oder will ich mich ändern?«, »Ist das Thema mein Thema?« und »Kann ich das brauchen?« beschreiben die psychische Realität der Teilnehmer. Es sollte deutlich werden, daß Lernen – erst recht das veranstaltete Lernen mit anderen – erhebliche Anpassungsleistungen verlangt. Neben den angesprochenen Fragen müssen die Teilnehmer noch weitere Aufgaben lösen, z.B. das Auskommen mit den Kollegen, die Koordination von Körperbedürfnissen (Nahrung, Rauchen, Herumgehen usw.) mit den Pausen, das lange Ausharren im Zuhören, die Konzentration auf das Hier und Jetzt.

Testfrage für Sie als Leiterin oder Leiter: »Möchte ich bei mir Teilnehmer sein?«

1.3 Die Leiterinnen und Leiter

Irrationale Erwartungen

»Ich muß auf alles vorbereitet sein.«
»Alle Teilnehmer müssen mich mögen.«
»Die Teilnehmer müssen immer wollen, was ich möchte.«

Drehbücher

»Ich bin o.k.,
Du bist o.k.«
von Th.A. Harris

Eine Richtung in der Psychologie, die Transaktionsanalyse (Abkürzung TA), versucht, Verhalten von Menschen in Form von »Drehbüchern« zu beschreiben. Diese Drehbücher sollen vor allem in der Kindheit erworben worden sein. Sie spiegeln entweder Erfahrungen wider, die man als abhängiges Kind gemacht hat, oder sie basieren auf der Beobachtung des Verhaltens der Eltern und anderer Erwachsener. Die Transaktionsanalytiker versuchen, mit ihren Klienten vor allem »Erwachsenen-Drehbücher« (siehe unten) einzuüben.

Ich habe in meinen Seminaren zur Trainerqualifizierung versucht, diesen Ansatz auf das professionelle Trainerverhalten anzuwenden. Die Teilnehmerinnen und Teilnehmer fanden das sehr anregend; vielleicht ergeht es Ihnen ebenso.

Kritisches Eltern-Ich

»Ich will, daß jeder möglichst viel bei mir lernt. Deshalb habe ich mich gewissenhaft vorbereitet und verlange, daß sich alle im Kurs an meine Vorgaben halten. Ich verlange viel, aber ich bin gerecht. Wenn ich sehe, daß sich jemand Mühe gibt, anerkenne ich das. Wer sich drückt oder alles auf die leichte Schulter nimmt, den nehme ich besonders hart ran. Das gehört zu meinem Job. Ich wundere mich immer, wie passiv die meisten Teilnehmer sind. Sie sind wie verwöhnte Kinder und maulen, sobald ihnen etwas nicht paßt.«

- Verdrängte Realität: Die Teilnehmer sind Erwachsene.
- Psychischer Gewinn: Ich habe alles unter Kontrolle.
- Wahrscheinliche Probleme: Widerstand gegen die starke Lenkung, entweder offen oder verdeckt (Vorbild »Schülertaktiken«).

Fürsorgliches Eltern-Ich

»Ich will, daß sich meine Teilnehmer wohl fühlen. Das Lernen soll ihnen Spaß machen. Deshalb versuche ich, ihnen die Arbeit möglichst leicht und angenehm zu machen. Erfolgserlebnisse und Streicheleinheiten sind das Wichtigste. Ich kümmere mich auch um eine gute Umgebung und das Freizeitprogramm. Die meisten Teilnehmer schätzen mich deswegen. Aber es gibt Menschen, denen man es nie recht machen kann und die die Stimmung verderben wollen.«

- Verdrängte Realität: Die Teilnehmer sind Erwachsene.
- Psychischer Gewinn: Ich bin beliebt (Typ »überbeschützende Mutter«).
- Wahrscheinliche Probleme: Passivität (Typ »verwöhntes Kind«) oder Unzufriedenheit von lernwilligen, selbständigenTeilnehmern.

Hilfloses Kind-Ich

»Ich kenne meine Schwächen. Am meisten Angst habe ich vor Teilnehmern, die mich bloßstellen wollen. Die denken sich besonders schwierige Fragen aus oder zeigen anderswie, daß sie mir überlegen sind. Früher habe ich versucht, mich herauszureden. Aber inzwischen habe ich gelernt, ehrlich zu sein. Ich sage meinen Teilnehmern jetzt gleich zu Beginn, daß ich nicht perfekt bin und wir uns gegenseitig helfen müssen. Das nimmt den Besserwissern den Wind aus den Segeln. Man läßt mich jetzt eher in Ruhe. Aber so richtig zufrieden bin ich mit meinem Kurs noch nicht.«

- Verdrängte Realität: Ich habe das Seminar professionell zu leiten.
- Psychischer Gewinn: Ich werde geschont und muß mich nicht ändern.
- Wahrscheinliche Probleme: Aktive Teilnehmer nehmen das Seminar in die Hand und »kippen« die Seminarleitung.

Pfiffiges Kind-Ich

»Es gibt Trainer, die strampeln sich ab, um ein perfektes Seminarprogramm durchzuziehen. Dabei ist alles ganz einfach: Man muß die Teilnehmer strampeln lassen. Das geht natürlich nur, wenn sie dich gut finden. Dafür habe ich ein paar Highlights im Programm, die bisher jeden beeindruckt haben. Beeindrucken und strampeln lassen, das ist es. Und du mußt ein guter Kumpel sein, der mit den Leuten abends auch ein paar Bierchen trinkt. Ich verstehe nicht, warum das nicht längst alle Trainer kapiert haben.«

- Verdrängte Realität: Ich bin professioneller Leiter.
- Psychischer Gewinn: Ich mache es mir leicht und finde mich großartig.
- Wahrscheinliche Probleme: Mäßiger Lernerfolg. Bei vielen Teilnehmern sind solche Trainer allerdings beliebt, weil diese gut zum eigenen Drehbuch passen. Es kommt zu einer Verbrüderung der pfiffigen Kind-Ichs von Leitern und Teilnehmern nach dem Motto: Don't worry, be happy.

Erwachsenen-Ich

Das professionelle Drehbuch

»Ich sorge dafür, daß die Teilnehmer für sich selbst lernen, und dies so effektiv wie möglich. Dazu gehört, daß jeder seine Erfahrungen und Fähigkeiten soweit wie möglich in die Lernarbeit hineinbringt. Manche Teilnehmer müssen das erst erkennen. Die meisten haben bisher mehr für andere (Eltern, Lehrer usw.) gelernt. Deshalb erwarten sie automatisch, daß ich alles vorgebe. Natürlich bin ich Leiter und habe mir die Struktur der Lernarbeit gut überlegt. Aber arbeiten mit der Struktur müssen die Teilnehmer. Ich gebe ihnen Rückmeldung, Herausforderung, neue Anstöße, wenn sie es brauchen und wollen.«

- Verdrängte Realität: Keine. Realität ist, daß Erwachsene auf ein Ziel hin zusammenarbeiten.
- Psychischer Gewinn: Ich habe professionell gearbeitet; die Teilnehmer sind weitergekommen.
- Wahrscheinliche Probleme: Anfängliche Umstellungsschwierigkeiten bei verwöhnten Teilnehmern.

Die Arbeitsfähigkeit sichern

Leiter haben in erster Linie die Arbeitsfähigkeit der einzelnen Teilnehmer und Teilnehmerinnen zu erkennen, zu fördern und notfalls wiederherzustellen. In den verschiedenen Phasen eines Kurses oder Seminars kann die Arbeitsfähigkeit aus ganz unterschiedlichen Anlässen gestört sein. Zu Beginn sind die Teilnehmer oft noch nicht arbeitsfähig, weil sie nicht wissen, was auf sie zukommt, oder weil sie sich noch mit ungelösten Problemen der letzten Tage beschäftigen. Im Laufe des Seminars kann die Arbeitsfähigkeit plötzlich einbrechen, weil man Angst vor einer Aufgabe hat (z.B. Rollenspiel), weil man sich durch eine Äußerung gekränkt fühlt oder weil man am Abend vorher zu lange gefeiert hat. Manchen Teilnehmern geht die Arbeitsfähigkeit im Laufe eines Kurses verloren, so wie sich eine Batterie nach und nach entlädt, weil sie mit der Leiterin oder dem Leiter, den Aufgaben oder dem Arbeitsklima nicht zurechtkommen und das Vertrauen verlieren, daß der Kurs einen Sinn für sie hat. Umgekehrt kann die Arbeitsfähigkeit plötzlich wieder einen Schub bekommen, etwa durch eine herausfordernde Aufgabe, einen Lernfortschritt oder eine Vereinbarung, die zu einer gewünschten Änderung führt.

*»Lernprozesse steuern«
von Kh.A. Geißler*

Arbeitsfähigkeit erkennen

- Blitzlichtfragen: »Sind Sie dabei?«, »Können Sie so arbeiten, wie Sie möchten?« Reihum sagen die Teilnehmer dazu einen Satz. Bei Bedarf kann man diskutieren, was sich ändern ließe.
- Fragen zum Arbeitsprozeß: Nach Gruppenarbeiten wird meistens nur über das Produkt gesprochen; der Prozeß bleibt im dunkeln. Deshalb sind Fragen zu empfehlen wie: »Wie haben Sie die Arbeit in der Gruppe erlebt?«, »Wo waren Sie sich nicht einig?«, »Was würden Sie anders machen, wenn Sie die Arbeit noch einmal beginnen könnten?«
  Nach einer Einzelarbeit: »Wo sind Sie vorangekommen, wo nicht?«, »Wie sehr haben Sie sich angestrengt?«, »Hat sich die Arbeit für Sie gelohnt?«
- Beobachten: Wer sind die Schweiger? (Tip: Versuchen Sie, sich nach dem ersten Seminartag an die Gesichter aller Teilnehmer zu erinnern. Wer fällt Ihnen nicht ein?) Wer verhält sich plötzlich anders? Wen erlebt man als »schwierigen Teilnehmer«? Fast immer sind es die Teilnehmer, deren Arbeitsfähigkeit gestört ist.

- Teilnehmer ansprechen: »Mir ist aufgefallen, daß Sie ...«, »Ich möchte gerne wissen, was Sie ...«, »Ich werde das Gefühl nicht los, daß Sie ...«
- Klagemauer: Pinwand einrichten, auf der die Teilnehmer Karten mit Stichworten zu Punkten anheften, die sie gerne im Seminar geändert haben möchten.
- Feedbackinstrumente: Manche Leiterinnen und Leiter teilen nach jedem Kurs- oder Seminartag Fragebögen aus, auf denen die Teilnehmer Bewertungen vornehmen. Wenig zu halten ist von Fragebögen, die nur die Stimmung der Teilnehmer erfassen (»Stimmungsbarometer«). Sinnvoll wären statt dessen »Lernbarometer«, auf denen die Teilnehmer ankreuzen, wie sehr sie sich engagiert haben, wieviel sie gelernt haben, wie sinnvoll sie den Tag fanden. Dies wird aber auf keinem der mir bekannten Fragebogen abgefragt.
Entscheidend ist, wie mit den Angaben der Teilnehmer umgegangen wird. Lese ich sie als Leiter oder Leiterin nur daraufhin durch, ob ich »gut angekommen« bin, oder mache ich die Aussagen öffentlich und setze sie produktiv um? Wenn eine Seminarkultur der gegenseitigen Ehrlichkeit etabliert ist, halte ich statt anonymer Fragebogen Feedbackrunden für besser. Man kann sie mit einer Blitzlichtrunde beginnen, mit einer Kartenabfrage oder mit der Bildkartei (»Wählen Sie ein Bild aus, das etwas damit zu tun hat, wie Sie die Arbeit heute erlebt haben«).

»Lernbarometer« statt »Stimmungsbarometer«

Die genannten Methoden werden nur dann erfolgreich sein, wenn ich als Leiter tatsächlich neugierig darauf bin, ob und wie die Teilnehmer die Lernarbeit erleben. Wer sich einen Verdacht bestätigen lassen möchte oder »fishing for compliments« inszeniert, wird mit Sicherheit erleben, daß die Teilnehmer dies durchschauen, die Inszenierung nur der Form halber mitspielen oder sich verschließen. Und ich muß *ehrlich* sein, wenn ich möchte, daß die Teilnehmer ehrlich sind. Wer als Leiter nicht offen seine Meinung zum Lernprozeß und zur Lernarbeit der Teilnehmer äußert, sollte nicht erwarten, daß die Teilnehmer sich ehrlich äußern.

In einem Supervisionsseminar klagte eine Trainerin: »Warum sind die Teilnehmer nicht ehrlich zu mir?« Sie schilderte ihre Enttäuschung darüber, daß die Teilnehmer ihr gegenüber das Seminar positiv bewerteten, Dritten gegenüber aber kein Blatt vor den Mund nahmen. In der Fallbesprechung stellte sich heraus, daß die Trainerin selbst Schwierigkeiten damit hatte, anderen gegenüber ehrlich ihre Meinung zu äußern. Das Verhalten der Teilnehmer spiegelte exakt diese Schwäche der Leiterin.

Arbeitsfähigkeit fördern und wiederherstellen

Ist die Arbeitsfähigkeit von Teilnehmern beeinträchtigt, dann liegt dies meistens nicht an der Person, sondern an der Situation, also an Thema, Methoden, Arbeitsbedingungen. Gefragt ist dann nicht das »aufbauende« Beratungsgespräch, sondern eine handfeste Änderung der Lernsituation. Allerdings kann man gerade darüber ein Gespräch führen, etwa nach dem Dreischritt: »Was fehlt Ihnen?«, »Wie hätten Sie es gerne?«, »Was läßt sich dazu tun?«

Doch erfahrene Leiterinnen und Leiter wissen, daß es immer die gleichen wenigen Dinge sind, die von Lernenden vermißt werden, wenn sie ihre Arbeitsfähigkeit eingeschränkt sehen: Bezug zur eigenen Person und Lebenswelt (»Sinn«), interessante und herausfordernde Problemstellungen, aktives Tun, Abwechslung (Inhalte, Methoden, Medien) und gute Zusammenarbeit mit den Kollegen. Das läßt sich bei der Kursplanung berücksichtigen.

Ein Beratungsgespräch mit einzelnen Teilnehmern ist dann sinnvoll, wenn die Störung der Arbeitsfähigkeit mit ihrer besonderen Situation (im Unterschied zur geteilten Situation der Lerngruppe) zusammenhängt. Ich erinnere mich an ein Seminar für angehende Computertrainer und -trainerinnen, in dem die erste Aufgabe für die Teilnehmer darin bestand, herauszufinden und vorzuführen, wie man einem Neuling die Angst vor dem Gerät nehmen könnte. Während sich die anderen in Zweiergruppen Gedanken machten, kam eine Teilnehmerin zu mir und sagte mit Tränen in den Augen, sie traue sich das nicht zu. Ich fragte: »Was könnte Ihnen helfen, damit Sie es sich zutrauen?« Sie sagte, sie möchte erst einmal abwarten und zusehen. Bei der nächsten Präsentation am Nachmittag traute sie sich als letzte, brach dabei in Tränen aus, fing sich wieder und brachte die Sache gut zu Ende. Ich fragte sie, ebenso irritiert wie die Gruppe: »Wie ist das mit den Tränen?« und erfuhr, daß sie immer weinen müsse, wenn sie aufgeregt sei. Am liebsten wäre es ihr, wenn wir sie einfach weinen ließen. Bei neuen Leuten schäme sie sich deswegen, aber das sei jetzt in Ordnung. In der Tat war sie munter und zufrieden, auch wenn zwischendurch immer mal Tränen flossen. Alle waren beruhigt; die Arbeitsfähigkeit (auch die der anderen Teilnehmer) war wiederhergestellt.

Anders als bei diesem Beispiel kann es in seltenen Fällen dazu kommen, daß ein Ereignis im Kurs oder Seminar bei einer Person (meist alte) Wunden aufreißt und ihre Arbeitsfähigkeit blockiert. Die Person richtet dann ihre Aufmerksamkeit auf sich (z.B. bei Scham, Kränkung, Hilflosigkeit) und hat keine Kapazität mehr für die Lernarbeit frei. Die naheliegenden Impulse für Leiter und Kollegen, nämlich trösten, ungeschehen machen (»Das war nicht so gemeint!«) und verharmlosen (»Nimm's nicht so tragisch!«), helfen nicht weiter, weil sie die Realität verleugnen. Realität ist, daß das Ereignis stattgefunden hat und die Person verletzt ist.

Richtig ist statt dessen:

- Die Realität deutlich machen. Botschaft: »Sie sind jetzt nicht arbeitsfähig, weil ...«
- Ausloten, wie es weitergehen könnte. Botschaft: »Was können wir/was können Sie tun, damit Sie wieder arbeitsfähig werden?« und »Wann sind Sie wieder arbeitsfähig?«

Trainer sind keine Therapeuten

Allen Leiterinnen und Leitern nach dem Drehbuch »fürsorgliches Eltern-Ich« mag dieses Vorgehen herzlos erscheinen. Für Erwachsenen-Ich-Trainer ist es folgerichtig, weil sie nur auf diese Weise mit den Erwachsenen-Ich-Anteilen der betroffenen Person arbeiten und diese stärken können. Daß zum Verdeutlichen von Realität auch eigene Gefühle gehören (»Es bedrückt mich, daß es so gelaufen ist«, besser: »Ich wünsche sehr, daß Sie wieder auf die Beine kommen«), ist ebenso folgerichtig. Besonders hilfreich im weiteren Verlauf sind Mitteilungen an die Person, daß man ihre Bemühungen um eine Bewältigung der Krise beachtet und achtet.

»Der Gegenstand muß leuchten«

Der Physiker Heisenberg: »Schule beleuchtet, aber der Gegenstand muß leuchten.« Wer beleuchtet, bestimmt, was zu sehen ist. Wer etwas sehen will, ist auf den Beleuchter angewiesen. Viele Leiterinnen und Leiter von Kursen und Seminaren arbeiten ein Berufsleben lang als Beleuchter. Sie geben sich alle erdenkliche Mühe, »aufzuzeigen«, »hervorzuheben«, »darzustellen«. Sie inszenieren den Lernprozeß nach dem Motto: »Ich zeige euch, was ihr sehen sollt.« Und die Teilnehmer sehen, sehen zu, übersehen, sehen weg.

Ich habe meiner Tochter zum fünften Geburtstag einen Fotoapparat geschenkt, weil ich neugierig war, was sie fotografieren würde. Sie hat ein Stück Fenster des Nachbarhauses fotografiert, ein Stück Teich, ein Stück Puppe, ein Stück Blumenvase und einige Stücke Menschen. Vermutlich haben alle diese Gegenstände für sie in gewissem Sinne »geleuchtet«. Ich hätte andere Gegenstände ausgesucht und diese anders fotografiert. Ohne den Fotoapparat hätte ich nicht herausgefunden, was meiner Tochter wichtig erschien.

Die »Beleuchter-Leiter« in Kursen und Seminaren wissen wenig darüber, was die einzelnen Teilnehmer am Lerngegenstand sehen und sehen möchten. Sie wollen es vielleicht auch nicht wissen. Sie steuern das Sehen, anstatt wenigstens hin und wieder beiseite zu treten und die Lernenden den Gegenstand selbst erkunden zu lassen. So nehmen sie den Teilnehmern die Freude des Entdeckens und des Mitteilens. Und sie nehmen sich die Erfahrung, wie spannend es sein kann, was die anderen am längst vertrauten Gegenstand noch Neues finden.

Professionelle »Beleuchter« können Sehen interessant und lehrreich gestalten. Aber das passende Szenarium für diese Art Kurs oder Seminar ist »Schauspiel«: Es wird etwas vorgeführt, und die Teilnehmer schauen zu. Zum leuchtenden Gegenstand von Heisenberg paßt besser das Szenarium »Expedition«. Es gibt etwas, das einen – aus welchen Gründen auch immer – zur Erkundung reizt. Man plant und sucht sich seinen Weg; eine landeskundige Begleitung sorgt dafür, daß man sich nicht verirrt. Wäre »landeskundige(r) Begleiter oder Begleiterin« nicht eine gute Metapher für Leiter und Leiterinnen in der Erwachsenenbildung?

Arbeit am Leiter- und Leiterinnen-Ich

Ich habe selbständige Profitrainer gefragt, was sie belastet und was sie für ihre Stabilität und Leistungsfähigkeit tun. Neben der als lästig empfundenen Akquisition von neuen Aufträgen und dem Leben aus dem Koffer nannten sie als Streßquellen vor allem:

Trainerstreß und Gegenmaßnahmen

- Immer für andere dasein müssen (auch an den Abenden).
- Sich während des Seminars kaum einmal entspannen können.
- Lustlose Teilnehmer und schwierige Situationen.

Zum Thema »Psychohygiene« gaben sie an:

- Aufträge ablehnen, wenn die Rahmenbedingungen ungünstig erscheinen.
- Möglichst keine Seminare annehmen, die länger als drei Tage dauern.
- Möglichst oft Seminare mit Co-Trainerinnen und Co-Trainern durchführen.
- Eine Supervisionsgruppe besuchen.

Diese Trainerinnen und Trainer versuchen, aktiv ihre Arbeitsfähigkeit zu sichern und sich vor Burnout zu schützen. Die ersten beiden Maßnahmen sind sinnvolle Versuche, besonders belastenden Situationen von vornherein aus dem Wege zu gehen. Co-Training und Supervision sind dagegen wirkungsvolle Maßnahmen, um sich professionell weiterzuentwickeln.

»Supervision« von W. Pallasch

Da *Supervision* derzeit immer mehr nachfragt wird, soll diese Methode an einem Beispiel skizziert werden. Die Schilderung ist als Anregung für jene gedacht, die den Begriff »Supervision« zwar gehört haben, aber damit noch nicht den Wunsch verbinden, es einmal auszuprobieren. Supervision ist Beratung. Üblicherweise treffen sich Kollegen und ausgebildete Supervisoren dazu regelmäßig über einen längeren Zeitraum. Supervision kann auch als mehrtägiges Seminar stattfinden. Jeweils ein Teilnehmer bzw. eine Teilnehmerin stellt einen »Fall« vor, zu dem er oder sie eine Beratung wünscht. Deshalb spricht man auch von »kollegialer Praxisberatung«. Der Fall wird nach einer bestimmten Systematik bearbeitet.

Die Übersicht zeigt eine typische Vorgehensweise, wie man in Supervisionsseminaren einen Fall bearbeitet. (Die Systematik stammt von Karlheinz A. Geißler.)

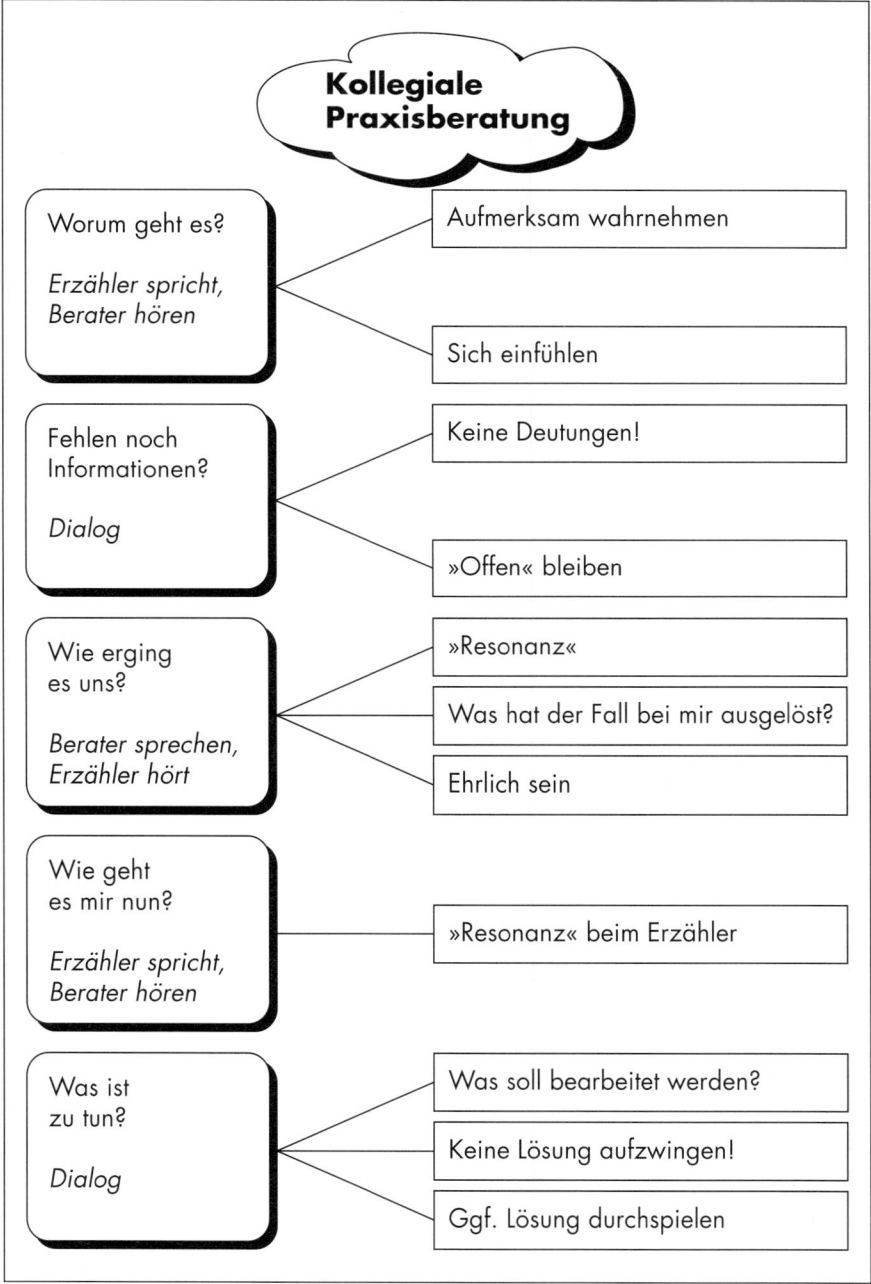

So kann man
Fälle in einer
Supervisionsgruppe
bearbeiten

Hinter den dargestellten Ablaufschritten steht eine sorgfältige theoretische Konzeption, die hier nicht ausgebreitet werden kann. Die Stichworte können leider nicht anklingen lassen, welch vielfältige Prozesse in den einzelnen Phasen auftreten und wie anspruchsvoll die Aufgabe ist, diese Prozesse produktiv zu steuern und zu bearbeiten. Doch auch jemand ohne Supervisionserfahrung kann aus dem Ablaufschema unschwer die Organisationsprinzipien erkennen. Es sind die gleichen Prinzipien, die auch die Arbeit von Leitern im Seminar bestimmen sollten: Realität erkennen (Phase 1 und 2), Realität der anderen erleben und verstehen (Phase 3), gemeinsam die Situation optimieren (Phase 5).

Ungewohnt, aber sehr effektiv ist der Wechsel der Kommunikationsformen. In Phase 1 spricht nur der oder die Ratsuchende, in Phase 2 ist lediglich Frage-Antwort-Kommunikation zugelassen, in Phase 3 sprechen nur die Beratenden, in Phase 4 kommt nur der oder die Ratsuchende zu Wort. Erst in Phase 5 ist die Gesprächsform freigegeben. Für Neulinge führen schon diese Kommunikationsregeln zu überraschenden Erfahrungen, z.B: »Ich hätte nie gedacht, wie schwer es ist, nur zuzuhören. Aber ich habe erlebt, wieviel man dann mitbekommt« und »Es fällt schwer, nicht sofort eine Deutung zum Fall im Kopf zu haben und dann nur noch diese Spur zu verfolgen«. Beobachtern fällt die für Supervision typische Umgangsweise auf: Man läßt ausreden, fragt nach, äußert Gefühle.

Von der Konzeption her ist die wechselseitige Resonanz (Schritt 3 und 4 im Ablaufschema) bedeutsam und entscheidend für den Erfolg der Beratung. Die Assoziationen, Emotionen und Gedanken, die der Fall bei den Teilnehmern lebendig werden läßt, sind wertvoll, weil sie den Bezug des jeweiligen Falls zur eigenen Person und Situation herstellen. Für die Problemlösung sind sie ebenfalls wichtig, weil sie zuvor nicht gesehene Realitätsanteile des Falls aufdecken.

Ungeschulte Ratgeber entwickeln zu einem Problem sofort Deutungen und Rezepte. Die Arbeitsregeln der Supervision sollen diese naive Kurzschlüssigkeit verhindern und bessere Lösungen ermöglichen. Daß Supervision für die eigene Professionalität so wertvoll ist, liegt jedoch weniger an einer »Lösung« für den eigenen Fall, sondern am Erlernen einer speziellen Kultur der Beschäftigung mit der Realität als Leiterin und Leiter von Kursen und Seminaren.

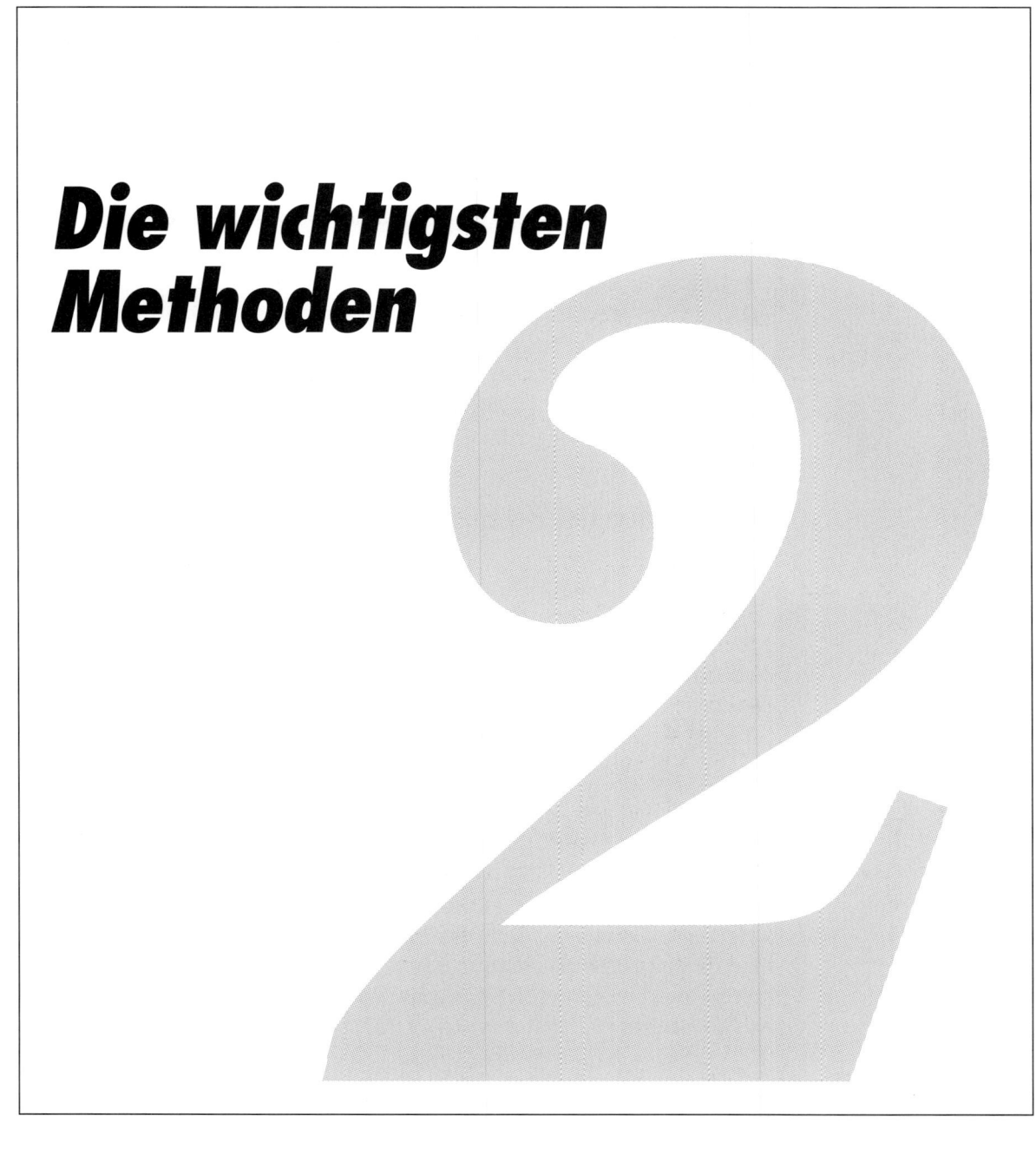

Die wichtigsten Methoden

2.1 Der Lehrvortrag

Besondere Kennzeichen: Keine

Der Lehrvortrag ist die klassische Methode der Informationsvermittlung in der Praxis der Erwachsenenbildung. Sie ist heute noch mehr verbreitet, als man erwarten könnte, vor allem zur Vermittlung von Fachwissen. Als Vorlesung ist der Lehrvortrag Standardmethode der unversitären Bildung. In der Regel wird der Lehrvortrag unterstützt durch Medien wie Overheadprojektor und Tafel (siehe Kapitel 2.4, »Der Folienvortrag«).

Die Situation der Beteiligten: Fließbandarbeiter

Die Teilnehmerperspektive

Zuhören strengt an, wenn man Neues aufnehmen soll, weil man den Informationsfluß nicht beeinflussen kann. Die Wörter ziehen vorbei wie Montageteile am Fließband. Man paßt einen Moment nicht auf, und schon ist der Anschluß verpaßt. Das Verstehen reißt ab.

Warum Zuhörer abschalten

Der eine Zuhörer hat eine größere Erwartungstoleranz oder Verstehensspanne, der andere eine geringere. Erwartungstoleranz ist das Ausmaß an Geduld, das man aufbringt, wenn man etwas nicht sofort versteht. Je erwartungstoleranter, desto mehr Zuversicht, das werde sich im Laufe der weiteren Ausführungen schon noch klären. Sie ist gefordert bei langen, verschachtelten Sätzen oder bei weiten Gedankenbögen. Wenn die Erwartungstoleranz überschritten wird, gibt unser Gehirn zumindest vorübergehend auf. Es ist auf Schonung der Kapazität ausgerichtet. Ein Kontrollsystem schaltet auf »Stop«, wenn weitere Anstrengung erfolglos scheint.

Wie rasch dieses Abschalten erfolgt, hängt von vielen Faktoren ab. Man bleibt länger dabei, wenn einen das Thema interessiert, wenn man über viel Vorwissen verfügt, wenn man ein erfahrener Lerner ist. Ein guter Redner kann die Kapazität der Zuhörerinnen und Zuhörer geschickt ausnutzen, anstatt sie zu überfordern: Anschaulichkeit aktiviert z.B. das Erfahrungswissen der Zuhörer. Gliederungen, Übersichten, Zusammenfassungen und kurze Sätze helfen dem Arbeitsgedächtnis, Kapazität zu sparen.

Trotz allem: daß die Zuhörer den Informationsfluß nicht beeinflussen können, macht die Methode des Vortrags problematisch.

Die Leiterperspektive

Beim Lehrvortrag kann ich als Erwachsenenbildner die völlige Kontrolle über die pädagogische Kommunikation genießen. Bei offeneren Kommunikationsformen, z.B. beim Lehrgespräch oder bei der Gruppendiskussion, ist das anders. Hier läßt sich, wie beim Aufschlag im Tennismatch oder bei der Eröffnung im Schachspiel, zwar der Beginn gestalten; ungewiß bleibt aber, wie die Lerngruppe dann den weiteren Ablauf beeinflußt. Beim Lehrvortrag läßt sich die Kommunikation hundertprozentig vorbereiten und genau so realisieren.

Daher ist diese Methode beliebt bei all jenen Pädagogen, die mit einem ausgeprägten Kontrollbedürfnis ausgestattet sind. Diese Begründung bekommt man allerdings kaum zu hören. Statt dessen wird die Entscheidung für den Lehrvortrag sachlich begründet: »Andere Methoden kosten zu viel Zeit«, »Ich kann mit einem gut vorbereiteten Lehrvortrag die beste didaktische Darbietung bieten« und »Die meisten Teilnehmer wollen lieber ein gutes Referat hören als selbst etwas erarbeiten«.

Warum Leiter den Lehrvortrag so lieben

Nicht ausgesprochen werden die heimlichen Argumente für den Lehrmonolog, etwa: »Es würde mich durcheinanderbringen, wenn Teilnehmer unerwartete Fragen stellen«, »Ich wüßte nicht, was ich tun sollte, wenn ein Teilnehmer lange redet/auf Punkte kommt, die ich erst später behandeln will/mitteilt, daß er es nicht verstanden hat«. Oder: »Beim Referat kann mir nicht passieren, daß ich die Teilnehmer etwas frage/zur Gruppenarbeit anrege und sie nicht mitmachen.«

Kurz: Mit dem Lehrvortrag ist man als Erwachsenenbildner aller Mühen entledigt, die man zu tragen hat, wenn man an den Teilnehmern interessiert ist. Der Vortragende wird einwenden: »Aber ich bereite mich doch sorgfältig vor, damit ich das Wissen optimal für die Zuhörer aufbereite.« Die Wahrheit ist: Man bereitet sich nur auf einen vermuteten Zustand der Teilnehmer vor; Informationen über deren tatsächlichen Zustand läßt die Methode gar nicht zu. Als Vortragender erfahre ich nichts darüber, was in den Köpfen der Zuhörenden geschieht.

Was ist die Methode wert? Ergänzungsbedürftig

Ein guter Lehrvortrag kann effektiv zum Wissenserwerb beitragen. Doch die Effektivität muß in der pädagogischen Situation überprüft und gesichert werden. Das heißt: Die Zuhörerinnen und Zuhörer sollten auch zu Wort kommen, fragen können, mit dem Vortragsinhalt arbeiten und dazu Rückmeldung bekommen. Es gilt also, die Methode des Lehrvortrags mit anderen Methoden zu kombinieren (siehe »Lehrgespräch« und »Impulsmethode«). Der Lehrvortrag als einziges Verfahren der Wissensvermittlung ist ein erwachsenenpädagogischer Kunstfehler, tolerierbar nur dann, wenn andere Methoden der Wissensvermittlung aus zwingenden Gründen nicht realisierbar sind.

Tips für den Lehrvortrag: Pädagogische Rhetorik

Gehirnfreundlich vortragen

Die Strategie muß heißen: den Arbeitsspeicher der Zuhörer schonen! Dieser Speicher ist die Schwachstelle unseres Gehirns. Unser Langzeitgedächtnis ist phänomenal, aber beim Wissenserwerb können wir in unserem Arbeitsgedächtnis nur wenige Informationseinheiten gleichzeitig im Bewußtsein (auf unserem »inneren Bildschirm«) präsent halten. Sie werden von nachfolgend eintreffenden Informationen quasi überschrieben und gelöscht, wenn unser Gehirn sie nicht so verarbeitet hat, daß sie in eine überdauernde Speicherform transformiert wurden.

Den begrenzten Speicherplatz kann ein Experte besser nutzen als ein Laie. Der Experte mit viel Vorwissen wird aus einem längeren Abschnitt eine einzige Sinneinheit bilden; für einen Laien beansprucht jeder Fachausdruck einen eigenen Speicherplatz.

Gesprochene und gehörte Sprache ist flüchtig. Anders eine Buchseite oder eine Abbildung; ich kann sie betrachten, so lange und so oft ich möchte. Als Zuhörer bin ich also permanent auf mein Kurzzeitgedächtnis angewiesen, um das Neue mit dem Vorhergegangenen und Gegenwärtigen in Verbindung zu halten. Da ich mir nicht alles zugleich merken kann, muß ich fortlaufend entscheiden, was unwichtig und was wichtig sein könnte. Vielleicht bleibe ich einige Momente an der Entschlüsselung einer Aussage hängen oder mache mir meine eigenen Gedanken dazu. Dann bin ich eine Zeitlang für den Vortrag blockiert, weil die Kapazität meines Arbeitsspeichers nicht mehr ausreicht, gleichzeitig Neues aufzunehmen. Möglicherweise habe ich dann den Anschluß verloren. Ich wende also wieder Kapazität auf, um zu erschließen, was während meiner »Auszeit« gesagt wurde. Folge: Ich bin wieder eine Zeitlang nicht richtig dabei. Wohlgemerkt, all dies ist kein pädagogischer Unfall, sondern die normale Folge der Begrenztheit des menschlichen Arbeitsspeichers.

Was man als *Zuhörer* angesichts dieses Problems tun kann, ist wenig:

- Aufmerksam bleiben, nicht an etwas anderes denken oder an einer Aussage zu lange hängenbleiben.
- Erwartungstoleranz praktizieren, d.h., nicht überbesorgt sein, wenn sich etwas nicht sofort erschließt. Vielleicht wird es später noch klar.
- So oft wie möglich kurz memorieren (z.B.: »Was waren die Kernaussagen bisher?«).
- Mitschreiben, d.h., einen Ersatzspeicher anlegen.

Mehr können die *Vortragenden* angesichts der Schwächen des Arbeitsspeichers der Zuhörer tun:

- Sprechsprache: langsam sprechen, deutlich aussprechen, sinnvoll betonen.
- Struktur: überschaubare Informationsportionen bilden, bei jeder Portion Überblick zu Beginn und Zusammenfassung zum Abschluß.
- Kohärenz: roter Faden; Folgerichtigkeit im wörtlichen Sinne: man soll »folgen« können.
- Ergänzung des Vortrags durch weniger flüchtige Präsentationsweisen: Texte (Tafel-, Flipchart- oder projizierter Text, Pinwandkarten) und Bilder (Abbildungen, grafische Übersichten, Diagramme) einsetzen.
- Ankern zentraler Aussagen: Schlüsselaussagen veranschaulichen, optisch unterstützen, durch Beispiele anreichern, wiederholen.

Sprechsprache

Beim schnellen Sprechen zieht das Informationsfließband rasch vorüber. Die Gefahr, daß Zuhörer aussteigen, nimmt mit dem Tempo zu. Bei zu langsamem Sprechen stellt sich aber Langeweile ein; die Gedanken der Zuhörer schweifen ab.

Gute Rednerinnen und Redner benutzen sprachbegleitende Techniken, die den Zuhörern Hinweise geben, wie sie die Aussagen verarbeiten sollen. Bei wichtigen Stellen sprechen sie langsamer, lauter oder sogar leiser, erhöhen das Gewicht einer Aussage durch kurze Pausen davor und danach, unterstützen diese Schlüsselaussagen durch eine kommentierende Gestik. Dies sind Signale für die Zuhörer: »Das ist wichtig!«, »Sei jetzt besonders aufmerksam!«

Der Arbeitsspeicher der Zuhörer nimmt immer nur Vortragssegmente auf. Mit den genannten Techniken können Redner beeinflussen, daß es nicht gerade die Schlüsselstellen des Lehrvortrages sind, die dieser unvermeidlichen Selektion zum Opfer fallen.

Struktur

Unser Gehirn sucht bei neuen Informationen zuerst nach Überblick und Struktur; das spart Kapazität. Das Volumen eines längeren Lehrvortrags ist allerdings so umfangreich, daß besonders für Anfänger im jeweiligen Themengebiet eine Gesamtgliederung zu abstrakt wäre, um eine anschauliche Landkarte abgeben zu können.

Die Landkartenmetapher trifft das Wesentliche. Wenn man vorab die wichtigsten Etappen einer Reise kennt, wenn man weiß, wo sie beginnt und wo sie endet, dann ist man orientiert. Das vermittelt Sicherheit. Man hat einen Leitfaden, der einen durch die Vielfalt führt und vor dem Verirren bewahrt. Ist die Reise länger und das Gebiet unbekannt, handelt es sich also um einen längeren Vortrag zu einem neuen Inhalt, sollten die einzelnen Etappen klar abgesteckt und jeweils durch eine Strukturhilfe eingeleitet sowie durch einen Rückblick abgeschlossen werden.

Die Übergänge zwischen den Etappen verdienen eine sorgfältige Behandlung. Die Zuhörer sollten nicht nur gewahr werden, wann eine Etappe aufhört und eine neue beginnt. Man sollte ihnen auch helfen, reibungslos und interessiert in die nächste Etappe hineinzukommen.

Beispiel: »Für das Problem X haben Sie nun eine Erklärung kennengelernt (Ergebnis der abgeschlossenen Etappe). Aber können wir uns mit dieser Erklärung schon zufriedengeben? Läßt sich unser Problem X vielleicht noch anders und besser erklären (Überleitung zur nächsten Etappe)? Tatsächlich gibt es noch eine andere, sehr interessante Erklärung, die es verdient, daß wir uns näher mit ihr beschäftigen (Einleitung der nächsten Etappe).«

Noch einmal: Strukturieren bedeutet den Zuhörern Landkarte und Richtung aufzeigen, bevor die Reise beginnt. Und es ihnen während des Vortrags immer wieder deutlich machen, wenn eine Zwischenetappe erreicht wurde und eine neue in Angriff genommen wird.

Kohärenz

Kohärenz kann sich – so die Linguisten – global und lokal zeigen. Global kohärent ist ein Lehrvortrag, wenn die Gesamtstruktur einsichtig, nachvollziehbar, schlüssig ist. Lokal kohärent ist der Vortrag, wenn auf der Satzebene die Verbindungen stimmen und erkennbar sind.

- Die globale Kohärenz können Vortragende über Strukturinformationen (siehe oben) erkennbar machen, etwa durch eine sinnvolle Gliederung, aus der Portionierung und Sequenzierung deutlich werden, sowie durch Einleitungen bzw. Zusammenfassungen vor und nach jeder Vortragsetappe.
- Die lokale Kohärenz erfassen die Zuhörer leichter, wenn Signalwörter wie die folgenden zum Einsatz kommen: »deshalb«, »also«, »weil«, »wenn, dann«, »außerdem«, »allerdings«, »doch«, »deswegen«, »dagegen«, »einerseits« und »andererseits«, »schließlich«, »trotzdem«. Diese Wörter sind Kohärenzhelfer. Sie zeigen einen Zusammenhang auf, schränken ein, regen zum Vergleich an. Man darf sie nicht in einen Topf werfen mit überflüssigen Füllwörtern und gedankenlosen Floskeln, die in schlechten Vorträgen wie Unkraut wuchern (»gewissermaßen«, »mehr oder weniger«, »man könnte sagen«, »ich würde meinen«).

Aufzeigen: Wie verläuft der Weg?

Auch die Gestik kann lokale Kohärenz mitteilen; gute Rhetoriker können mit Fingern, Händen und Armen visualisieren, daß gerade von einer Schlußfolgerung oder von einem Vergleich oder von einer Einschränkung die Rede ist.

Präsentationsweisen

Auch im Zeitalter von Multimedia ist die Tafelanschrift (ob mit Kreide auf Schiefer oder mit speziellen Stiften auf modernen Kunststoffboards) eine ideale Ergänzung des gesprochenen Wortes. Dem Blick immer verfügbar bleiben auf diese Weise die obengenannte »Landkarte«, also das Gerüst des Vortrags, oder einzelner Etappen sowie Schlüsselbegriffe, die durch diese zusätzliche Codierung »verankert« werden sollen (siehe unten, »Ankern«). Eine aufklappbare oder verschiebbare Tafelfläche bietet dafür mehr Raum als die beschreibbare Overheadfolie oder der Flipchartbogen.

Die Tafelanschrift kann das Wachsen des Vortrages mitmachen. Das gelingt nur, wenn der oder die Vortragende zuvor geplant hat, wie das Endprodukt aussehen soll. Improvisierte Tafelanschriften sind selten hilfreich. Eine gute Idee ist es, neben oder über einem geplanten Tafeltableau Raum für mögliche »Fenster« mit Umrahmungen für spontane Ergänzungen zu lassen.

Mit vortragsergänzenden Darbietungsweisen eröffnen sich aber auch neue Probleme. Es handelt sich ja um ein zusätzliches Informationsangebot und damit um eine weitere Belastung der Kapazität des Arbeitsspeichers. Vortragende müssen, wenn sie z.B. eine Folie zeigen oder ein Flipchart beschreiben, ganz besondere methodische und psychologische Regeln beachten (vgl. Kapitel 2.4, »Der Folienvortrag«). Diese Mehrfachcodierung von Information muß abgestimmt sein, sonst kommt es leicht zur Überlastung der Teilnehmer. Auch das Timing muß stimmen. Das heißt, Vortragende müssen den richtigen Zeitpunkt im Vortrag erkennen, zu dem eine Visualisierung oder eine Anschrift sinnvoll erscheint (Schlüsselstellen, schwierige Passagen). Und man muß den Teilnehmern genügend Zeit lassen, dieses Zusatzangebot zu verarbeiten.

Ankern

Anker graben sich in den Meeresgrund und halten das Schiff trotz Strömung und Wind. Die Metapher »Gedächtnisanker« soll all jene Versuche charakterisieren, mit denen man wichtige Aussagen und Begriffe vor dem Vergessen sichert. Als Vortragender kann ich dazu beitragen, indem ich solche Schlüsselstellen auf irgendeine Weise besonders »markiere«.

- Es gibt sensorische Markierungen, etwa wenn in einem Vortrag (Sinneskanal: Ohr, Code: Sprache) eine Folie mit Bild und Schrift gezeigt wird (Sinneskanal: Auge, Codes: Bild und Sprache) oder wenn Teilnehmer einen Gegenstand, von dem im Vortrag die Rede ist, in die Hand nehmen können (Sinneskanal: Auge und Tastsinn).

- Es gibt emotionale Markierungen, z.B. wenn der oder die Vortragende etwas berichtet, das starke Betroffenheit erzeugt.
- Als Anker können auch kognitive Markierungen dienen, etwa Wiederholungen (einpauken), Elaborationen (ausschmücken, veranschaulichen), Mnemotechniken (Eselsbrücken).
- Der ideale Boden für Gedächtnisanker ist die persönliche Erfahrung der Teilnehmer. Was man selbst erlebt oder geschaffen oder ausprobiert hat, was einen dabei überrascht oder beeindruckt oder gefreut hat, das vergißt man nicht so schnell.

Bei einem Vortrag läßt sich Alltagserfahrung als Ankerboden allerdings nur in der Vorstellung, »mit des Gedankens Blässe«, einbringen. Aber schon dies ist ein Gewinn.

Eine besondere Methode des Ankerns stellt das *Mind-Mapping* dar. Ein Wissensbereich (z.B. die Hauptinhalte eines Vortrages) wird als Netz dargestellt. Die Abbildung zeigt eine solche »Gehirnkarte« zum Themengebiet der »moderierten Besprechung«.

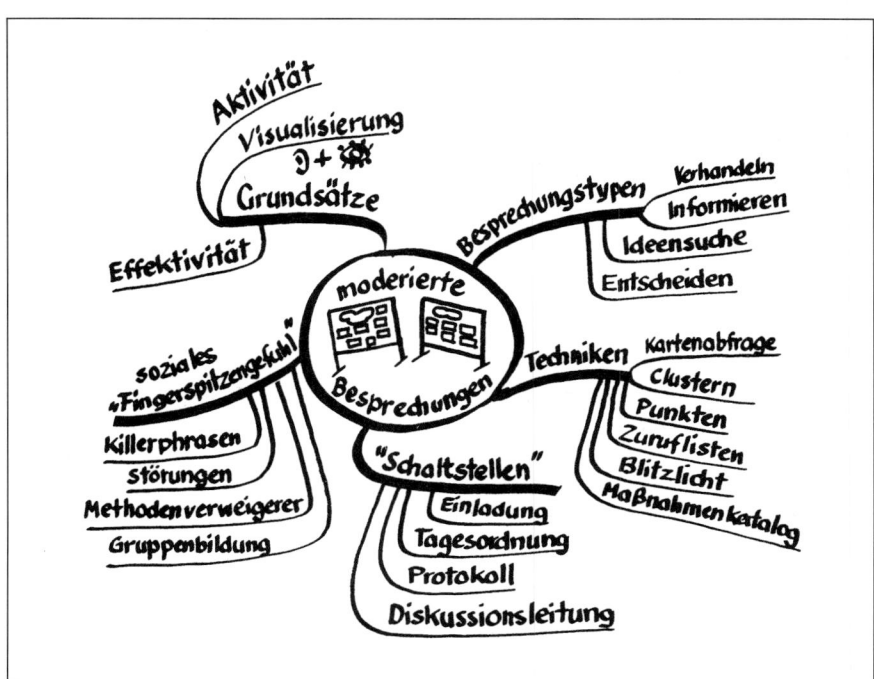

Das ist ein Mind-Map zum Thema »Moderierte Besprechungen«

Das Thema eines Mind-Map wird ins Zentrum geschrieben. Davon gehen Hauptäste ab, die sich in Nebenäste verzweigen. Der Übersicht halber sind die Bezeichnungen immer über die Linien zu schreiben. Ein solches Mind-Map kann man auch mit Symbolen und Skizzen ergänzen (in der Abbildung S. 61 sind es zwei Pinwände mit Karten). Man kann auch mit verschiedenen Farben arbeiten oder Beziehungen zwischen Ästen durch Verbindungslinien oder Pfeile darstellen. Die Übersichtlichkeit darf allerdings nicht darunter leiden.

Mind-Maps eignen sich besonders als Merkhilfe. Wer als Lernender zu einem Stoff ein Mind-Map erstellt, muß Aktivitäten ausüben, die für das Verstehen und Behalten besonders wirksam sind: gliedern, Wichtiges von Unwichtigem unterscheiden, Zusammenhänge erkennen. Das Mind-Map als markante Netzstruktur setzt außerdem einen optischen Anker, der das Erinnern erleichtert. Man weiß dann z.B. noch in einer Prüfung: »Da gab es doch fünf Hauptäste.« Mind-Maps sind also eine interessante Alternative zu den traditionellen Zusammenfassungen. Der Vorteil gegenüber anderen Strukturschemata: Ein Mind-Map kann jederzeit wachsen, wenn noch etwas anzufügen ist.

Nach meinen Erfahrungen eignen sich Mind-Maps weniger dazu, anderen damit etwas zu erklären. Man muß sich sein Mind-Map selbst machen.

Die Mind-Map-Anhänger sind davon überzeugt, daß die Netzstruktur der Mind-Maps Ähnlichkeiten mit den Strukturen aufweist, in der unser Gehirn Wissen abspeichert.

Verständlich erklären

Die folgende Abbildung zeigt ein hirnfreundliches Vorgehen, wenn man einen Begriff, einen Sachverhalt oder ein Gerät erklären will.

Die linke Hälfte der Darstellung zeigt in der Reihenfolge von oben nach unten, was unser Gehirn jeweils sucht, wenn es eine neue, komplexere Information aufnehmen und einordnen soll. In der rechten Spalte sind Möglichkeiten aufgezählt, wie man als Trainer oder Trainerin diesen »Wünschen« des Gehirns entgegenkommen kann.

Die typische und falsche Art, etwas zu erklären, ist es, gleich Details aufzuzählen. Das Gehirn möchte zuerst einen »kognitiven Rahmen«, am besten in Form eines »Szenariums«, das es schon kennt. Dies ist der Vorzug von Erklärungen, die mit

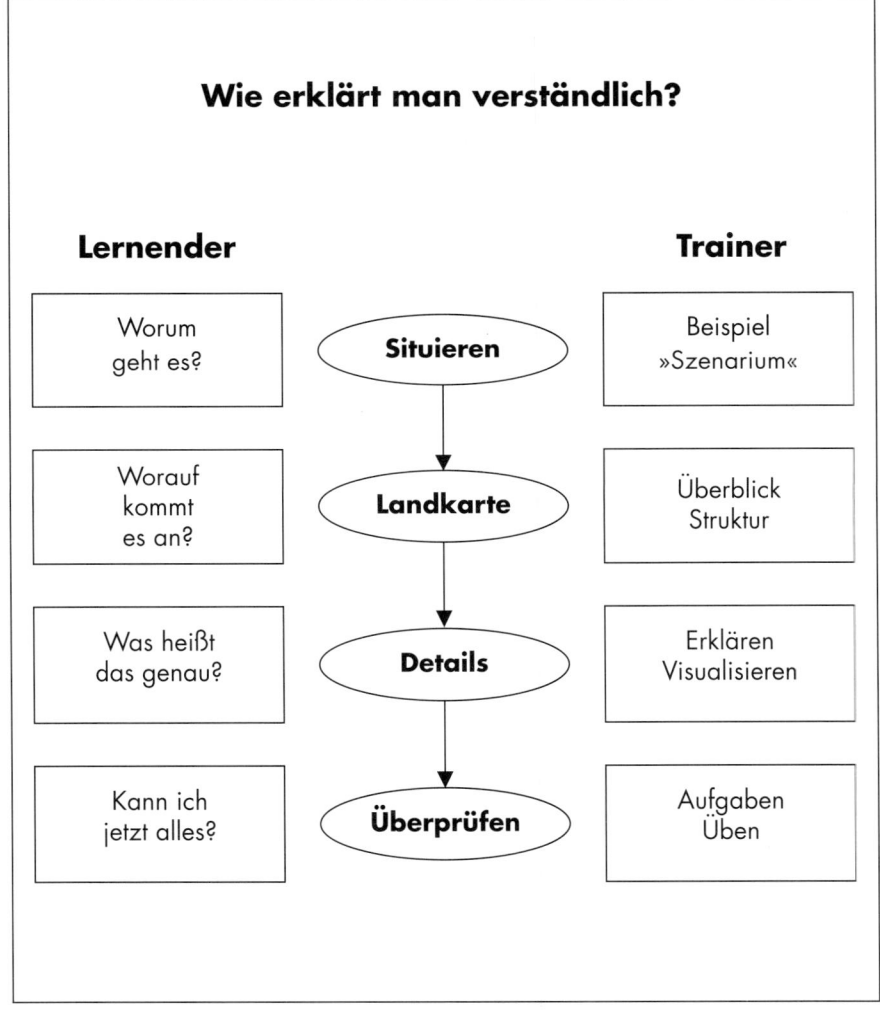

einer Situation, einem Beispiel usw. beginnen. »Sie haben doch sicher alle schon ...« oder »Stellen Sie sich vor, Sie würden ...« oder »Mir ist folgendes passiert ...« Solche Szenarien schalten ein »Kopfkino« ein und sorgen dafür, daß das Gehirn der Lernenden eine ganze Zahl von Wissensinhalten bereitstellt, die das Aufnehmen des Neuen erleichtern. Achtung: Das Szenarium soll nicht lang und breit ausgeschmückt werden!

Im zweiten Schritt wird dem Gehirn dabei geholfen, »Schubladen« bereitzustellen, in die später die Details dann eingeordnet werden. Dies kann man so anregen: »Es kommt besonders auf drei Punkte an« oder »Meine Erklärung ist so aufgebaut, daß ich klarmachen will, warum diese Technik besser funktioniert als die alte Methode« oder »Ich möchte, daß Sie es nach der Erklärung selbst ausführen können«. Damit wird eine »Landkarte« skizziert, bevor die eigentliche Erklärung beginnt. Vorteilhaft ist es, wenn sie gut zum Szenarium paßt, mit dem begonnen wurde.

Im dritten Schritt wird dann im Detail erklärt. Hier kommt es darauf an, daß wirklich alles Notwendige verstanden wird. Ein häufiger Fehler von Experten besteht darin, daß sie Fachbegriffe mit Termini erklären wollen, die für die Zuhörer ebenfalls erklärungsbedürftig sind. Hilfreich sind Visualisierungen. Sie nehmen dem strapazierten Gehirn der Lernenden die Mühe ab, selbst eine anschauliche Vorstellung entwickeln zu müssen.

Jede Erklärung sollte mit einer Phase abgeschlossen werden, in der die Lernenden überprüfen können, ob sie alles richtig verstanden haben. Dies verlangt nach anregenden, herausfordernden und sinnvollen Aufgaben. Eine gute Methode ist es, wenn die Lernenden in die Rolle des oder der Erklärenden schlüpfen und selbst erklären sollen.

Tips zur Vortragstechnik

Technische Grundregeln

> *»Unser Gehirn ist ein Wunder an Leistungsfähigkeit, schon wenn man geboren wird. Aber nur so lange, bis man aufsteht, um eine Rede zu halten.«*
> *(Mark Twain)*

Rhetorikbücher und Rhetorikseminare quellen über von Tips für die zündende Rede und den mitreißenden Redner (von Rednerinnen ist nie die Rede), dem die Köpfe und Herzen der Zuhörer zufliegen. Man fragt sich, wie man es schaffen soll, beim Reden auf so viele Dinge gleichzeitig zu achten. Diese Zweifel sind berechtigt.

Nach meinen Erfahrungen mit Rhetoriktrainings ist es der falsche Weg, allein durch mechanisches Einüben rhetorischer Einzeltechniken aus schlechten Rednern gute machen zu wollen. Natürlich ist es sinnvoll, daß man elementare »technische« Fehler abstellt. Man kann schnell lernen, z.B. auf folgende vortragstechnischen Grundregeln zu achten:

- Ich halte die Hände beim Reden am besten in Hüfthöhe und lasse sie nie tiefer sinken.
- Ich schaue die Zuhörer möglichst oft an und verteile die Blicke im Verlauf der Rede auf alle.
- Beim Ablesen eines Manuskriptes spreche ich so langsam und in Sinneinheiten, daß ich Zeit habe, immer wieder aufzuschauen sowie die Sätze »frei« zu beginnen und abzuschließen.
- Ich mache immer wieder einige Sekunden Pause, auch um mich zu sammeln.
- Ich atme tief und steuere das Redetempo so, daß diese Atmung gelingt.
- Ich bewege aktiv den Mund beim Reden, artikuliere »vorne«, spreche laut genug.

Die innere Haltung

Nichts gegen solche rhetorischen Verhaltensregeln. Nach meiner Trainingserfahrung kommt es aber in erster Linie auf etwas anderes an, nämlich auf die psychologische Einstellung des oder der Vortragenden zu sich, zum Vortrag, zu den Zuhörern. Ich habe oft genug erlebt, wieviel besser jemand vorträgt, wenn sich diese Einstellungen verändert haben. Auch »technische« Mängel bessern sich dann oft von alleine.

Ungünstige Einstellungen zu sich als Redner oder Rednerin

Weil Redesituationen öffentlich sind, folgen viele dem heimlichen Drehbuch für öffentliche Szenen: »Sei perfekt. Gib dir keine Blöße. Verdiene dir die Anerkennung aller.« Bei diesem Skript sind die Chancen gering, daß man sich wohl fühlt und man »selbst« sein kann. Die überzogenen und unangemessenen Ansprüche wecken Selbstzweifel und Versagensängste. Man verkrampft und denkt mehr an sich als an die Vortragssituation. Man ist nicht dabei, sondern daneben.

Zu Redeängsten gibt es viele psychologische Untersuchungen und Hilfereichungen. Manche Redeängstliche reden fast beschwerdefrei, wenn sie im Experiment hinter dem Publikum stehen oder in einem anderen Raum in ein Mikrophon sprechen. Bei diesen Personen scheint das Angeschautwerden ein Angstauslöser zu sein. Das Wort »Lampenfieber« drückt dies gut aus; man hat Angst davor, im Scheinwerferlicht zu stehen. Verhaltensforscher führen das Unbehagen vor dem

Redeangst: Wenn Knie und Stimme zittern

65

Angeschautwerden auf animalische Instinkte zurück: Wenn ein Tier vom gesamten Rudel angeblickt wird, haben die anderen zumeist die Zähne gefletscht. Andere Personen leiden nur so lange, bis der Vortrag beginnt. Sie berichten von Endlosschleifen mit Mißerfolgsvorstellungen, die sie nicht abstellen können und die ihnen den Schlaf rauben.

Sieht man von extremen Redeängsten ab (die übrigens durch eine Verhaltenstherapie sehr gut behandelbar sind), so haben sich zwei Einstellungen als brauchbar erwiesen.

● Die erste Haltung akzeptiert die eigene Person auch in öffentlichen Situationen nach dem Muster: »Ich bin o.k., also brauche ich anderen nicht viel vorzumachen.«
● Die zweite Einstellung akzeptiert die Angst: »Ich weiß, daß ich unsicher bin, aber ich versuche, mich davon nicht verrückt machen zu lassen.« Diese innere Haltung läßt sich unterstützen durch bestimmte Entspannungstechniken (Atemübungen, Konzentrationsübungen, positives Denken usw.).

Für unsichere Vortragende ist es oft ein heilsamer Wechsel der Perspektive, wenn sie sich bewußtmachen, wie egozentrisch ihre Sorgen sind. Ihre Gedanken kreisen unentwegt um die eigene Person und ihre Wirkung, nicht um den Vortrag und die Zuhörer.

Ungünstige Einstellungen zum Vortrag

Der Enthusiasmusfaktor

Fragen Sie, bevor Sie den nächsten Vortrag halten, einmal: »Wie wichtig ist mir das Thema?« Wenn Sie sich eingestehen müssen, daß es Ihnen ziemlich gleichgültig ist, wird es Ihren Zuhörern ebenso ergehen. In amerikanischen Studien zu der Frage, was gute Lehrer von schlechten unterscheidet, hat sich der »Enthusiasmusfaktor« als bedeutsam erwiesen. Die erfolgreichen Lehrerinnen und Lehrer sind auch die engagierten Lehrer. Das Thema ist ihnen wichtig, und das vermitteln sie. Als Zuhörer ist man dafür sensibel. Spürt man Gleichgültigkeit, so fragt man sich: »Warum soll ich mich dafür interessieren?« Enthusiasmus dagegen macht neugierig und weckt Aufmerksamkeit: »Da muß doch etwas dran sein!«

Überlegen Sie also gegebenenfalls, wie Sie (wieder) Interesse am Thema bekommen können. Oder sprechen Sie nur über jene Aspekte des Themas, die Ihnen (noch) etwas bedeuten. »Wieder« und »noch« sind für jene Leser gedacht, die der Routine zum Opfer fallen, weil sie über längere Zeit immer wieder die gleichen Dinge vortragen.

Eine weitere ungünstige Einstellung zum Vortrag erschließt sich durch ein Phänomen, das auf den ersten Blick rätselhaft erscheint: Jemand bereitet sich intensiv auf einen Vortrag vor, ist dann aber der festen Überzeugung, der ausgearbeitete Vortrag sei »nicht der Rede wert«. Sollte es Ihnen selbst einmal so ergehen, dann könnte folgende Frage weiterhelfen: »Wieviel von mir ist in diesem Vortrag?« Vermutlich wird sich herausstellen, daß Ihre Vorbereitungsarbeit sich darin erschöpfte, Daten, Argumente, Befunde usw. aus vielen Quellen anzuhäufen und in eine Reihenfolge zu bringen. Die Quelle Ihrer persönlichen Gedanken und Meinungen blieb unberührt. Sie haben sich als Sammler betätigt, aber selbst nichts hergestellt. Die Unzufriedenheit mit dem Resultat ist dann durchaus berechtigt und ein wichtiges Signal. Sie ist Ausdruck dafür, daß ein Vortrag entstanden ist, der »äußerlich« bleibt, wenig mit Ihnen zu tun hat. Das Unwohlsein beruht auf der richtigen Diagnose: Trotz der Fülle von Informationen habe »ich« nichts zu sagen. Die bessere Einstellung zum Vortrag wäre gewesen, eine eigene Position zu erarbeiten und sie im Vortrag deutlich zu machen.

Ungünstige Einstellungen zu den Zuhörern

Ungünstig sind all jene Einstellungen, bei denen die Beziehung zwischen dem oder der Vortragenden und den Zuhörern nicht in Balance ist.

● Ungünstig ist es, wenn ich mich klein und die Zuhörer groß mache: Ich mache in Gedanken die Zuhörer zu Kritikern, Punkterichtern, Experten.
● Ebenso ungünstig ist es, wenn ich mich groß und die Zuhörer klein mache: Ich degradiere die Zuhörer zu Banausen.

Im ersten Fall fühle ich mich bedroht und überfordert. Im zweiten Fall laufe ich Gefahr, überheblich zu wirken und zu sorglos zu agieren. Professionell sind beide Einstellungen nicht, erst recht nicht in pädagogischen Situationen.

Die genannten ungünstigen Einstellungen haben eines gemeinsam: Sie definieren die Situation unrealistisch. Sagen Sie sich statt dessen: »Ich bringe etwas Sinnvolles mit und wünsche mir, daß die Zuhörer das nutzen werden.« Diese Definition der Vortragssituation klärt: Es geht nicht um meine Person, sondern um den Vortrag und wie die Zuhörerinnen und Zuhörer ihn verwenden können.

2.2 Das Lehrgespräch

Besondere Kennzeichen: Zwitter

> »Mir nach!
> Ich folge euch.«

Anleitungen zum Lehrgespräch ähneln Werbetexten zu komplizierten Geräten: Sie lesen sich wunderbar, aber in der Praxis klappt es nicht. Als ob es kinderleicht wäre, heißt es: »Entwickeln Sie den Vortrag mit den Beiträgen der Teilnehmer.« Wie soll das gehen: »Vortrag« und zugleich »Gespräch«? Der Vortrag ist geplant und soll ablaufen wie vorbereitet. Dazwischen werden immer wieder Fragen eingeflochten. Die Kunst besteht darin, die Beiträge der Teilnehmer so einzubauen, daß der Faden des Vortrages trotz der Fragen weitergesponnen werden kann.

Ein Beispiel

Ein Referent in einem Volkshochschulkurs für Erziehungsfragen behandelt am heutigen Abend das Thema »aggressive Kinder«. Er hat gerade einige Minuten lang als Lehrvortrag die Theorie von Bandura vorgestellt, wonach Kinder das aggressive Verhalten von beobachteten Modellpersonen unter bestimmten Bedingungen imitieren. Jetzt möchte er auf die Bedeutung des Fernsehens als Lieferant von aggressiven Vorbildern kommen. Es entwickelt sich das folgende Lehrgespräch (R = Referent, T = Teilnehmer oder Teilnehmerin):

R: »Können Sie sich vorstellen, wo Kinder Vorbilder für aggressives Verhalten hernehmen?«

T 1: »Aus dem Fernsehen.«

R: »Sie haben völlig recht! Das ist es!«

T 2: »Da braucht es gar kein Fernsehen. Gehen Sie mal in eine Hauptschule!«

T 1: »Das stimmt. Was da so abläuft.«

T 3: »Also meine Freundin ist Lehrerin. Die hat neulich erzählt, daß ein Schüler eine ganze Klasse erpreßt hat. Wer nicht bezahlt hat, den hat der zusammengeschlagen.«

R: »Richtig! Das ist ein schwieriges Thema. Aber bleiben wir mal beim Fernsehen. Bandura hat seine Untersuchungen mit realen und mit gefilmten Modellpersonen gemacht. Glauben Sie, daß es einen Unterschied macht, ob ein Kind jemand Aggressives im Fernsehen oder in Natur sieht?«

T 3: »Also was ich jetzt mal wissen möchte: Was macht man denn, wenn man ein Kind in einer Klasse hat, wo solche Erpresser rumlaufen?«

R: »Das ist eine sehr gute Frage! Da kommen wir später drauf. Nicht vergessen! Ist den anderen zu meiner Frage etwas eingefallen?«

Schweigen

R: »Gut. Das war vielleicht etwas zu schwierig. Dann sage ich Ihnen, was Bandura herausgefunden hat. Es macht keinen Unterschied! Das heißt, das Fernsehen ist für die Entwicklung von aggressivem Verhalten sehr einflußreich. Allerdings gibt es da noch andere Theorien. Die Katharsistheorie sagt, durch Sehen von aggressiven Sendungen können Kinder ihre Aggressionen loswerden. Was denken Sie darüber?«

T 1: »Also mein Kind lasse ich so was nicht sehen.«

R: »Sie halten also nichts von dieser Theorie?«

T 1: »Die Theorie ist mir ziemlich egal. Ich erlaube das einfach nicht. Ich will nicht, daß mein Kind diesen Dreck sieht.«

R: »Das ist Ihr gutes Recht. Was halten die anderen von dieser Theorie?«

Schweigen

R: »Hat das jemand schon mal erlebt, wie man Aggressionen loswird, nur indem man etwas Gewalttätiges anschaut?«

Schweigen

R: »Sie wissen es auch nicht so recht. So wie es Ihnen jetzt geht, geht es auch der Wissenschaft. So genau weiß nämlich auch die Wissenschaft nicht, welche nun recht hat. Wahrscheinlich ist es komplizierter.«

T 4: »Also nach allem, was ich gelesen habe, ist die Katharsistheorie überholt. Sie hätten vorher auch dazusagen sollen, daß diese Theorie von einer angeborenen Aggression ausgeht, die wie ein Dampfkessel hin und wieder ausgelebt werden muß. Die meisten Wissenschaftler sind aber heute der Meinung, daß Aggressivität gelernt wird. Wie sehen Sie das denn?«

Die Situation der Beteiligten: Quizmaster und Kandidaten

Die Teilnehmerperspektive

Das Lehrgespräch weckt Erinnerungen an den Schulunterricht. In der Klasse gab es den Lehrervortrag, unterbrochen von Fragen. Nur eine Antwort konnte die richtige sein. War das Stichwort gefallen, das der Lehrer hören wollte, ging es mit dem Vortrag weiter. Ein Lehrgespräch nach diesem Muster wird bei mündigen Teilnehmern in der Erwachsenenbildung Unbehagen auslösen. Es kann sich ausdrücken in stillem Widerstand (Schweigen), in indirekten Aggressionen (Ironie) oder ganz unverblümt (Kritik an der Arbeitsform). Kränkend ist es für Teilnehmer, wenn sie sich ernsthaft auf die Fragen einlassen, offen ihre Meinung äußern und dann erleben, daß ihr Beitrag unbeachtet bleibt oder auf die lange Bank geschoben wird, weil der Referent seine Vortragsschienen nicht verlassen möchte.

Im Beispiel zeigt T 3 seine große Betroffenheit über Gewalt in der Schule; der Wunsch nach konkreter Hilfe wird vom Referenten zwar vollmundig anerkannt, aber zugleich auf Eis gelegt. T 1 zeigt, daß das Thema heftige Emotionen auslöst; der Referent läßt jedoch nur die sachliche Diskussion einer Theorie zu.

Allerdings gibt es Teilnehmer, die in Veranstaltungen der Erwachsenenbildung aus alter Gewohnheit schulische Umgangsformen erwarten und das Lehrgespräch allemal anregender empfinden als einen Vortrag. Ich habe Teilnehmer kennengelernt, die sich sogar wünschen, hin und wieder aufgerufen zu werden, »damit ich nicht abschalte«. Daß gerade die Methode des Lehrgesprächs diese Infantilismen kultiviert, ist kein Zufall.

Die Leiterperspektive

Fallstricke beim Lehrgespräch

Am obigen Beispiel lassen sich aus der Sicht des Referenten typische Probleme der Methode »Lehrgespräch« erkennen:

- Problem »Schweigen«: Auf eine Frage bleiben die Teilnehmerinnen stumm.
- Problem »Abweichung«: Teilnehmerbeiträge führen von der vorbereiteten Vortragsroute weg oder kommen auf Punkte, die erst für später eingeplant sind. (Im Beispiel: T 2 und T 3 bleiben nicht beim Fernsehen, sondern interessieren sich für Gewalt in der Schule.)

- Problem »Co-Referat«: Teilnehmerbeiträge ergänzen, korrigieren oder konfrontieren Aussagen des Vortrags. (Im Beispiel: T 4.)
- Problem »Anerkennung«: In den Anleitungen zum Lehrgespräch heißt es immer wieder, man solle die Teilnehmer ermutigen und ihre Mitarbeit anerkennen. Vielen Referenten fallen dazu aber nur Floskeln ein. Im Beispiel: »Sie haben völlig recht!«, »Richtig!«, »Das ist eine sehr gute Frage!«

Man beachte: Alle vier Probleme werden erst zu Problemen, wenn man von einem Lehrgespräch erwartet, daß die Teilnehmerinnen und Teilnehmer willige Stichwortgeber für den Vortrag sind. Wenn man an seinem Vortragsplan festhalten will, erlebt man jede Frage an die Teilnehmer als Risiko, denn die Antwort könnte den Ablaufplan gefährden. Es könnte sich dann herausstellen, daß die Teilnehmer

- am Thema nicht interessiert sind und lieber etwas anderes bearbeiten möchten,
- etwas nicht verstanden haben,
- unterfordert sind, weil sie viel mehr wissen, als ich angenommen habe,
- mich auf einen Fehler hinweisen oder mir eine Frage stellen, die ich nicht beantworten kann.

Mit dieser Einstellung zum Lehrgespräch sollte man besser beim traditionellen Lehrvortrag bleiben. Unweigerlich wirken sonst die Fragen gezwungen und wenig herausfordernd. Und die Teilnehmer erkennen, daß ihre Beiträge folgenlos bleiben.

Das Lehrgespräch ist aber keine Last, sondern eher eine Lust, wenn ich neugierig bin, wenn ich erfahren will, was die Teilnehmer denken, was sie zum Thema erlebt haben, was sie dazu wissen wollen, was sie nicht verstanden haben. Wenn die Neugier für die Teilnehmer mich leitet, dann stelle ich automatisch gute Fragen und höre aufmerksam hin, wenn die Teilnehmer sich zu Wort melden. Wenn ich aber die Einbeziehung der Teilnehmer als lästige Ablenkung, vielleicht sogar als Bedrohung sehe, wird das Lehrgespräch hölzern und unergiebig. Wieder, wie beim Lehrvortrag, zeigt sich, wie wichtig die Einstellung für das professionelle Verhalten ist.

Die Neugier ist beim Lehrgespräch entscheidend

Was ist die Methode wert? Nur zweite Wahl

Das Lehrgespräch ist eine Erfindung, um einerseits die Vorzüge des Lehrvortrags (Vorbereitung, Zeitkontrolle, Lehrerzentriertheit) zu sichern und andererseits einige Nachteile des Lehrvortrags zu verringern (Langeweile, Passivität der Zuhörer usw.). Herausgekommen ist ein methodischer Zwitter voller Widersprüche. Als Lehrender spüre ich die Widersprüche immer dann, wenn ich mich aufgrund von Teilnehmerbeiträgen fragen muß: Soll ich meinen Vortrag umstellen oder nicht? Soll ich auf den Teilnehmerbeitrag eingehen oder nicht? Soll ich dafür Vortragszeit einsparen oder nicht?

Welche Themen eignen sich für ein Lehrgespräch?

Lehrgespräche, bei denen die Teilnehmerinnen und Teilnehmer angeregt »mitgehen« und der Referent oder die Referentin trotzdem »die Führung in der Hand hält«, sind wohl nur bei Themen mit einem hohen Systematisierungsgrad und eindeutigen Bearbeitungsstrategien zu erwarten. Beispiele sind die Reparatur eines Gerätes, die Analyse eines naturwissenschaftlichen oder technischen Geschehens, die Bewertung einer Bilanz, die Anwendung eines Tarifs oder einer gesetzlichen Bestimmung. In solchen Domänen läßt sich der Wissenserwerb sinnvoll in einer hierarchischen Staffelung und einer zeitlichen Abfolge organisieren. Deshalb lassen sich auch leicht Fragen finden, die zu den einzelnen Denkschritten anregen. Da es hier klare Kriterien für richtig und falsch gibt, ist der Bearbeitungsweg vorgezeichnet und wird von den Teilnehmern auch nicht in Frage gestellt und als Einschränkung erlebt.

Ein Thema wie »Erziehungsfragen« (siehe das obige Beispiel) eignet sich aus diesem Grund kaum für ein Lehrgespräch. Zu unterschiedlich sind die Meinungen und Erfahrungen der Teilnehmer, zu groß der Diskussionsbedarf, auch zu den wissenschaftlichen Theorien.

Nach meinen Erfahrungen ziehe ich für die dozentenzentrierte Wissensvermittlung andere Methoden dem Lehrgespräch vor (z.B. die »Impulsmethode«, siehe Kapitel 2.3), weil ich das Prozedere des Lehrgesprächs selten für erwachsenengemäß halte, z.B.:

● daß immer nur ein Teilnehmer, eine Teilnehmerin »drankommt«,

● daß rasches Sich-zu-Wort-Melden gefördert wird, nicht gründliches Nachdenken,

● daß die Kommunikation auf mich zentriert ist und die Teilnehmer isoliert agieren,

- daß ich entscheide, wann und was gefragt wird und welchen Teilnehmerbeitrag ich für den weiteren Vortrag aufnehme.

Anders ist es, wenn ein echtes Gespräch zustande kommt, bei dem ich meine Wissensvermittlung flexibel auf die Beiträge der Teilnehmer einstelle.

Tips für das Lehrgespräch: Bin ich neugierig?

Das Beispiel hat verschiedene Probleme aufgezeigt, die typisch für Lehrgespräche sind. Die folgenden Tips gelten diesen Problemen.

Problem »Schweigen« oder »Wie stelle ich anregende Fragen?«

Wichtiger als diverse Ratschläge zur Fragetechnik scheint mir auch hier wieder die innere Einstellung zu sein: Neugierde darauf, was sich gerade in den Teilnehmern zum Thema abspielt. Wenn in einem Lehrgespräch nach einer Frage an die Teilnehmer öfter Schweigen herrscht, ist das ein Signal dafür, daß die Arbeitsform nicht von den Teilnehmern mitgetragen wird. Sie möchten anders arbeiten oder etwas anderes bearbeiten. Wahrscheinlich möchten sie nicht mehr Stichwortgeber für den Vortrag sein, fühlen sich als Schüler behandelt oder spüren, daß dem Dozenten oder der Dozentin das Thema und/oder die Teilnehmer nicht wichtig sind. Nur in Einzelfällen liegt die Ursache für das Schweigen im technisch-rhetorischen Bereich, etwa wenn die Frage unverständlich formuliert wurde oder wenn zwei Fragen nacheinander als Kettenfrage gestellt wurden, so daß die Teilnehmer nicht wissen, welche sie beantworten sollen. Manche Fragen erscheinen den Teilnehmern auch so simpel, daß niemand einen Anreiz darin erkennt, sich zu melden.

Als Trainer sollte man ein Gefühl dafür haben, welche Fragetypen angemessen sind (vgl. die Abbildung auf Seite 74).

- Abruffragen richten sich auf Erfahrungen, Erlebnisse, Meinungen, die die Teilnehmer zum Thema mitbringen. Beispiele: »Haben Sie schon Erfahrungen mit dem Thema gemacht?«, »Welche Situationen fallen Ihnen ein, wenn Sie das Thema hören?«, »Was halten Sie vom Thema?« Thema kann in diesen Fragen ersetzt werden durch eine These, ein Zitat, eine Schlagzeile, ein interessantes Bild usw., die sich als Einstieg eignen. Diese Fragen sind besonders

*Diese Fragetypen
sollte man je nach
Situation bewußt
einsetzen*

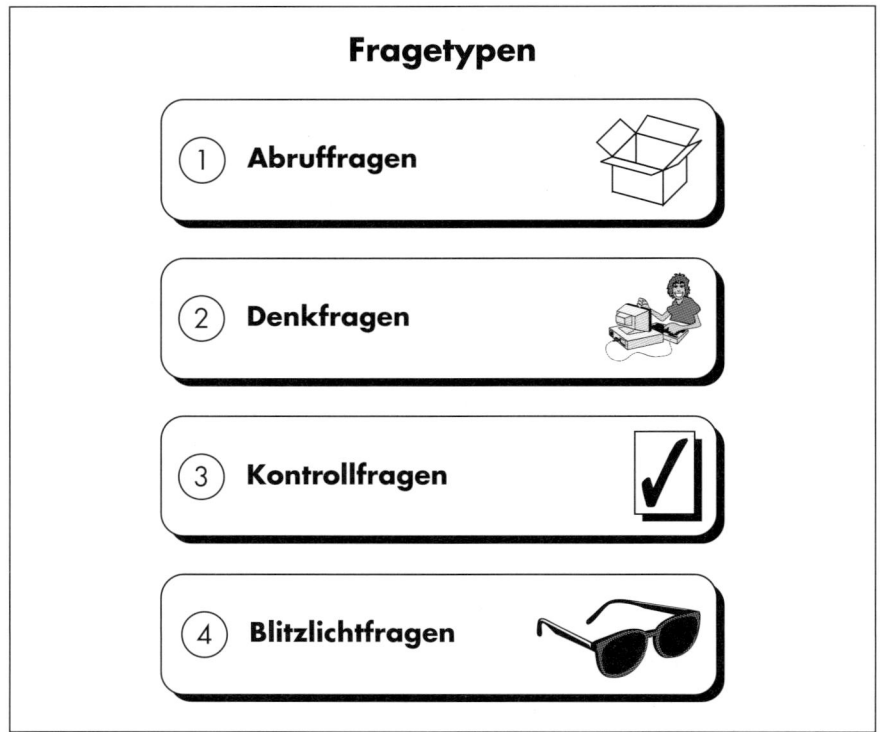

angebracht, wenn man mit einem neuen Thema beginnt und den Teilnehmern helfen möchte, in das Thema hineinzukommen. Abruffragen erbringen auch Material, mit dem sich gut arbeiten läßt, weil es authentisch ist.

● Denkfragen sollen die Verarbeitung der Informationen anregen. Mit etwas Geschick kann man als Trainer genau jene Denkprozesse anregen, die man aus didaktischen Gründen für wichtig hält. Die Frage »Wo sehen Sie Gemeinsamkeiten, wo Unterschiede zwischen A und B?« regt zum Vergleich und zur genauen Wahnehmung an. Die Frage »Was spricht dafür, was spricht dagegen?« verlangt, Position zu beziehen. Mit »In welcher Situation könnten Sie dieses Wissen brauchen?« animieren Sie die Lernenden dazu, den Praxis- und Erfahrungsbezug herzustellen. Denkfragen sollten den Hauptanteil der Fragen im Lehrgespräch ausmachen. Nach meinen Erfahrungen denken Leiterinnen und Leiter zuwenig darüber nach, welche Denkfragen jeweils angebracht sind. Sie arbeiten oft mit einem viel zu schmalen Fragenrepertoire.

● Kontrollfragen sind Prüfungsfragen, mit denen die Lernenden und die Lehrenden feststellen können, wie erfolgreich die Informationsverarbeitung verlaufen ist. Kontrollfragen gehören also ans Ende eines thematischen Abschnittes oder des gesamten Lehrgesprächs. Lernfördernd ist es, die Lernenden an der Formulierung von guten Kontrollfragen zu beteiligen (siehe Kapitel 4.2 zu Lernspielen). Gute Kontrollfragen kann man nur entwickeln, wenn man den Lernstoff gut kennt.

● Blitzlichtfragen zielen auf momentane Stimmungen und Meinungen. Sie müssen nicht mit dem Ritual »Blitzlicht« (jeder sagt reihum auf eine Blitzlichtfrage einen Satz) verbunden sein, das man gerne zum Tagesabschluß als Feedbackrunde einsetzt.

Man kann eine Blitzlichtfrage auch zwischendurch in einem Lehrgespräch stellen, wenn man einen kurzen Einblick (»Blitzlicht«) in die Teilnehmerbefindlichkeit haben möchte. Beispiele: »Wie sieht es gerade mit Ihrer Arbeitsfähigkeit aus?«, »Sind Sie noch dabei?« oder ganz einfach »Wie geht es Ihnen in diesem Moment?«

Doch was ist zu tun, wenn sich nach einer Frage Schweigen ausbreitet?

Wie Untersuchungen aus der Schule zeigen, fällt es ängstlichen Lehrerinnen und Lehrern besonders schwer, zu warten. Sie schieben gleich eine neue Frage nach oder geben die Antwort selbst. Diese Ungeduld ist verständlich, aber falsch. Sie signalisiert entweder Unsicherheit (»Ich kann einfach keine guten Fragen stellen«) oder Überheblichkeit (»Ich habe mir doch gleich gedacht, daß die zu dumm/faul/uninteressiert sind«). Ruhiges Abwarten dagegen signalisiert Vertrauen und Interesse an den Teilnehmern. Denn der nächstliegende Grund für Schweigen ist, daß die Teilnehmerinnen und Teilnehmer Zeit brauchen, um über die Antwort nachzudenken.

Die Angst vor der Stille

Wenn das Schweigen ungewöhnlich lange anhält, würde ich fragen: »Wo ist das Problem?« und wieder warten, denn es ist nicht einfach, ein Problem zu formulieren. Wenn das Schweigen sich jedoch einige Male wiederholt, sollte das thematisiert werden: »Sie haben jetzt einige Male geschwiegen. Ich weiß nicht, wie ich das verstehen soll. Helfen Sie mir mal.« Oder witzig: »Ganz schön leise hier!« Wenn es stumm bleibt, wäre vielleicht ein »Blitzlicht« gut: Jeder sagt reihum in einem Satz, wie er/sie sich gerade fühlt. Man könnte auch eine Kartenabfrage durchführen. Aber es geht ja um die Thematik des gestörten Miteinanderredens; das Sprechen soll (wieder-)belebt werden, nicht das Schreiben.

Im obigen Beispiel wird der Referent dreimal mit Schweigen konfrontiert. Jedesmal agiert er routiniert, aber unsensibel. Dem Schweigen ging jedesmal die gleiche Situation der Beteiligten voraus. Es war zu einer emotionalen Äußerung eines Teilnehmers gekommen, die vom Referenten zwar verbal anerkannt, jedoch nicht verwendet und somit entwertet wurde. Alle Teilnehmer haben daraus gelernt: »Hier sollst du zwar antworten, aber was zählt, bestimmt der Referent.« Wer unter solchen Bedingungen schweigt, ist kein schlechter Teilnehmer. Wer diese Signale nur routiniert überspielt, ist jedoch ein schlechter Dozent.

Problem »Abschweifung« oder »Wie behalte ich den Faden?«

Wenn ein Teilnehmerbeitrag dem Referenten nicht in sein Konzept paßt, entsteht ein Problem nicht nur auf der Sachebene, sondern auch auf der Beziehungsebene. Auf der Sachebene: »Ich möchte X behandeln, du möchtest über Y reden; das paßt nicht.« Auf der Beziehungsebene: »Tut mir leid, aber ich entscheide, daß ich deinen Beitrag (jetzt) nicht brauchen kann.« Manche Dozenten haben dafür Formulierungen entwickelt, die es dem betreffenden Teilnehmer oder der Teilnehmerin leichter machen sollen, z.B.: »Das ist sehr interessant, aber im Augenblick sollten wir lieber beim Thema bleiben.« Andere machen es wie viele Lehrer und warten einfach so lange, bis eine Antwort kommt, die »paßt«.

Tip: Erst sammeln, dann verarbeiten

Das Problem läßt sich prinzipiell nicht durch Tips lösen, weil es den Kern der Methode »Lehrgespräch« trifft: Der Dozent hat seinen Ablaufplan, und ein Teilnehmerbeitrag ist damit vereinbar oder nicht. Doch es gibt einen einfachen Tip, der das Problem wenigstens etwas entschärft: Man nimmt nicht zu jedem Teilnehmerbeitrag sofort Stellung, sondern ermutigt zu weiteren Beiträgen (»Gibt es noch andere Meinungen dazu?« oder »Wie denken die anderen darüber?«), und wartet so lange, bis nichts mehr kommt. Dann faßt man zusammen und greift jene Argumente/Gedanken heraus, mit denen man weiterarbeiten möchte. Weil der Dozent sich nicht nach jedem Einzelbeitrag einmischt, kommt es erfreulicherweise auch häufiger zu Dialogen zwischen den Teilnehmern. Ein weiterer Vorteil liegt darin, daß die Diskussion mehr auf den Gehalt der Beiträge fokussiert, während bei der sofortigen Stellungnahme die Bindung von Argument und Person noch sehr stark ist.

Für Beiträge, die jetzt nicht, aber unbedingt später noch behandelt werden sollten (Betroffenheit der Teilnehmer, ausgeprägtes inhaltliches Interesse, große Be-

deutung für den Berufsalltag usw.), empfiehlt sich ein Themenspeicher oder The- *Themenspeicher*
menparkplatz. Das kann ein Flipchartbogen mit einer Grafik für »Themenspeicher« sein, der an die Wand gehängt wird, oder eine Pinwand, wo die Themen
auf Karten angenadelt werden. Wenn sie dann später bearbeitet wurden, sollte
man dies auch symbolisch anzeigen, z.B. durch Durchstreichen am Flipchartbogen oder durch Entfernen der Karten von der Pinwand. Für Teilnehmerbeiträge,
an deren weiterer Klärung nur wenige Teilnehmer Interesse zeigen, würde ich
eine kleine Arbeitsgruppe, am besten außerhalb der Seminarzeit, vorschlagen.
Das Team entscheidet, ob es mich dabeihaben möchte oder nicht. Die Ergebnisse
werden den anderen Teilnehmern später mitgeteilt.

Leiter, die besonderen Wert darauf legen, im Lehrgespräch »auf Kurs« zu bleiben, *Fahrplan*
sollten darüber nachdenken, mit welchen Mitteln sie ihre Route den Teilnehmern so deutlich wie möglich machen können. Nur wenn die Teilnehmer sehen,
daß ein detaillierter Ablauf geplant ist und wie dieser sich gestaltet, können sie
sich darauf einstellen. Es wird dann kaum mehr dazu kommen, daß Teilnehmer
auf Punkte Bezug nehmen, die für später vorgesehen sind. Ein solcher Fahrplan
sollte während des gesamten Lehrgesprächs sichtbar sein; deshalb eignen sich
Poster oder Pinwand besser als Folien. Ein Fahrplan in Form von Pinwandkarten
hat den besonderen Vorzug, daß man noch Karten dazuhängen oder die Reihenfolge ändern kann, wenn der Verlauf des Lehrgesprächs dies erfordert. Den Themenspeicher bringt man neben dem Fahrplan an.

Problem »Co-Referat« oder »Wieviel Expertentum lasse ich zu?«

Fragt man Erwachsenenbildnerinnen oder Erwachsenenbildner, wen sie als
schwierige Teilnehmer erleben, so hört man oft: »Besserwisser«. Warum sind sie
lästig und unangenehm? Diese Teilnehmer wissen viel und wollen viel wissen,
achten auf Fehler und Ungenauigkeiten, sind am Thema interessiert und nehmen bei Kritik kein Blatt vor den Mund. Eigentlich sind das Kennzeichen guter
Teilnehmer. Aber gerade diese Merkmale stoßen sich mit den heimlichen Regeln
des Lehrgesprächs, nach denen der Ablauf von vornherein feststeht und die Teilnehmer sich auf fahrplankonforme Äußerungen zu beschränken haben. Die sogenannten »Besserwisser« bedrohen diese stillschweigende Übereinkunft. Sie
lassen sich nicht »den Mund verbieten« und versuchen, das Lernangebot nach
ihren Interessen zu gestalten. Nebenbei sind sie auch eine Bedrohung für solche
Teilnehmer, die es gerne ruhiger und anspruchsloser hätten.

Fragt man Leiter, wie sie mit solchen Teilnehmern umgehen, so erfährt man meist unfeine Taktiken: »Ich versuche, sie in der Gruppe zu isolieren«, »Ich warte, bis sie einmal etwas Falsches sagen und stelle sie dann bloß«, »Ich knöpfe sie mir in der Pause vor und sage ihnen, daß sie allen auf die Nerven gehen.« Oder die friedlichere Variante: »Ich mache sie zu Co-Trainern und lasse sie immer wieder fachliche Dinge erklären.«

Trainer haben eine Fürsorgepflicht

Diese Versuche, aktive Teilnehmer zu zähmen, sind wenig professionell. Die ersten drei Ideen zielen auf Kleinmachen, Blamieren, Isolieren. Das ist unvereinbar mit der trainerlichen Fürsorgepflicht; jede Teilnehmerin und jeder Teilnehmer sollte sich in der gemeinsamen Lernarbeit wohl fühlen und entfalten können. Wenn dies auch nicht immer erreicht werden kann, so sollten Sie als Trainer diese Vorgabe auf keinen Fall mißachten. Der vierte Vorschlag leidet an dem Handicap, daß Sie damit einem Teilnehmer eine besondere Position einräumen. Außerdem sind Konflikte vorauszusehen. Wie reagiert Ihr »Co-Trainer«, wenn er in Ihrem Auftrag zu Teilthemen referiert und Sie ihn öfter korrigieren oder aus Zeitgründen unterbrechen müssen? Wie reagieren andere qualifizierte Teilnehmer darauf, daß einer der ihren zum Co-Trainer »befördert« wird? Und wird Ihnen nicht unterstellt, Sie hätten sich von diesem Teilnehmer »entmachten« lassen?

Alle diese Taktiken sind nur dazu geeignet, Verwirrung zu stiften und die gemeinsame Arbeit zu erschweren. Man sollte sich klarmachen, daß »Besserwisser« zwar mit der widersprüchlichen Struktur des Lehrgesprächs in Konflikt kommen, man ihnen das aber nicht zum Vorwurf machen kann. Es gibt nur einen Aspekt, der eine Trainerintervention rechtfertigt: wenn deutlich ist, daß durch das Verhalten eines »Besserwissers« die Arbeitsfähigkeit anderer Teilnehmer eingeschränkt wird. (In Kapitel 4.3 finden Sie eine ausführlichere Fallbearbeitung zu einem »Vielredner«.)

Problem »Anerkennung« oder »Was ist wichtig an einem Beitrag?«

Die meisten Referenten pflegen beim Lehrgespräch jeden einzelnen Teilnehmerbeitrag sofort zu kommentieren (siehe auch das obige Beispiel). Die Kommentare sind in der Regel Bewertungen. Oft werden sie körpersprachlich mitgeteilt. Jeder kennt das zustimmende »Hmmm«, begleitet von Kopfnicken, wie das zweifelnde »Hmmm« mit Kopfwiegen und hochgezogenen Augenbrauen. Manche Kursleiter verzichten ganz auf Bewertung und verlegen sich aufs Paraphrasieren, indem sie mit eigenen Worten den Beitrag des Teilnehmers wiederholen. Das klingt dann wie in einer schlechten Gesprächspsychotherapie.

Mir fällt bei Lehrproben immer wieder auf, wie stereotyp viele Leiterinnen und Leiter ihre Kommentare gestalten. Sie setzen ein minimales Repertoire ein. Der eine wiederholt immer wieder ein forsches »Richtig!«, die andere beschränkt sich auf ein ermutigendes »Gut!«, der dritte schließlich hat Gefallen daran gefunden, immer höflich »Danke!« zu sagen, wenn ein Teilnehmer auf eine Frage antwortet. Der wohl ernsthafteste Nachteil dieser monotonen Floskeln ist, daß die Teilnehmer ihre individuellen Beiträge nicht ernstgenommen sehen. Ein stereotypes »Gut!« entwertet sich durch die Wiederholung, eine Inflation von »Richtig!« ist keine Anerkennung mehr.

»Gut!« als Floskel ist wertlos

Aber es gibt an diesen Kommentaren noch einen zweiten Grund zum Unbehagen. Sie verraten eine unangemessene Einstellung des Trainers. »Gut« und »Richtig« sind zwar gutgemeinte Rückmeldungen; sie setzen um, was als »Motivieren durch Loben« gepriesen wird. Aber diese Sichtweise ist zu simpel und sollte korrigiert werden. Aus psychologischen Untersuchungen ebenso wie aus der eigenen Erfahrung ist bekannt, daß Menschen sehr unterschiedlich auf Lob reagieren. Unsichere Lerner mag ein Lob vielleicht etwas zuversichtlicher machen. Die meisten Erwachsenen wollen aber nicht einfach gelobt werden. Sie wissen selbst, was sie können. Statt Lob erwarten sie eine Information dazu, was im einzelnen richtig war und was noch besser gemacht werden könnte.

Auch das Zauberwort »motivieren« ist in diesem Zusammenhang naiv, weil es suggeriert, man könne einen erwachsenen Lerner durch Lob dazu bringen, sich intensiver mit dem Lerngegenstand zu beschäftigen. Statt dessen weiß man aus der Motivationspsychologie, daß Lob sogar korrumpieren kann; Lob demotiviert, wenn jemand schon etwas gerne und aus eigenem Antrieb tut. Einmischen von außen wirkt sich auf Eigeninitiative negativ aus. Wer keine Lust hat, dem wird auch mit Lob nicht geholfen. Statt dessen sollte man versuchen, lustlosen Lernern am Lerngegenstand und am Lernen herausfordernde und befriedigende Aspekte zugänglich zu machen. Außerdem: »Gut!« und »Richtig!«, das ist wieder die Sprache des Lehrers und Punktrichters.

Ganz daneben ist das »Danke!«, auch wenn es gut gemeint ist. »Danke!« ist angebracht, wenn ein Teilnehmer mir oder der Gruppe einen Gefallen tut. »Danke!« im Zusammenhang mit der normalen Lernarbeit ist absurd, es sei denn, ich will der Teilnehmerin oder dem Teilnehmer mitteilen, wie froh ich bin, daß wenigstens sie oder er den Mund aufgemacht hat.

»Richtig!«, »Stimmt!«, »Danke!«, in all diesen Reaktionen zentriere ich als Trainer auf meine Person, auf meine besondere Stellung als (gütiger) Bewerter. Es fehlt nicht viel zum Dompteur, der die Zuckerstückchen verteilt.

Die Aufgabe von Erwachsenenbildnern ist hier eine andere: Sie sollten der Lerngruppe helfen, mit den Beiträgen produktiv arbeiten zu können. »Richtig!«, »Gut!« oder »Danke!« sind für diese Aufgabe wertlose Kommentare. Statt dessen ist aufzuzeigen, warum ein Beitrag für die gerade bearbeitete Frage wertvoll ist, z.B. weil er weiterführt, auf einen neuen Gesichtspunkt aufmerksam macht, einen anderen Beitrag ergänzt. Das kann durch einen kurzen Kommentar des Leiters oder der Leiterin erreicht werden, aber auch durch einen Impuls an die Teilnehmer, dies selbst zu erkennen. Dies ist vorzuziehen, weil dabei die Teilnehmer ihre Aufmerksamkeit auf das Wertvolle an einem Beitrag ausrichten und dies den anderen mitteilen.

Die folgende Abbildung enthält einige Beispiele für sinnvolle Trainerreaktionen auf Teilnehmerbeiträge in Lehrgesprächen.

Der richtige
Umgang mit
Teilnehmerbeiträgen

Diese Art, mit Beiträgen der Teilnehmer umzugehen, ist nicht nur orientiert an den Zielen der gemeinsamen Lernarbeit; die Teilnehmer fühlen ihre Leistung auch anerkannt. Dabei erfahren sie, im Unterschied zum pauschalen Lob, genau, warum ihr Beitrag für die Arbeit am Lerngegenstand wertvoll war. Nebenbei lernen sie also auch etwas über das Lernen.

2.3 Die Impulsmethode

Besondere Kennzeichen: Hier Lehre, dort Gespräch

»Erst wird serviert. Dann wird gegessen.«

Bei der Impulsmethode wechseln Phasen von Lehrvortrag und Phasen von Teilnehmeraktivität einander ab. Beispiel: zehn Minuten Lehrvortrag, dann zehn Minuten Teilnehmerarbeit, zehn Minuten Aufarbeiten der Ergebnisse und Klärung offener Fragen mit dem Dozenten oder der Dozentin, dann wieder zehn Minuten Lehrvortrag usw.

Die Arbeitsphasen können aber auch kürzer sein und von den Teilnehmern am Sitzplatz bearbeitet werden. Beispiel: Nach einer kürzeren Vortragseinheit (z.B. fünf Minuten) stellt der Leiter oder die Leiterin eine Frage und bittet die Teilnehmer, über die Antwort mit den Sitznachbarn zu diskutieren. Nach wenigen Minuten werden dann die Antworten gesammelt und besprochen. Anschließend geht es im Vortrag weiter.

Der Name »Impulsmethode« kommt daher, daß die in der Vortragsphase vermittelten Informationen als Impuls für die Teilnehmerarbeit dienen.

Die klare methodische Trennung von Lehrvortrag und Teilnehmerarbeit stellt einen wesentlichen Unterschied zum Lehrgespräch dar. Im Lehrgespräch sollen ja Vortrag, Fragen, Antworten usw. bruchlos und glatt ineinander übergehen. Die Impulsmethode erinnert dagegen an ein Essen im Restaurant: Jeder Gang wird erst aufgetragen und dann verspeist. Ebenso serviert man als Leiterin oder Leiter jeweils eine professionell zubereitete Portion an Informationen, bevor die Teilnehmer sie dann mit ihren geistigen »Eßwerkzeugen« bearbeiten und in »körpereigenes Eiweiß« umwandeln.

Die Situation der Beteiligten:
In Ruhe zuhören, in Ruhe arbeiten

Die Teilnehmerperspektive

Die Impulsmethode schafft für die Teilnehmer eine angenehme Klarheit über den Arbeitsverlauf. Der Wechsel von Zuhören und Bearbeiten ist zugleich ein Wechsel des Drehbuchs, nämlich von »Jetzt ist der Dozent, die Dozentin dran« und »Jetzt sind wir dran«.

Beim Lehrgespräch ist das anders. Hier haben die Lehrenden immer »das Sagen« und es ist für die Teilnehmer unvorhersehbar, wann eine Frage zu erwarten ist, wie lange das Frage-Antwort-Spiel andauert und wann es im Vortrag weitergeht. Die Bearbeitungsphasen in der Impulsmethode bedeuten dagegen Zusammenarbeit der Teilnehmer.

Die an Schule erinnernden Merkmale des Lehrgesprächs – Lehrerfrage, Melden, Antwort, Lehrerkommentar, nächste Frage – entfallen hier. Die Teilnehmerinnen und Teilnehmer müssen nicht sofort auf eine Frage antworten, sondern haben Zeit, um sich ernsthaft mit den Informationen der zurückliegenden Vortragsportion auseinanderzusetzen.

Die Leiterperspektive

Die Impulsmethode verlangt mehr Vorbereitungsarbeit. Lehrgespräche werden mehr oder weniger improvisiert; selten überlegen sich Dozenten vorher, wann sie eine Frage stellen werden und wie diese lauten soll.

Bei der Impulsmethode jedoch muß genau überlegt sein, wie der Vortrag zu portionieren ist und welche Frage oder Aufgabe die jeweils nachfolgende Bearbeitungsphase einleiten soll.

Für Dozenten und Dozentinnen, die ein echtes Interesse daran haben, wie die Teilnehmer die Informationen verarbeiten, ist die Impulsmethode ungleich befriedigender als das Lehrgespräch. Da die Teilnehmer mehr Zeit für den Umgang mit den Informationen haben und die Bearbeitung kooperativ erfolgt, ist der Ertrag umfangreicher und vielfältiger. Oft erleben die Leiter sogar Überraschungen, auch wenn sie sich mit dem jeweiligen Thema schon lange beschäftigen. Ein

Vorteile der Impulsmethode

bisher nicht beachteter Aspekt, eine interessante Interpretation, eine unerwarte-te Fachfrage. All dies ist bei der Impulsmethode wahrscheinlicher als im Lehrge-spräch, wo die Zeit zum Nachdenken viel zu kurz ist und man als Dozentin oder Dozent meistens auch subtil steuert, daß die Gruppe auf der geplanten Route bleibt.

Interessanter ist die Impulsmethode auch, weil sie Interaktion zwischen den Teil-nehmern ermöglicht und damit Dynamik auf der Gruppenebene zuläßt. Im Unterschied dazu ist die Beziehungsstruktur im Lehrgespräch eher nach dem »Divide-et-impera«-Prinzip organisiert. Bei der Impulsmethode haben Meinungs-verschiedenheiten, individuelle Unterschiede im Stil des Problemlösens, aber auch aktuelle Schwierigkeiten im Gruppenbildungsprozeß die Chance, öffentlich zu werden. Insgesamt ist also aus Dozentensicht die Impulsmethode lebendiger und ergiebiger, aber auch herausfordernder als das Lehrgespräch. Die Gruppe bekommt mehr Entfaltungsmöglichkeiten; trotzdem soll – wie beim Lehrge-spräch – die Vortragsstruktur beibehalten werden.

Was ist die Methode wert? Gut gekaut ist halb verdaut

Die Vorzüge der Impulsmethode als Variante zum Lehrgespräch sind schon ge-nannt: mehr Zeit für die Verarbeitung der Informationen, mehr Interaktion zwi-schen den Teilnehmern, mehr Raum für eigenständige Arbeit mit dem Thema. Als Folge: mehr Ergiebigkeit auf der Aufgabenebene und der Gruppenebene.

Gegenüber dem Lehrgespräch verschärft sich das Problem des Übergangs von der Bearbeitungsphase zum Vortrag. Beim Lehrgespräch kann der Dozent nach ein oder zwei Teilnehmeräußerungen mehr oder weniger elegant »die Kurve krie-gen« und den Vortrag fortsetzen. Bei der Impulsmethode arbeiten jedoch Teilneh-mer eine Zeitlang gemeinsam am Thema und stehen am Ende der vorgesehenen Zeit oft vor offenen Fragen. Diese müssen geklärt werden, bevor die nächste Vortragsphase beginnen kann. Die Teilnehmer wären auch sonst nicht aufnahme-fähig für Neues. In der Analogie zum Restaurant: Man serviert nicht den näch-sten Gang, solange die Gäste noch den Mund voll haben.

Ein weiteres Problem ist der Zeitaufwand durch den größeren Anteil von Teilneh-merarbeit bei dieser Methode. Gerade die Bearbeitungsphasen bewirken jedoch eine intensivere Auseinandersetzung mit dem Lerngegenstand und damit eine größere Wirksamkeit der Maßnahme. Will man die Gesamtzeit nicht verlängern, so gibt es nur einen Weg: die Vortragszeit kürzen. Aus der Erfahrung wirkt es sich positiv aus, wenn man sich schon bei der Vorbereitung (siehe unten, »Tips«) diszipliniert und genau überlegt, welche Informationsportionen tatsächlich nötig sind und wie man sie komprimiert darbieten kann.

Insgesamt ist die Impulsmethode dem Lehrgespräch aus den genannten Gründen vorzuziehen. Obwohl am vorbereiteten Vortrag als Leitmethode festgehalten wird, ist sie erwachsenengerechter und effektiver als das Lehrgespräch. Die Reibung zwischen geplantem Vortrag und aktiver Teilnehmerarbeit bleibt bestehen, wird aber durch die Trennung der Phasen methodisch klar abgebildet.

Tips für die Impulsmethode: Menüplanung

Vorbereitung

Für die Impulsmethode muß der Vortrag in sinnvolle Portionen eingeteilt werden (siehe Abbildung auf Seite 86). »Sinnvoll« heißt hier: Jede Portion muß gerade so viel zusammengehöriges Material der Thematik umfassen, daß die Teilnehmer mit ihrem Wissen und Interesse fünf bis 15 Minuten produktiv damit arbeiten können.

Ein Block von 90 Minuten Lernarbeit nach der Impulsmethode läßt sich je nach geplantem Umfang der Arbeitsphasen aufteilen in drei längere Vortragsphasen und dazugehörige Bearbeitungsphasen (zu je zehn Minuten Vortrag, zehn Minuten Teilnehmerarbeit, zehn Minuten Aufarbeitung der Ergebnisse) oder in etwa sechs Vortragsphasen mit kürzeren Bearbeitungsphasen (fünf Minuten Vortrag, fünf Minuten Arbeit mit dem Sitznachbarn, fünf Minuten Auswertung).

- Zur Portionierung schreibt man bei der Vorbereitung jeweils ein Stichwort pro Einheit auf eine Moderationskarte. Die Karten werden inhaltlich überprüft und ergänzt: Fehlt etwas? Sind die Informationsportionen vergleichbar in Umfang und Schwierigkeit?
- Nun hält man auf andersfarbigen Karten sinnvolle Problemstellungen als Impulse für die Bearbeitungsphasen fest. »Sinnvoll« heißt hier: Die Impulse sollten gezielt solche Denkprozesse anregen, die für die Verarbeitung der jeweiligen Informationsportion wichtig sind.
  Wenn es Ihnen z.B. bei einer Vortragsportion darauf ankommt, daß die Teilnehmer das vermittelte Wissen anwenden können, dann sollten Sie einen

Was sind gute Impulse?

85

*Der Ablauf bei der
Impulsmethode*

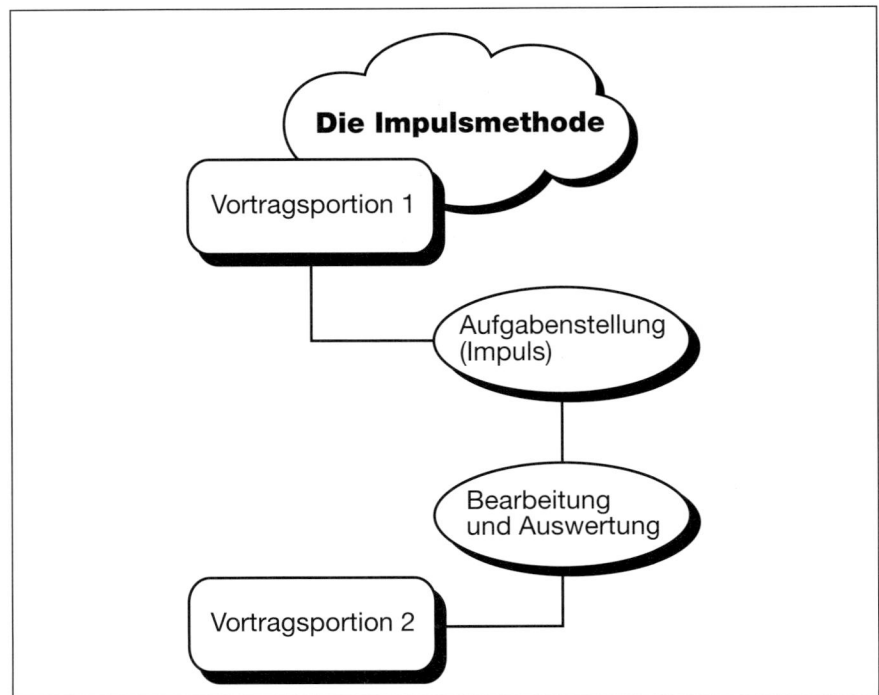

konkreten Fall zur Bearbeitung stellen oder die Teilnehmer auffordern, selbst einen Fall zu konstruieren. Wenn Sie ein sorgfältiges Erkennen von Unterschieden für wichtig halten, sollte die Aufgabe auf Vergleiche abzielen. Solche Aufgaben steuern sehr stark die Auseinandersetzung der Teilnehmer mit der Vortragsportion. Eine Alternative dazu sind offenere Anregungen, die den Teilnehmern lediglich einen Impuls zur Beschäftigung mit den Informationen geben. Beispiele: »Was erscheint Ihnen am eben Gehörten besonders beachtenswert?«, »Wie denken Sie darüber?«, »Hat Sie das überzeugt?« Solche Impulse anstelle von gezielten Aufgaben können sinnvoll sein, wenn es um einen argumentativen Vortrag geht, der bei den Teilnehmern eine bestimmte Einstellung oder Meinung fördern soll.

● Erst nach dieser Vorstrukturierung werden die Vortragsportionen ausgearbeitet (einschließlich medialer Angebote) und die Aufgaben für die Bearbeitungsphasen ausformuliert (einschließlich möglicher Aufgabenblätter oder Arbeitsmaterialien). Je »schlanker« die Vortragsportionen auf das Wesentliche konzentriert sind, desto mehr Zeit bleibt für die Bearbeitungsphasen.

Die Bearbeitungsphasen

Es wurde bereits angeführt, daß die Arbeitsphasen sowohl kürzer im Plenum (Gespräch mit den Sitznachbarn) als auch mit größerem Zeitbedarf in Kleingruppenarbeit organisiert werden können. Am besten variieren Sie diese Formen innerhalb eines längeren Vortrags. Die Kleingruppenarbeit ist besonders angebracht zum Abschluß eines umfangreicheren thematischen Blocks. Man kann auch hin und wieder mit der Methode der Kartenabfrage arbeiten (siehe Kapitel 3.3).

Auf keinen Fall sollten Sie jedoch bei der Impulsmethode Ihre Fragen ohne eine Denkpause und ohne vorherigen Dialog zwischen den Teilnehmerinnen und Teilnehmern beantworten lassen. Wie mir meine Teilnehmer immer wieder bestätigen, sind es gerade die kurzen oder längeren Arbeits- und Gesprächsphasen, die sie als angenehm erleben. Man arbeitet produktiver und kooperativer als beim Lehrgespräch mit seinen improvisierten Fragen und raschen Antworten.

Für Fragen der Teilnehmer, die später auf der Tagesordnung stehen, sei wieder auf den »Themenspeicher« verwiesen (siehe Kapitel 2.2).

Die Übergänge zwischen den Phasen

Weil die Impulsmethode die Phasen »Vortrag« und »Teilnehmerarbeit« so klar trennt, besteht kein Anlaß, sich wegen eines Übergangs Gedanken zu machen. Die nächste Vortragsphase ist vorgeplant und steht bei dieser Methode nicht zur Disposition.

Für die Transparenz des Vorgehens empfiehlt sich allerdings auch hier wie beim Lehrvortrag unbedingt, den Vortragsablauf – d.h. Stichworte zu den Vortragsblöcken – den Teilnehmern in der Einleitung mitzuteilen und während der gesamten Arbeit sichtbar zu halten (Pinwandkarten oder Flipchartposter).

2.4 Der Folienvortrag

Besondere Kennzeichen: Echo oder Reißverschluß

»Ein Bild sagt mehr als tausend Worte?«

»Ein Bild braucht mehr als tausend Worte!«

»Overheadprojektor und Folien« von H. Will

Ein Overheadprojektor steht heute in jedem Schulungsraum, Vortragssaal, Klassenzimmer. Folien lassen sich leicht herstellen. Man braucht sie nicht einmal per Hand zeichnen oder beschriften, sondern erstellt eine Papierversion mit dem Computer, der Schreibmaschine oder mit Schere und Kleber, wenn man Ausschnitte aus Büchern oder Zeitschriften zeigen will. Die Vorlage wird dann auf das Transparent kopiert. Die fertige Folie kommt in eine spezielle lichtdurchlässige Hülle und wird in den Vortragsordner geheftet.

Der Overheadprojektor hat der guten alten Schiefertafel wie auch ihren modernen Plastiknachfolgern, den diversen »boards«, längst den Rang abgelaufen. Die Vorteile von Projektor und Folien sind evident:

- Das Projektionsbild kann dem Sehwinkel und dem Abstand der Betrachter angepaßt werden.
- Der Projektor zeigt Schrift und Bilder (auch farbig) in ausgezeichneter Qualität.
- Die Folien können auf einem hohen Gestaltungsniveau hergestellt werden.
- Mit Folien lassen sich Originaldokumente präsentieren.
- Folien können im Vortrag beliebig oft gezeigt werden.
- Mit Hilfe bestimmter Techniken können Spezialeffekte erzeugt werden (Klappfolien, bewegliche Folien).
- Folien sparen das Papier für Teilnehmermaterial (eine Aufgabe muß z.B. nicht für alle Teilnehmer kopiert werden, sondern wird per Folie an die Wand projiziert).
- Folien sind leicht zu transportieren und aufzubewahren.
- Folien lassen sich für die Teilnehmer auf Papier kopieren.

Folien können Sie aber ebenso wie die Tafel während des Vortrags auch als Fläche für spontane Aufzeichnungen und Skizzen nutzen. Gegenüber der Tafel kommt der Vorzug der guten Sichtbarkeit des Projektionsbildes zur Geltung. Ein wesentlicher Unterschied zur Tafelanschrift ist jedoch festzuhalten: Die Folienpräsentation ist »flüchtig«, die Tafelanschrift (sofern sie nicht gelöscht wird, weil die Fläche wieder gebraucht wird) bleibt stehen.

Folienvorträge in der Praxis der Erwachsenenbildung sind oft gespickt mit Kunstfehlern. Als Referent entscheide ich jeweils, wie lange eine Folie gezeigt wird und wie ich sie kommentiere. Damit entscheide ich, was mein Folienvortrag wert ist. Die meisten Referentinnen oder Referenten entscheiden sich für das Falsche: Sie zeigen zu viele Folien zu kurz und kommentieren unzureichend. Dazu kann man häufig grobe handwerkliche Schnitzer beobachten: Der Referent oder die Referentin dreht sich zur Projektionswand oder zeigt auf der Wand und stellt sich dabei in das Projektionslicht; er oder sie bemerkt es nicht, daß der Projektor nicht scharf gestellt ist oder die Folie schief aufliegt; die Folie ist unleserlich, weil sie von vielen kleinen Buchstaben überquillt. (Zu diesen Punkten siehe unten, »Tips«.)

Fehler beim Folieneinsatz

Methodisch gibt es in der Praxis vor allem zwei Grundformen des Einsatzes von Folien im Lehrvortrag:

- Beim Echoprinzip zeigen die Folien einen Schlüsselsatz, ein Zitat, eine Definition, eine Überschrift, die im Vortrag zu gleicher Zeit akustisch ausgesprochen und behandelt wird. Diese Folien verdoppeln das Gesagte, zumindest jenen Teil, den man besonders hervorheben will.
- Beim Reißverschlußprinzip enthalten Vortrag und Folien Unterschiedliches, das sich aber gegenseitig ergänzt. Beispiel: Die Folie zeigt zu einer Aussage des Vortrags ein Diagramm; der Vortrag liefert dazu Hintergrundinformationen.

Zum Folientypus gibt es Vorlieben und Gewohnheiten bei den Dozentinnen und Dozenten:

- Katalogfolien sind Listen von Stichpunkten, z.B. die Feingliederung des Vortrags oder die Zusammenfassung eines längeren Vortragsabschnitts. Sie werden mit Vorliebe zuerst abgedeckt gezeigt und dem ungeduldigen Publikum zeilenweise preisgegeben, wenn der Vortrag an der jeweiligen Stelle angelangt ist. Man spricht auch von Stripteasetechnik.
- Andere Dozenten zeigen mit Vorliebe bildhafte Folien, meist kombiniert mit Text, z.B. Abbildungen, Grafiken, Schemata, Analogiebilder.

● Viel zu selten sind Impulsfolien.

Sie sollen dazu dienen, Interesse am Thema zu wecken, zum Nachdenken anzuregen, Betroffenheit herzustellen, Alltagswelt hereinzuholen. Am besten eignen sich hierfür realistische Bilder (ausdrucksstarke Fotografien) oder künstlerische Bilder (z.B. auch doppelbödige Karikaturen); es kann aber auch ein Zitat oder ein anderes kurzes Textdokument sein, das unter die Haut geht.

Sehr zu empfehlen: Ergänzungsfolien

● Ebenfalls zu selten trifft man halbfertige Ergänzungsfolien an.

Zu einer komplexen schematischen Darstellung kann man z.B. die grafische Struktur vorbereiten, die Beschriftung der einzelnen Kästchen dann aber vor den Augen der Teilnehmer oder mit Hilfe ihrer Beiträge mit dem Folienstift vornehmen (siehe Abbildung).

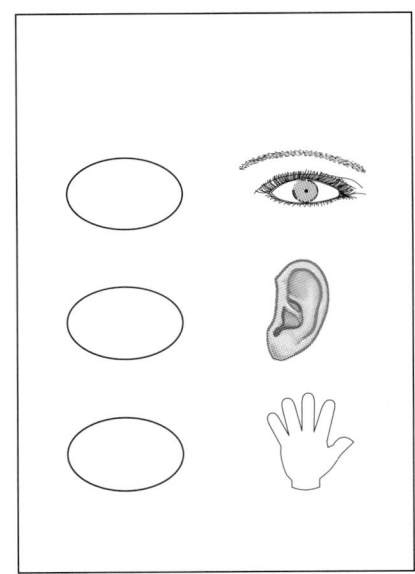 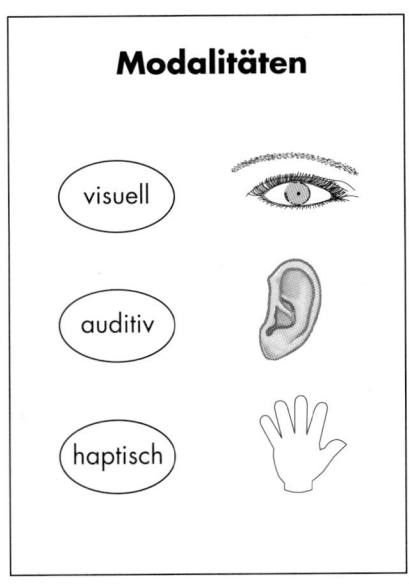

Beispiel für eine Ergänzungsfolie (links): Die Begriffe trägt man von Hand während des Vortrags ein (rechte Abb.)

Oder umgekehrt: Die Kästchen mit den Stichwörtern sind vorbereitet, aber die Pfeile und Verbindungslinien, mit denen der Zusammenhang visualisiert werden soll, trägt man während des Vortrags ein.

Solche Ergänzungsfolien bieten mehrere Vorteile: Die Komplexität wird nach und nach aufgebaut; das Mitverfolgen der Komplettierung der Folie lenkt die Aufmerksamkeit auf das Neue; das Zeichnen oder Beschriften erfolgt synchron mit der Rede; die Darbietungsqualität ist, weil das Gerüst schon vorbereitet wurde, besser, als wenn man die ganze Folie erst während des Vortrags frei zeichnen und beschriften würde. Und solche Folien bleiben längere Zeit auf dem Projektor liegen.

Man könnte die halbfertige Folie natürlich auch durch die Klappfolientechnik nach und nach komplettieren; aber das handgeschriebene Ergänzen wirkt natürlicher und persönlicher.

Die Situation der Beteiligten: Multicodierung

Die Teilnehmerperspektive

Beim Lehrvortrag (siehe Kapitel 2.1) hieß es: Zuhören strengt an, wenn man Neues aufnehmen soll, weil man den Informationsfluß nicht beeinflussen kann. Wenn nun zum Vortrag Folien hinzukommen, wird das Informationsangebot für die Teilnehmer zwar abwechslungsreicher (das Einschalten des Projektors ist ein Lichtblick), aber auch umfangreicher. Die Wahrnehmung nimmt beim Vortrag gesprochene Sprache auf, außerdem Gesten und Mimik des Vortragenden. Beim folienunterstützten Vortrag gibt es wesentlich mehr zu erfassen: gesprochene Sprache, Mimik und Gestik, Schrift und schriftnahe Hinweiszeichen (z.B. Fettdruck, Unterstreichungen), bildhafte Darstellungen und Hinweiszeichen (z.B. Pfeile), vielleicht noch Zahlen (z.B. bei Diagrammen). Dieses Informationsangebot bietet mehrere Codierungen und spricht unterschiedliche Sinnesmodalitäten an. Codierungen sind Sprache, Zahlen, Bilder; Sinnesmodalitäten sind Hören und Sehen. Wie geht das Gehirn damit um?

Nach den bisherigen Forschungsergebnissen wird die Verarbeitung der Informationen im Gehirn vor allem von den Codierungen bestimmt. Sprache wird anders und von anderen Gehirnarealen verarbeitet als Bilder. Vereinfacht gesagt: Die Decodierungsprogramme für Sprache liegen im wesentlichen in der linken Großhirnhälfte, die für Bilder in der rechten. Beide Programme können ohne Probleme gleichzeitig arbeiten, solange die Kapazität unseres Arbeitsspeichers ausreicht. Die Ergebnisse dieser Verarbeitung, d.h. die decodierten Informationen, werden dann zu einer sinnhaltigen Gesamtaussage verknüpft.

Kapazitätsmangel stellt sich ein, wenn die Zuhörer vom Informationsangebot überrollt werden. Beispiel: Eine Referentin trägt Erläuterungen vor, die für die Zuhörer neu sind. Sie redet pausenlos und legt dazu in rascher Folge eine dichtbeschriebene Folie nach der anderen auf. Hier wird die Kapazität des Arbeitsspei-

*Die Kapazität
der Zuhörer wird
leicht überlastet,
wenn sie zuhören
und gleichzeitig
eine Folie lesen*

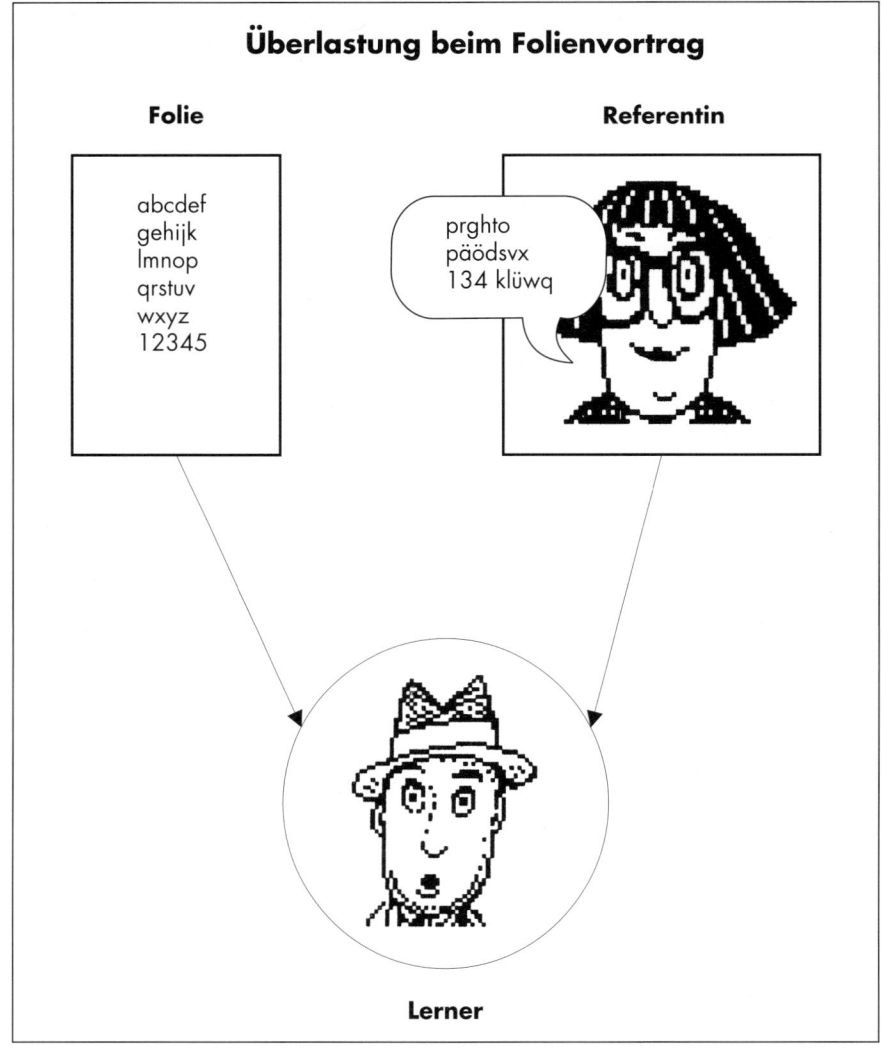

chers der Teilnehmer bald überlastet. Dann ist eine »Dominanz des Visuellen« zu beobachten: Sichtbares, also z.B. Mimik, Gestik und die Folien, auch wenn sie unattraktiv sind, werden vorrangig beachtet. Zum gleichzeitigen interpretierenden Zuhören reicht die Kapazität nicht aus. Man kennt dieses Phänomen vom Fernsehen; wenn in einer Expertenrunde oder bei einem politischen Kommentar jemand anspruchsvoll argumentiert, beginnen viele Zuseher, nur noch auf die

Mimik oder die Kleidung des Sprechers zu achten. Aus Kapazitätsgründen wird im Gehirn die Sprachdecodierung auf Sparflamme geschaltet.

Eine Überlastung des Sprachzentrums droht beim Folienvortrag immer dann, wenn der oder die Vortragende spricht und gleichzeitig eine Folie mit viel Text präsentiert (siehe Abbildung). Die Sprache gelangt zugleich über das Gehör und über die Augen in die Sprachzentren; wenn der Inhalt der Rede und der Inhalt der Folie nicht identisch sind, gibt es Verarbeitungsprobleme.

Wenn eine Folie projiziert wird, deren Aussage nicht zu dem paßt, was der oder die Vortragende in diesem Augenblick sagt, gelingt es dem Gehirn einfach nicht, das Gesagte und Gesehene zu einem sinnvollen Ganzen zu verknüpfen. Dies wird als unangenehm erlebt. Grund dafür ist, daß unser Gehirn besondere Anstrengung aufwenden muß, um vielleicht noch einen Sinn herstellen zu können.

Folie und Vortrag müssen zueinander passen

Diese Aufgabe gelingt dann leicht, wenn in einem Folienvortrag die gesprochene Sprache und die Informationen der Folie vom Sinn her passen und auch zeitlich synchron dargeboten werden. Dies ist aber nicht der Fall, wenn eine Folie mitten in einer Rede aufgelegt wird und der Redner erst später auf die Aussagen der Folie zu sprechen kommt. Oder wenn eine Folie noch projiziert bleibt, obwohl der Vortrag schon ein anderes Thema behandelt. Bei solchen Unstimmigkeiten schalten die Zuhörer ab, oder sie wenden so viel Anstrengung auf, das alles doch zu verstehen, daß sie nur noch das eine oder das andere aufnehmen können. Bei Synchronisierung und Passung von Vortrag und Folie stellt sich ein positiver Effekt ein: Die gleiche Information trifft über verschiedene Sinneskanäle und in verschiedenen Codierungen (z.B. Vortrag und Bild) ein und wird dann wahrscheinlich auch im Gehirn mehrfach codiert. Dies erleichtert das Behalten und Erinnern.

Die Leiterperspektive

Ein Stoß Folien neben dem Vortragsmanuskript bedeutet für Referenten zuallererst Sicherheit. Folien sind die Leuchttürme bei der Kreuzfahrt durch das Vortragsgebiet. Das gilt besonders, wenn man den Lehrvortrag frei hält. Für vergeßliche Vortragende sind Folien Erinnerungshilfen.

Folien sind auch eine willkommene Gelegenheit für eine kurze Atempause. Routinierte Referentinnen und Referenten reden nicht gleich weiter, wenn sie eine

Folie auflegen. Sie werden für einen Augenblick selbst zum Betrachter, drehen sich um und blicken – wie die Teilnehmer – einige Sekunden auf die Projektionswand. Dann erst kommentieren sie die Folie.

Die Gestaltung der Folien nutzen viele Kursleiter auch zur Selbstdarstellung. Folien mit perfekter Typografie und Grafik transportieren neben dem Inhalt noch andere Botschaften: »Ihr Teilnehmer seid mir wichtig«, »Ich nehme meinen Job ernst« oder »Ich habe ein modernes Grafikprogramm in meinem PC«. Locker handgeschriebene Folien sagen: »Wegen euch Teilnehmern ändere ich noch lange nicht meinen Stil. Nehmt mich, wie ich bin.« Lieblos auf Folien kopierte, bis zum Rand vollgeschriebene Schreibmaschinenseiten teilen mit: »Was soll der Medienkram? Hier wird gearbeitet!« Erfahrene Teilnehmer wissen, daß wie bei anderen Formen des Eindrucksmanagements auch mit Folien Hochstapelei betrieben werden kann. Die besonders bunten Augenkitzelfolien, die alles so schön einfach und witzig darstellen, oder die besonders komplizierten Folien mit kühnen Pfeilen (deshalb auch »Indianerfolien« genannt) und dreidimensional angeordneten Kästchen, Rauten und Ellipsen sind vielfach ebenso substanzlos wie des Kaisers neue Kleider. Und manche krakelige Handzeichnung bringt einen komplexen Sachverhalt einfallsreich auf den Punkt und öffnet den Lernenden die Augen. Trotzdem: Wenn Sie professionell arbeiten wollen, dann sollten Sie auch Ihre Folien professionell gestalten. Die Teilnehmer werden es zu schätzen wissen.

Folien sprechen nicht für sich!

In einem befremdlichen Mißverhältnis zur Mühe, die viele Referenten für die Ausarbeitung ihrer Folien aufbringen, steht die lakonische Art und Weise, wie sie diese Folien präsentieren. Sie scheinen überzeugt zu sein: »Die Folie spricht für sich.« Sie legen die Folie auf, verlieren kaum ein Wort dazu und fahren im Vortrag fort. Diese Unterschätzung der Erklärungsbedürftigkeit von Folien, erst recht von bildhaften Darstellungen, ist ein Irrtum mit Folgen. Daß viele Folienvorträge so unbefriedigend sind, läßt sich vor allem dieser Fehleinschätzung zuschreiben. Jede Folie ist etwas Besonderes, ein spezielles Instrument zur Unterstützung des Vortrags an wichtigen Stellen. Entsprechend dieser Bedeutung muß jede Folie, sobald sie an der Projektionswand erscheint, beachtet und behandelt werden. Der Vortrag kann nicht weitergehen, bevor nicht die Botschaft der Folie klar und vollständig entfaltet wurde (siehe Motto).

Was ist die Methode wert? Multimedia für jeden Tag

Zuerst einmal ist die Methode bestechend handlich: Projektoren gibt es überall, Folien lassen sich leicht herstellen. Weiter ist die Methode eine Verbesserung des Lehrvortrags: Sie erweitert das Mitteilungsrepertoire um visuell präsentierte Informationen, erschließt besonders die Vorzüge von bildhaften Darstellungen. Das macht sie abwechslungsreich.

Der didaktische und lernpsychologische Wert hängt allerdings davon ab, wie diese Möglichkeiten genutzt werden. Falsch eingesetzt, wird die Informationsaufnahme eher behindert als gefördert; die Teilnehmer werden überlastet und abgelenkt. Richtig eingesetzt (s. dazu die nachfolgenden Tips) fördert der Mix von Vortrag und Folien einschließlich verschiedener Gesten wie Zeigen, Nachfahren von Linien, Schreiben usw. das Verstehen und das Behalten. Für das Behalten wirkt sich aus, daß Hören und Sehen zu einer Mehrfachcodierung der Information im Gehirn führen können und daß sich Folien gut als »Anker« eignen (siehe dazu Abschnitt »Tips für den Lehrvortrag« in Kapitel 2.1).

Tips für den Folienvortrag: Ehret die Folien!

Folien: An welchen Stellen des Vortrags?

Einfache Regel: Es sollten wichtige Stellen sein. Wichtig ist z.B. der Beginn des Vortrags. Hier kann eine Bildfolie wie ein »Aufreißer« in einer Illustrierten ins Thema einstimmen und neugierig machen; eine Gliederungsfolie kann über den Ablauf orientieren; eine Folie mit einem provokanten Zitat kann Interesse wecken. Im weiteren Verlauf des Vortrags sind Folien immer dann am Platze, wenn etwas betont, veranschaulicht, verankert, erklärt, vertieft oder zusammengefaßt werden soll. Folien für Nebensächlichkeiten sind verschenkt, auch wenn man gerade irgendwo eine schöne Grafik gefunden hat, die sich entfernt mit dem Vortragsthema in Verbindung bringen läßt. »Warum so puristisch?« mag sich mancher fragen. Die Antwort: Folien ziehen in besonderem Maße die Aufmerksamkeit der Zuhörer auf sich. Diese Wirkung sollte man den wichtigen Stellen zugute kommen lassen. Die Teilnehmer lernen aufgrund der konsequenten Verwendung, daß Folien immer bedeuten: »Das ist wichtig.«

Die gedankenlose und überbordende Verwendung von Folien, wie man sie so oft erleben kann, hat die gleiche Wirkung wie jede Inflation: Sie entwertet. Bald schaut man zwar noch hin, sieht aber nichts mehr.

Folien: Wie gestalten?

Man gestaltet Folien dann gut, wenn man sich klarmacht, daß die Folien keine andere Funktion haben, als den Teilnehmern zu helfen: beim Warmwerden mit dem Thema, beim Gewinnen des Überblicks, beim Verstehen eines schwierigen Zusammenhangs . Eine Hilfe, die selbst erst mühsam erarbeitet werden muß, ist selten eine Hilfe. Ebenso fraglich ist eine Hilfe, bei der nicht klar ist, wobei sie denn eigentlich hilfreich sein soll. Folien als Hilfen für den Lernprozeß sollten daher so gestaltet sein, daß

- die Mitteilungsabsicht und die Botschaft rasch erfaßt werden,
- die Teilnehmer nicht an unwesentlichen Details »hängenbleiben«.

Dazu einige Tips:

- Komplexe Folien auf mehrere Folien aufteilen oder als Klappfolie herstellen. Klappfolien bestehen aus einer Grundfolie, an die per Klebestreifen andere Folien oder Folienteile befestigt sind (siehe Abbildung). Diese zusätzlichen Folien werden sukzessiv über die Grundfolie geklappt, so daß sich die Komplexität erst nach und nach aufbaut.

Eine geöffnete Klappfolie aus drei Elementen: Über die Grundfolie wird beim Vortrag zuerst die Folie 2, dann die Folie 3 gelegt

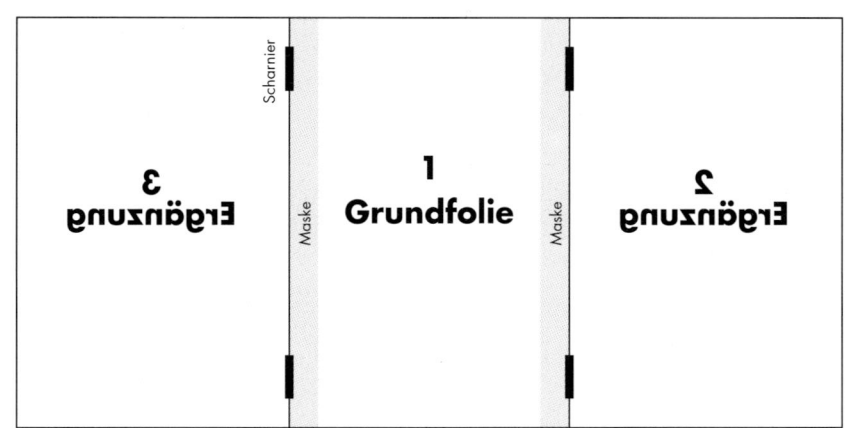

● Dem Layout einer Folie eine »gute Gestalt« geben, die zur Hauptaussage paßt.
Beispiel: Wenn es um einen Vergleich geht, sollten die Daten auch im Folien-raum optisch einander gegenübergestellt werden, als eingerahmte Blöcke oder in verschiedenen Farben. Wenn ein Verlauf dargestellt wird, ist eine »gute Gestalt« z.B. ein Kurvendiagramm.

Sie können die Qualität der Layoutstruktur einer Folie leicht testen, indem Sie mit den Augen blinzeln. Wenn Sie trotzdem einen klaren Aufbau erken-nen, der zur Hauptaussage paßt, dann hat Ihre Folie eine »gute Gestalt«. *Der Blinzeltest*

● Die Folie von allen überflüssigen Details befreien.
Zu viele Details lenken die Aufmerksamkeit der Betrachter ab und erhöhen den Erklärungsbedarf. Überflüssig und hinderlich für ein rasches Erfassen des Folieninhalts sind dekorativer Schnickschnack, viele Farben und Schrifttypen, ausführliche Beschriftungen von Diagrammen.

● Der Folie eine kurze, treffende Überschrift geben.
Am besten formuliert man sie als anregende Frage. Oder man findet eine griffige Beschreibung für die Hauptaussage der Folie. Mehr als vier Worte sind schon zuviel. Die Überschrift soll den Inhalt der Folie nicht nur auf den Punkt bringen, sondern auch anregen, neugierig machen. Lernen kann man von Bildlegenden und Artikelüberschriften in Boulevardblättern und Nachrich-tenmagazinen. Beispiel: Eine Folie zeigt ein Verlaufsdiagramm zur Entwick-lung des Autoverkehrs in den letzten zehn Jahren. Überschriften könnten sein: »Wann geht nichts mehr?« oder »In zehn Jahren verdoppelt!«. *Keine Folie ohne Titel!*

● Markierungen sparsam und konsequent verwenden.
Markierungen sind alle Folienelemente, die vom »Normalen« der Folie ab-weichen. Beispiele: Wenn eine Folie schwarzweiß gestaltet ist, wird eine Far-be von den Teilnehmern automatisch als absichtliche Markierung interpre-tiert. Dasselbe gilt, wenn eine Schriftfolie in Groß- und Kleinbuchstaben ge-schrieben ist, ein Wort jedoch nur Großbuchstaben enthält. In der Praxis sind solche Abweichungen von der Norm oft keineswegs Absicht, sondern Nach-lässigkeit; die Teilnehmer sind auf dem Holzweg, wenn sie die Besonderhei-ten als Markierungen deuten. Während sie aber über den Sinn der Farbe oder der besonderen Schreibweise eines Wortes grübeln, hören sie dem Vortrag nicht mehr zu.

Absichtsvoll gesetzte Markierungen sind sinnvoll, besonders bei Folien, die viele Informationen enthalten. Markierungen können aber nur wirken, wenn sie sparsam und folgerichtig plaziert werden. Ein »Rot« als Markierung für »Achtung!« in einem komplexen Flußdiagramm zur Bedienung eines Gerätes ist nicht mehr sinnvoll, wenn jedes Kästchen bereits in einer anderen Farbe eingerahmt wurde. Es verliert auch seine Wirkung als Signal für »Achtung!«, wenn es für andere Funktionen in dieser Folie oder in den Nachbarfolien dienen soll, z.B. als Signal für »wichtig!« oder einfach als Schmuckfarbe. Diese Hinweise mögen manchen Lesern als trivial erscheinen; die Erfahrung zeigt jedoch, daß in der Praxis dieses Prinzip sorglos ignoriert wird. Farben, Schriften, Anordnungen werden bunt zusammengewürfelt, damit die Folie Pep bekommt. Doch was für eine Einladung zur Sommerparty ganz lustig sein mag, ist eine Zumutung für das strapazierte Gehirn der lernenden Teilnehmer.

● Folien einrahmen.
Im Unterschied zu den anderen Gestaltungstips geht es hier um die Ästhetik der Folienprojektion. Kaufen Sie sich im Fachgeschäft einen OHP-Rahmen oder basteln Sie ihn sich selbst aus dünnem Karton. Er verkleinert die angestrahlte Glasfläche auf dem Projektor von jeder Seite um einige Millimeter und ist so breit, daß am äußeren Rand der Folie kein Licht vorbeikommt (ca. 5 cm). Wenn Sie nun eine Folie in diesen Rahmen legen, werden Sie feststellen, daß das Bild auf der Projektionswand in einer klar konturierten, schwarzen Umrandung erscheint. Ohne diesen Rahmen ist die Folie von einem breiten Lichtrand umgeben. Mit dem Rahmen sieht das Projektionsbild nicht nur besser aus, sondern wirkt durch den dunklen Kontrast auch heller. Vor einem Vortrag plaziert man den Rahmen auf den Projektor und legt dann die Folien in oder über die Schablone. Achtung: Nach Ende der Veranstaltung den Rahmen wieder mitnehmen. Er wird gerne vergessen.
Im Handel gibt es Folienhüllen mit aufklappbaren Kartonstreifen links und rechts. Der Vorteil ist, daß man sich auf den Streifen Stichworte zur Folie notieren und beim Vortrag ablesen kann.

Folien: Wie in den Lehrvortrag einbauen?

Erinnern Sie sich an die im Abschnitt »Teilnehmerperspektive« beschriebenen Verarbeitungsprobleme, wenn die Zuhörer neben der gehörten Sprache noch eine Folie mit Wörtern, Zahlen und Bildern zu verarbeiten haben? Diese Probleme zu verringern ist das Ziel der folgenden Tips.

Die meisten Referenten legen eine Folie recht unvermittelt auf, fahren dabei ohne Pause im Vortrag fort, gehen kurz auf die Folie ein, schalten dann den Projektor aus oder ziehen die Folie weg und ersetzen sie durch die nächste. Das ist Fast-food-Pädagogik. Die professionelle Einstellung lautet dagegen: »Jede Folie ist etwas Besonderes, sowohl für mich als Vortragenden wie für die Teilnehmer.« Diese Haltung läßt sich am besten umsetzen, wenn man sich die folgenden fünf Schritte der Folienpräsentation im Vortrag so angewöhnt, bis sie in Fleisch und Blut übergegangen sind (siehe Abbildung).

Gehirnfreundlicher
Folienvortrag

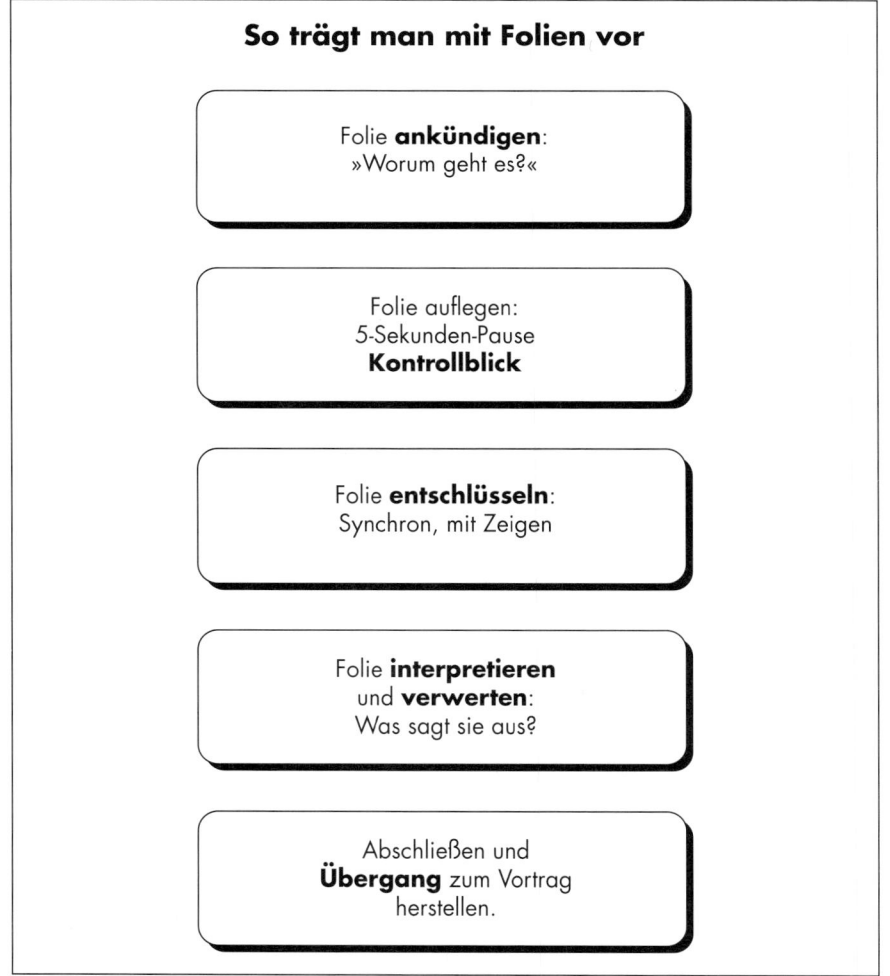

So trägt man mit Folien vor

Folie **ankündigen**:
»Worum geht es?«

Folie auflegen:
5-Sekunden-Pause
Kontrollblick

Folie **entschlüsseln**:
Synchron, mit Zeigen

Folie **interpretieren**
und **verwerten**:
Was sagt sie aus?

Abschließen und
Übergang zum Vortrag
herstellen.

Schritt 1: Folie ankündigen

Die Teilnehmerinnen und Teilnehmer sollen auf die Folie vorbereitet sein. Bevor sie die Folie zu Gesicht bekommen, wissen sie dann schon ungefähr, worum es geht. Sie haben einen passenden Erwartungsrahmen, in den sich dann die Einzelheiten leicht einfügen lassen. Eine gute Ankündigung macht auch neugierig auf die Folie.

Beispiel: »Sie werden fragen: Hat der Autoverkehr tatsächlich zugenommen, oder stagniert er vielleicht seit einigen Jahren? Dazu zeige ich Ihnen ein Diagramm. Die Zahlen werden Sie beeindrucken.«

Schritt 2: Folie auflegen, Pause, Kontrollblick

Auch wenn die Teilnehmer in etwa wissen, was sie erwartet, werden sie automatisch von der Folie in Bann gezogen. Das neue visuelle Informationsangebot muß sofort in einem Überblick entschlüsselt werden. In dieser Zeit hören die Teilnehmer nicht zu. Das beste, was Sie als Referentin oder Referent in dieser Phase tun können, ist, sich umzuwenden, zu schauen, ob das Projektionsbild in Ordnung ist (Kontrollblick) und einige Sekunden den Mund halten. Ich empfehle die 5-Sekunden-Regel (stumm zählen). Bei komplizierten Folien warte ich einige Sekunden länger.

Die 5-Sekunden-Regel

Erfahrungsgemäß wird dieses Warten von Kursleitern, die das zum ersten Mal ausprobieren, als sehr lange erlebt. Es fällt leichter, wenn man dabei wie die Teilnehmer zur Projektionswand blickt. Damit signalisiert man zugleich ohne Worte: »Schauen wir uns die Folie erst einmal in Ruhe an.« Wenn man sich dann wieder den Teilnehmern zuwendet, heißt das unausgesprochen: »Jetzt sage ich etwas dazu.«

Der Kontrollblick sollte ein Automatismus bei jeder neuen Folie sein. Damit vermeidet man die Peinlichkeiten, daß das Bild unscharf ist, der Projektor an die Decke projiziert, die Folie schräg oder mit der falschen Seite aufliegt.

Schritt 3: Folie entschlüsseln

Bevor Sie die Botschaft der Folie entfalten und verwerten (siehe nächster Schritt), sollten Sie sichern, daß die Teilnehmer die Folie richtig »lesen«. Das gilt besonders für Diagramme.

- Immer sollte man zuerst die Koordinaten und ihre Beschriftungen klären: »Auf der x-Achse sehen Sie die Jahre von 1985 bis 1995, auf der y-Achse die Zahl der zugelassenen Fahrzeuge in Millionen.«
- Dann ist das Diagramm selbst an der Reihe: »Die rote Kurve zeigt den Verlauf für die privaten Fahrzeuge, die schwarze für die gewerblich genutzten Fahrzeuge.«

Bei diesem einfachen Beispiel läßt sich einwenden, daß diese Erläuterungen völlig überflüssig seien und die Teilnehmer sich wie dumme Anfänger behandelt sehen würden. Meine Erfahrungen stützen diesen Einwand jedoch in keiner Weise. In jeder Lerngruppe gibt es Teilnehmerinnen und Teilnehmer, die wenig Übung mit der Lektüre von Diagrammen haben; ihnen helfen solche Decodierungshinweise. Andererseits neigen gerade die Routinierten dazu, sich mit einem flüchtigen Blick auf das Diagramm zu begnügen, in der irrigen Meinung, schon alles erfaßt zu haben. In meinen Seminaren hat sich ohne Ausnahme gezeigt, daß solche Entschlüsselungshilfen nur den Referenten überflüssig vorkamen; die Teilnehmer – auch diejenigen, die diese Hilfe nicht nötig hatten – fühlten sich in keiner Weise unterfordert.

Andere Entschlüsselungshilfen können sein: »Das Diagramm ist von links nach rechts (von oben nach unten, von innen nach außen) zu lesen«, »Die dicken Pfeile (Umrandungen, Linien) markieren die Wichtigkeit«, »Grün steht immer für wünschenswerte Ergebnisse, Rot für unerwünschte«, »Die durchgezogene Linie zeigt die vorliegenden Daten, die gestrichelte ist eine Prognose zur weiteren Entwicklung«, »Die Kreisfläche stellt den gesamten Umsatz in diesem Jahr dar; die Segmente zeigen der Größe nach im Uhrzeigersinn, wieviel die einzelnen Produkte zu diesem Umsatz beigetragen haben«.

All diese Leseerläuterungen sollte man mit Zeigen unterstützen und synchronisieren. Notabene: Es geht in diesem Schritt lediglich um Lese- und Entschlüsselungshilfe, nicht um die eigentliche Aussage der Folie. Sie ist Thema des nächsten Schrittes.

Schritt 4: Folie interpretieren und verwerten

Jetzt geht es darum, die Botschaft der Folie herauszuarbeiten. Wichtig ist die Reihenfolge: Zuerst die Hauptaussage, dann die Details. Die Gehirne, genauer die Verarbeitungsprogramme der Teilnehmer, wollen es so.

Wenn Sie die Tips zur Gestaltung von Folien (siehe oben) beherzigt haben, macht Ihre Folie das Erkennen der Informationen ohnehin leicht.

In dieser Phase sollten Sie besonders auf die Synchronisierung Ihrer verbalen Ausführungen und der Wahrnehmung der Teilnehmer achten. Konkret heißt das: Die Blickrichtung steuern, damit die Teilnehmer jeweils exakt auf das Areal der Folie blicken, von dem augenblicklich die Rede ist.

Den Blick der Zuhörer steuern

Dazu gibt es verschiedene Möglichkeiten:

● *Blicksteuerung durch Zeigen und Nachfahren mit einem Stift oder Zeigestab:* Man peilt auf der Folie die jeweils aktuelle Stelle mit der Spitze des Zeigestabes an oder fährt eine Linie nach (z.B. bei einem Kurvendiagramm) oder kreist eine bestimmte Stelle ein. Es gibt ein großes Angebot an Zeigestäben im Fachhandel: lustige in Form einer Hand mit ausgestrecktem Zeigefinger; lichtdurchlässige, bei denen nur die Spitze in der Projektion dunkel erscheint, damit der übrige Stab nichts von der Folie zudeckt; farbige, breite und schmale. Achtung bei allen Zeigebewegungen auf der Folie: Keine hastigen Bewegungen ausführen; nur mit dem Zeigeinstrument, nicht mit der Hand in der beleuchteten Fläche agieren! Auf der Projektionswand vergrößern sich die Bewegungen und die Schatten.

Für Referenten, die vom Projektor entfernt kommentieren, gibt es den Laserpointer, eine Art Taschenlampe, die auch aus großen Entfernungen einen kleinen roten Lichtpunkt auf die Projektionsfläche zaubert. Achtung: Je größer die Entfernung, desto stärker zittert mit der Hand auch der Lichtpunkt.

● *Blicksteuerung durch Abdecken und Aufdecken:* Dazu eignet sich dünnes Papier. Für die Teilnehmer bleibt an der abgedeckten Stelle die Folie dunkel, die Referentin oder der Referent kann aber auf dem Projektor durch das Papier hindurch die Folie lesen. Abdecken und sukzessiv aufdecken kann man am leichtesten Folien, die zeilenweise aufgebaut sind. Mit Schablonen (am besten mit Tesafilm wie bei Klappfolien mit der Basisfolie verbunden) lassen sich auch Bilder, Schemata usw. selektiv zeigen.

Das Ab- und Aufdecken als Methode der Blicksteuerung hat allerdings den Nachteil, daß sich Erwachsene auf subtile Weise bevormundet fühlen, wenn man ihnen eine Folie nicht sofort komplett zeigt. Dem kann man entgehen, wenn man die Folie erst einmal komplett zeigt und dann abdeckt, um synchron mit der Erläuterung wieder aufzudecken. Ich bevorzuge Steuern durch

Zeigen, weil die Teilnehmer dabei immer die Gesamtheit der Folie im Blick haben.

● *Blicksteuerung durch Klappfolien:* Klappfolien sind eine etwas aufwendigere Alternative zum Ab- und Aufdecken, aber sehr zu empfehlen bei komplexeren Darstellungen. Allerdings werden Klappfolien bei mehr als drei »Stufen« unhandlich. Zudem schluckt jede Folienschicht Projektionslicht.

● *Blicksteuerung durch aktuelles Markieren:* Statt Zeigen kann man eine wichtige Stelle der Folie auch mit einem Folienschreiber synchron zum Kommentar markieren, z.B. einkreisen, unterstreichen, mit einem Pfeil versehen. Besonders wirkungsvoll ist eine Kontrastfarbe. Diese Art der Blicksteuerung sollte man sich nur für wenige Stellen vorbehalten, da die Folie sonst zunehmend unübersichtlich wird. Wenn Sie einen »Non-permanent«-Schreiber benutzen, kann man die Markierungen später wieder leicht mit einem feuchten Papier oder Wattebausch entfernen. Um die Folie zu schonen, läßt man sie beim Markieren in der Hülle oder schiebt sie unter eine transportierbare Folienrolle. Ähnlich ist die Blicksteuerung, wenn Sie halbfertige Folien (siehe oben) verwenden, die dann vor den Augen der Teilnehmer durch Handeintrag komplettiert werden.

Schritt 5: Abschließen und Übergang zum Vortrag herstellen

Die Arbeit mit einer Folie sollte mit einer kleinen Zäsur abgeschlossen werden. Die Teilnehmer können sich damit auf den Wechsel zum Fortgang des Vortrags ohne Folie einstellen. Die Bedeutung solcher Übergangssignale darf man nicht unterschätzen. Sie rhythmisieren das Geschehen, und sie schaffen kurze Verdauungspausen für das gerade Aufgenommene. Eine solche kleine Zäsur läßt sich ohne Worte gestalten, indem man den Projektor abschaltet, in Ruhe die Folie wegnimmt und ablegt, bevor man sich wieder den Zuhörern zuwendet und den Vortrag fortsetzt. Man kann die Auswertung der Folie aber auch explizit beenden, etwa durch einen zusammenfassenden Satz oder durch die Frage an die Teilnehmer, ob ihnen zur Folie noch etwas auf der Zunge liegt.

Im Rückblick auf diesen Gesamtablauf einer professionellen Folieneinbindung in den Vortrag fällt auf, daß viele Referenten in der Praxis sich mit Schritt 4 begnügen. Und auch diesen Schritt führen sie oft nur rudimentär aus.

Folien: Mit dem Computer präsentieren?

Anstatt Folien herzustellen und auf den Projektor zu legen, kann man sie auch digital im Computer speichern und mit Hilfe eines LCD-Overlay über den Overheadprojektor an die Wand werfen. Das Overlay wird dazu einfach auf die Projektionsfläche gelegt. Spezielle Präsentationssoftware macht die Gestaltung des Folienvortrages leicht.

Das kann nur der Computer

Der besondere Vorteil dieser Technologie ist nicht nur darin zu sehen, daß man sich den Folienordner spart, sondern daß man, entsprechende Hard- und Software vorausgesetzt, auch Animationen und andere Spezialeffekte nutzen kann. Auch den Effekt von Klappfolien kann man leicht imitieren und eine Bildschirmseite durch Mausklick sukzessiv aufbauen. Der Cursor ersetzt und übertrifft die obengenannten Zeigegeräte. Die Bildschirmseiten lassen sich wie die Folien vor den Augen der Teilnehmer ergänzen oder markieren. Beim Wegschalten werden diese Zusätze nicht gespeichert, so daß die Bildschirmseite im ursprünglichen Zustand wieder zur Verfügung steht. Mit Hilfe von Suchbegriffen oder anderen Codierungen kann eine bestimmte Seite schnell aufgerufen werden.

Nachteilig ist in erster Linie der erhöhte technische Aufwand einschließlich der Kosten. Der Computer, in der Regel ein Laptop, und das Overlay mit Fernbedienung müssen transportiert und installiert werden. Die Referenten brauchen einen Kontrollbildschirm, damit sie mitbekommen, was gerade projiziert wird, und mit Maus und Tastatur am Bildschirm arbeiten können. Die Lesbarkeit von Folien ist (derzeit noch) besser als beim Overlay.

Schwachstelle ist in der Regel die Lichtstärke des Projektors. Die Standardprojektoren reichen nur für ein eher lichtschwaches Bild. Mit speziellen Projektorlampen und einem guten Overlay ist die Qualität bei Verdunklung aber zufriedenstellend bis gut. Ungewohnt für Rerenten: Im Unterschied zu Folien sieht man nicht, welche Darstellung als nächstes kommen wird; neuere Präsentationsprogramme bieten aber hierfür Lösungen an. Und ein letzter Nachteil: Es drohen technische Pannen. Der Overheadprojektor enthält tröstlicherweise meistens eine Ersatzbirne; aber was tun, wenn die Installation der Konfiguration nicht richtig klappt oder das Präsentationsprogramm abstürzt?

Trotz allem läßt sich voraussagen, daß in naher Zukunft der Computer, in Verbindung mit Peripheriegeräten, wohl das wichtigste Präsentationsmedium für Kurs- und Seminarleiter sein wird. Die obigen Ausführungen zur Gestaltung und zum

Umgang mit Folien im Lehrvortrag behalten jedoch ihre Gültigkeit auch für die Gestaltung von Bildschirmseiten.

Projektor, Projektionswand und Referent

In der Trainerqualifzierung ist es eiserne Regel, daß Referentinnen und Referenten unter allen Umständen den Blickkontakt zu den Teilnehmern halten sollen. Es heißt, der Overheadprojektor sei dafür wie geschaffen, weil man sich nicht von den Teilnehmern wegdrehen müsse. Man könne am Projektor schreiben und auf dem Projektor sehen, was projiziert wird. Sich zur Projektionswand umdrehen oder gar zur Projektionswand gehen und auf sie zeigen gilt als schlimmer Anfängerfehler.

Wie bei jeder eisernen Regel sollte man die Ausnahmen sehen. Wenn ein Raum so ungünstig geschnitten oder man so groß oder breit gewachsen ist, daß immer einigenTeilnehmern der freie Blick auf die Projektionswand versperrt wird, gibt es nur eines: sich neben die Projektionswand stellen und einen Zeigestab zu Hilfe nehmen. Weitere Ausnahme: Bei jeder neuen Folie sollte der kurze Kontrollblick zur Projektionswand erfolgen (siehe oben); als Referent sieht man durch den Blick auf den Projektor keineswegs, ob das Bild scharf gestellt ist, und man übersieht es leicht, wenn die Folie nicht richtig liegt.

Auch die Frage, ob man als Referent oder Referentin hinter dem Projektor sitzen oder stehen solle, wird diskutiert. Meine Meinung: Am besten, wie so oft, ist Abwechslung, mal sitzen, mal stehen, mal hier stehen, mal dort stehen. Plazieren und bewegen Sie sich so, daß Sie sich wohl fühlen und niemand den Blick versperren.

2.5 Das Rollenspiel

Besondere Kennzeichen: »faction« statt »fiction«

> »Spielen Sie, aber spielen Sie echt!«

Rollenspiel heißt: Teilnehmer produzieren für eine begrenzte Zeit soziale Interaktionen, die als Material für einen Lernprozeß dienen.

Einige Beispiele aus der Erwachsenenbildung:

- Führungstraining: Kritikgespräch zwischen Chef und Sekretärin.
- Kommunikationstraining: Streit zwischen einem Ehepaar.
- Train-the-Trainer: Dialog eines Trainers mit einem aggressiven Seminarteilnehmer.
- Verkaufstraining: Verkaufsgespräch mit einem anspruchsvollen Kunden.
- Rhetoriktraining: Preisverhandlung beim Autokauf.
- Elterntraining: Gespräch mit einem Kind, das einen Ladendiebstahl begangen hat.
- Selbstsicherheitstraining: Bewerbergespräch.

Die Rollenspiele können mit oder ohne Videokamera stattfinden, Rollenanweisungen folgen oder durch die Akteure frei gestaltet werden, wenige Minuten dauern oder eine halbe Stunde, unter vier Augen ablaufen oder vor Beobachtern. Diese und andere Varianten sind für das Prinzip der Methode »Rollenspiel« relativ unwichtig. Das Prinzip ist eine Paradoxie (siehe Motto): Im Spiel soll zwischenmenschliche Realität entstehen. Der Wert der Methode hängt davon ab, wieweit es gelingt, mit dieser Paradoxie produktiv für den Lernprozeß umzugehen.

Im Rollenspiel gibt es zwei Realitäten (siehe dazu »Tips für das Rollenspiel«, Seite 115), eine fiktive und eine authentische (siehe Abbildung).
- Die *fiktive Realität* wird bestimmt durch das Drehbuch, die Rollenvorgaben, das Setting.
- Die *authentische Realität* ist die psychische Wirklichkeit der Akteure beim Spiel.

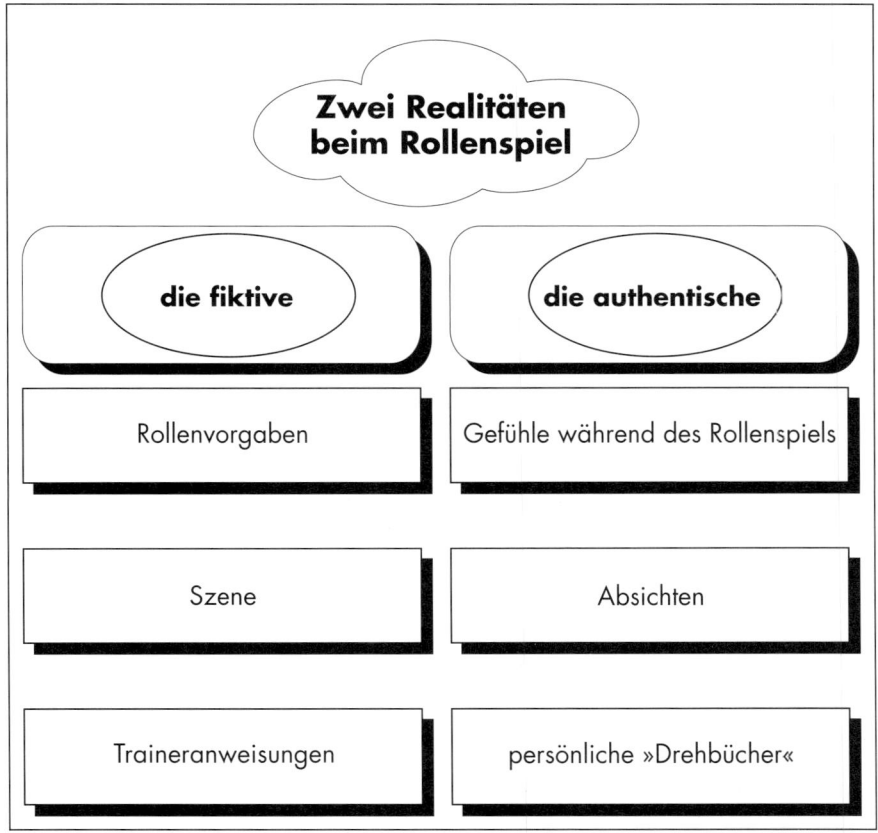

In der Erwachsenenbildung ist die authentische Realität der Akteure (in eingeschränkter Weise auch die der Beobachter) das Material für die Lernarbeit. Die fiktive Realität ist lediglich ein Szenarium, das man in der Hoffnung inszeniert, es möge eine für den Lernprozeß ergiebige authentische Realität hervorrufen.

Am Beispiel Kommunikationstraining, Szenarium »Streit zwischen einem Ehepaar«: Ein Teilnehmer und eine Teilnehmerin erhalten eine kurze Rolleneinweisung durch den Trainer: Anlaß für den Streit soll sein, daß die Ehefrau eine Halbtagstätigkeit in der Boutique ihrer Freundin aufnehmen will, der Ehemann dies aber verhindern möchte. Das Paar hat zwei Kinder im Schulalter. Nach dem Rollenspiel berichtet die Akteurin: »Ich wurde bevormundet wie eine Sklavin. Es hat mich wütend gemacht, daß ich es mit Argumenten versucht habe, er aber auf stur geschaltet hat. Das hat mich total an meinen Vater erinnert. Da dachte ich: So, mein Lieber, ich kann auch knallhart sein.«

In diesem Beispiel wurde die fiktive Realität durch die Rollenanweisungen definiert. Die authentische Realität kommt im Bericht der Akteurin zum Ausdruck: Gefühle (»Wut«), Deutungen der Situation (»um Erlaubnis bitten«), Wahrnehmungen des Partners (»stur«), Erinnerungen und Übertragungen auf Personen aus der eigenen Biografie (»Vater«), Handlungsstrategien (»erst mit Argumenten«, dann »knallhart«).

Übrigens: Fiktiv bleibt die Realität des Rollenspiels auch dann, wenn eine Situation gespielt wird, die die Teilnehmer tatsächlich erlebt haben. Das gilt selbst dann, wenn es eine Situation ist, die sich vielleicht erst vor wenigen Augenblicken im Seminar ereignet hat. Im Unterschied zu einer authentischen Situation wird sie durch die Entscheidung »Spielen wir es!« zur inszenierten Situation.

Rollenspiele rückwärts oder vorwärts

Für die Rollenspielpraxis in der Erwachsenenbildung möchte ich eine weitere Unterscheidung einführen: Rückwärts-Rollenspiele und Vorwärts-Rollenspiele:

● Rückwärts-Rollenspiele werden inszeniert, um soziale Situationen wiederzubeleben, welche die Teilnehmerinnen und Teilnehmer erlebt haben. Ziel ist es, zu klären, warum sich jemand damals so und nicht anders verhalten hat.
● Vorwärts-Rollenspiele stellen Als-ob-Situationen her, wie sie die Teilnehmer in Zukunft erleben könnten. Ziel ist, herauszufinden und auszuprobieren, wie sie sich in diesen Situationen verhalten könnten.

Die meisten Rollenspiele in Trainings sind Vorwärts-Rollenspiele.

Anregungen zum Rollenwechsel

Aus den zahlreichen Rollenspielvarianten (siehe dazu die umfangreiche Fachliteratur) soll ein methodisches Prinzip hervorgehoben werden, weil es in vielen Kontexten eingesetzt werden kann: der Rollenwechsel.

● Möglichkeit 1: »*Rollentausch*«
Mitten in einem Rollenspiel vertauschen zwei Akteure ihre Rollen und führen das Rollenspiel fort.
Beispiel: Vorgesetztenakteur wird zu Mitarbeiterakteur; Mitarbeiterakteur agiert nun als Vorgesetzter.

● Möglichkeit 2: »*Leerer Stuhl*«
Eine Rollenspielerin spielt sich selbst in einer erlebten oder antizipierten Situation, während das Gegenüber durch einen leeren Stuhl symbolisiert wird. Nach einer gewissen Zeit setzt sie sich auf den leeren Stuhl und agiert aus der anderen Rolle mit sich selbst als stummem Gegenüber.
Beispiel: Eine Ehefrau sieht ihren Ehemann auf dem leeren Stuhl und spricht zu ihm über einen aktuellen Konflikt. Dann wechselt sie den Stuhl und spricht als Ehemann, wie er den Konflikt erlebt.

● Möglichkeit 3: »*Spielerwechsel*«
Im Rollenspiel wird ein Akteur durch einen neuen Akteur ersetzt, der seinen Platz einnimmt und für ihn die gleiche Rolle in seinem eigenen Stil weiterspielt.

● Möglichkeit 4: »*Rollenzuwachs*«
Zwei Akteure spielen ein Gespräch. Nach einer gewissen Zeit kommt ein dritter Akteur hinzu und erweitert die Runde.
Beispiel: Im Rollenspiel »Bewerbergespräch« setzt sich nach einiger Zeit der Personalpsychologe dazu.

● Möglichkeit 5: »*Fortsetzung*«
Die Hauptakteurin spielt eine Szene mit einer Gesprächspartnerin (z.B. eine Außendienstmitarbeiterin mit einer wichtigen Kundin). Anschließend wird die Fortsetzung mit einem neuen Partner inszeniert: Sie kommt z.B. in die Zentrale zurück und berichtet dem Verkaufsleiter vom Kundengespräch. Schließlich kommt sie nach Hause und spricht mit ihrem Ehemann darüber.

Sämtliche Varianten sind schon deshalb zu empfehlen, weil sie Abwechslung in die oft gleichförmig organisierten Rollenspiele bringen. Jede Variante enthält zudem eigene Lernchancen.

»Rollentausch« und »Leerer Stuhl« fördern die Einfühlung einer Person in andere Gesprächspartner und bewirken oft einen überraschenden Erkenntnisprozeß, z.B. bei Partnerproblemen oder bei Problemen mit Arbeitskollegen. Der Wert von »Spielerwechsel« liegt vor allem darin, daß mehrere Verhaltensstile nacheinander beobachtet und miteinander verglichen werden können; das Erkennen von Optionen ist ein wichtiger Schlüssel zu jeglicher Verhaltensänderung. »Rollenzuwachs« ist ein gutes Verfahren, um die Flexibilität eines Teilnehmers auf die Probe zu stellen und zu trainieren. In Dienstleistungsberufen zeigt es ich immer wieder als Problem, daß sich die Mitarbeiter bei mehreren Gesprächspartnern meist nur auf eine Person konzentrieren und die anderen links liegenlassen. »Fortsetzung« ist besonders dazu geeignet, die Komplexität der Alltagssituation von Teilnehmern darzustellen. Rollenkonflikte aufgrund der unterschiedlichen Bezugspersonen werden oft eindringlich deutlich. Dieser sehr wichtige Aspekt der beruflichen Lebenswelt wird in den üblichen Rollenspielen, die immer nur kleine Ausschnitte inszenieren, nicht erfaßt.

Thematische Rollenspiele

Auf eine interessante Einsatzmöglichkeit des Rollenspiels möchte ich noch aufmerksam machen, weil sie viel zu selten praktiziert wird: das *thematische Rollenspiel*. Gemeint sind kurze Stegreif-Rollenspiele, die dazu dienen, ein Thema mit Leben zu füllen.

Beispiel: In einem Seminar zur Trainerqualifizierung steht das Problem »Schwierige Teilnehmer« auf dem Programm. Als Einstimmung und zur Veranschaulichung der Breite des Themas improvisieren mehrere Teilnehmer jeweils von ihrem Sitzplatz aus »schwierige Teilnehmer«. Thematische Rollenspiele können die Teilnehmer auch in Gestalt kurzer Videos aufzeichnen, die dann beim passenden Seminarabschnitt eingespielt und als Diskussions- und Analysematerial genutzt werden.

Die Vorzüge dieser Methode sind so evident, daß ich nur anraten kann, sie häufiger einzusetzen. Die Methode ist teilnehmerorientiert, erfahrungsorientiert und bringt Thema und Teilnehmer miteinander in Kontakt. Hat die Erwachsenenbildung gewichtigere Prädikate als diese drei zu vergeben?

Die Situation der Beteiligten: Sehen und gesehen werden

Die Teilnehmerperspektive

Widerstände gegen das Rollenspiel

Rollenspiele lösen anfangs oft Widerstände aus. Die Unterscheidung von fiktiver und authentischer Realität hilft, diese Widerstände einzuordnen.

Widerstände, die mit der fiktiven Realität zusammenhängen:

- »Die Wirklichkeit im richtigen Leben ist ganz anders.«
- »Diese Spielerei bringt nichts.«

Widerstände, die mit der authentischen Realität zusammenhängen:

● »Ich will mir keine Blöße geben.«
● »Ich spiele das nur so. In Wirklichkeit bin ich anders.«

Erfahrene Teilnehmer äußern vor allem die erstgenannten Widerstände, Anfänger die zweitgenannten. Berufserfahrene Manager, Verkäufer usw. werten das Rollenspiel gerne ab, weil es doch künstlich und praxisfern sei. Neulinge geben zu, sie fühlten sich unsicher, erst recht, wenn eine Videokamera alles aufzeichnet. Angst vor Blamage macht auch den Experten zu schaffen; doch sie werden sie kaum eingestehen.

Solange die Teilnehmerinnen und Teilnehmer von diesen Widerständen beherrscht werden, sind sie nicht oder nur sehr eingeschränkt arbeitsfähig für das Rollenspiel. Es ist vor allem Aufgabe der Trainer, die notwendige Arbeitsfähigkeit herzustellen (siehe »Tips«). Wie bei allen schwierigen Situationen fällt es den Teilnehmern schwer, den Realanteil ihrer Widerstände vom Fantasieanteil zu trennen und den nicht gesehenen Realanteil aufzudecken. Selbstverständlich ist die Möglichkeit real, daß Rollenspiele von der Wirklichkeit außerhalb des Seminars weit entfernt sein können und daß Teilnehmer sich beim Rollenspiel blamieren. Fantasiert ist aber, daß sich ein solches Malheur in diesem Seminar, in diesem Rollenspiel, in dieser Gruppe ereignen wird. Der nicht gesehene Realanteil ist, daß Teilnehmer und Trainer es in der Hand haben, wie realitätsnah das Rollenspiel ausfällt und wie sie reagieren, wenn Akteure im Rollenspiel Schwächen und Unsicherheiten offenbaren. Die Konsequenz aus diesen Überlegungen ist: Als Leiter oder Leiterin muß ich präzisieren, wie ich die Rollenspiele vorgesehen habe. Die Teilnehmer sollen präzisieren, unter welchen Bedingungen sie produktiv mit dem Rollenspiel arbeiten können. Diese Bedingungen sollen sie dann im Rahmen, den ich als Leiter zulasse, selbst herstellen.

Das Ausmaß des Widerstandes hängt auch von bestimmten Merkmalen der Situation ab. Er ist erfahrungsgemäß um so größer, je länger die Rollenspieldauer, je größer die Zahl der Beobachter (einschließlich Videokamera) und je geringer die Vertrautheit mit dem Thema, der Lerngruppe und dem Trainer oder der Trainerin sind. Diese Variablen lassen sich sämtlich regulieren. Es hilft besorgten Teilnehmern, wenn sie mit kurzen Rollenspielen ohne Kamera in kleinem Kreis beginnen und auch dies erst tun, wenn sich Vertrautheit und Vertrauen in der Gruppe entwickeln konnte.

Stimmen die Arbeitsfähigkeit und die situativen Voraussetzungen, dann sind Erfahrungen aus den Rollenspielen für viele Teilnehmer das Wertvollste an Seminaren. Besonders zwei Erfahrungen sind es, die sich als nachhaltig erweisen:

● Erweiterung der Selbstwahrnehmung: »Ich habe vorher gar nicht gewußt, daß ich ...«
● Erweiterung der Handlungskompetenz: »Jetzt traue ich mir zu, daß ich ...«

Beide positiven Erfahrungen werden ermöglicht durch die authentische Realität, die im Rollenspiel entstand und die anschließend durch Feedback und Einüben neuer Verhaltensmöglichkeiten produktiv verarbeitet wurde.

Die Leiterperspektive

Die Angst der Trainer vor dem Rollenspiel

Auch Trainerinnen und Trainern wird es nicht selten mulmig, wenn Rollenspiele angesagt sind. Sie kennen die Widerstände der Teilnehmer. Sie kennen die Ansprüche, die eine professionelle Auswertung des Rollenspiels stellt. Sie kennen die Gefahr der Ermüdung und Sättigung, wenn einen Seminartag lang ein Rollenspiel mit Auswertung auf das andere folgt. Und sie kennen die vielen Störungen, unter denen Rollenspiele leiden können, wie z.B.: Die Teilnehmer albern herum, machen es sich gegenseitig zu leicht oder versuchen, andere »vorzuführen«; die Aufzeichnung ist unbrauchbar, weil der Ton zu leise geriet; die Beobachter liefern kein ernsthaftes Feedback oder überhäufen die Akteure mit nicht enden wollenden Beobachtungen und Ratschlägen. Daneben gibt es noch die leise Befürchtung, daß die eigene Kompetenz auf den Prüfstand geraten könnte. Was ist zu tun, wenn die Teilnehmer und ich unterschiedlicher Meinung über die Praxisnähe einer Rollenspielvorgabe sind? Was ist zu tun, wenn die Teilnehmer oder die Akteure mein Feedback nicht akzeptieren? Was ist zu tun, wenn die Teilnehmer nicht wissen, was hier das optimale Verhalten wäre, und mich auffordern, es ihnen im Rollenspiel vorzumachen?

Selbstbefragung: Wie stehe ich zum Rollenspiel?

Wenn vom Rollenspiel wenig überzeugte Teilnehmer spüren, daß ihre Trainerin oder ihr Trainer selbst unsicher, angespannt oder skeptisch ist, werden sie ihre Widerstände kultivieren und versuchen, die Methode zu umgehen oder zu unterlaufen. Die sich selbst erfüllende Prophezeiung »Rollenspiele bringen nichts« geht dann auf. Deshalb sollte man als Trainerin oder Trainer zuerst seine eigene Position zum Rollenspiel ehrlich überprüfen und genau klären, mit welchen Elementen dieser Methode man sich unwohl fühlt:

- Fürchte ich in der Anfangsphase die Widerstände der Teilnehmer und ärgere mich darüber, daß ich ihnen das Rollenspiel argumentativ verkaufen muß, dann ist zu fragen: »Ist die Strategie ›Verkaufen‹ angemessen, oder gibt es andere, bessere Formen, mit den Widerständen der Teilnehmer umzugehen?«
- Spüre ich Anspannung beim Gedanken an die Phase der Rollenspielauswertung, dann sollte ich nachdenken: »Wie kann ich Auswertung und Feedback methodisch umgestalten? Wie steht es um meine Offenheit, mein Interesse an der Innenwelt der Teilnehmer, meine Trainingsziele?«
- Stört mich die Monotonie, die sich nach mehreren Rollenspielen mit immer dem gleichen Ablaufschema einstellt, dann sollte ich nach methodischen Varianten suchen, die Langeweile nicht aufkommen lassen.

Zu jedem dieser Punkte finden Sie unten bei den Tips konkrete Hinweise.

Ich vermute, daß das mulmige Gefühl von Trainerinnen und Trainern gegenüber der Methode Rollenspiel zwei tiefer liegende Gründe hat. Prüfen Sie doch einmal nach, ob Sie etwas davon bei sich finden:

- Im Rollenspiel entert die Praxis das Seminar. Trainern ist die Alltagswelt ihrer Teilnehmer oft in erschreckendem Maße fremd. Ein Indiz dafür ist die Angst, man werde zum Mit- oder Vorspielen aufgefordert.
- Im Rollenspiel wird authentische Realität der Akteure öffentlich. Trainer sind oft nicht darauf vorbereitet, professionell damit umzugehen. Indiz: In der Auswertungsphase reden sie schön, bleiben an der Oberfläche, halten ihre eigene authentische Realität als Beobachter bedeckt.

Auch hier ist also mehr Professionalität gefragt. Wenn ich Probleme habe, mit der Praxis und/oder mit der authentischen Realität von Teilnehmern umzugehen, muß ich das sorgfältig klären und bearbeiten. Zum Problem »Die Teilnehmer wissen mehr von der Praxis als ich« könnten konkrete Maßnahmen sein: Ich informiere mich systematisch über die Lebenswelt meiner Teilnehmer; ich akzeptiere ihre Autorität im Praxisfeld und schaffe dafür mehr Raum im Seminar, z.B. bei der Inszenierung und Auswertung der Rollenspiele; ich versuche nicht, den Teilnehmern Praxiskompetenz vorzugaukeln. Zum Problem »Umgehen mit authentischer Realität im Rollenspiel«: Ich kläre für mich, wieviel Ehrlichkeit als Trainer für die Rollenspielauswertung nötig ist und wieviel ich bereit bin aufzubringen; ich erweitere meine Möglichkeiten, Teilnehmern auch Unangenehmes so mitzuteilen, daß sie produktiv damit arbeiten können; ich lerne, meine authentische Realität als Beobachter (Gefühle, Assoziationen, Übertragungen usw.) aufmerksamer wahrzunehmen.

Für Fragen dieser Bedeutung für die professionelle Arbeit als Trainer wäre eine Supervisionsgruppe ideal. Aber schon das offene Gespräch mit einer Kollegin oder einem Kollegen kann den Klärungsprozeß voranbringen.

Was ist die Methode wert? Prädikat: Besonders wertvoll

Für Lernprozesse im Einstellungs- und Verhaltensbereich gibt es zum Rollenspiel keine gleichwertige methodische Alternative, wenn das Training im Kontext eines Seminares erfolgt. Zwar kann man mit interaktiven multimedialen Computerprogrammen auch im Selbstlernmodus Verhaltensstrategien erlernen und einüben. Auf dem Computerbildschirm lassen sich Dialoge und Verhaltensentscheidungen simulieren. Man kann auch nach dem didaktischen Modell des »cognitive apprenticeship« Experten bei der Bearbeitung von Fällen aus der Praxis quasi »über die Schulter schauen«, sich ihr Vorgehen und ihre Denkweise erklären lassen und unter ihrer Beratung sein Verhaltensrepertoire nach und nach optimieren. In naher Zukunft wird sich die Qualität der Multimediaprogramme rasch verbessern, und auch Modelle wie das »cognitive apprenticeship« und das Coaching werden zunehmend in verhaltensorientierte Seminare Einzug halten. Trotzdem spricht vieles auch in Zukunft für die Rollenspielmethode: der relativ geringe Aufwand (im Vergleich zu den genannten Alternativen), die Flexibilität (man kann die Fälle, die methodische Variante usw. genau auf die jeweilige Trainingssituation zuschneiden), die persönliche Involviertheit (»authentische Realität«), die soziale Dynamik (z.B. zum Thema Vertrauen und Ehrlichkeit), die wertvollen zusätzlichen Lerneffekte (z.B. Kommunikation von Feedback), die große Bandbreite der Varianten.

Allerdings kommen die Vorzüge der Methode Rollenspiel nur zur Entfaltung, wenn die Einstellung der Teilnehmer zur Methode, zur Lerngruppe und zum Trainer stimmt, wenn die Spielszenarien die Lebenswelt der Teilnehmer abbilden, wenn in der Auswertung professionell gearbeitet wird und wenn die Teilnehmer nach der Auswertung des Rollenspiels auch Gelegenheit haben, neue Verhaltensweisen auszuprobieren und einzuüben.

Tips für das Rollenspiel: Laßt das Leben herein!

Nach den Überlegungen im Abschnitt »Besondere Kennzeichen« stellen sich beim Rollenspiel zwei Aufgaben für die Trainer:

- Optimale Bedingungen herstellen, damit in der »fiktiven Realität« des Spiels sich eine möglichst fruchtbare »authentische Realität« der Akteure entfalten kann.
- Die authentische Realität der Akteure und der Beobachter gemeinsam mit den Teilnehmern so verarbeiten, daß diese an Selbstwahrnehmung und Kompetenz hinzugewinnen.

Die folgenden Tips zeigen Wege dazu auf. Sie wurden vor allem entwickelt aus der Erfahrung mit Vorwärts-Rollenspielen zur Verbesserung der beruflichen Kompetenz (Managementtraining, Train-the-Trainer, Verkäufertraining usw.). Der Übersichtlichkeit halber sind die Tips nach einer Einteilung des Rollenspiels in vier Abschnitte gruppiert (siehe Abbildung Seite 116). Jeder dieser Abschnitte zeichnet sich durch besondere Aufgaben aus, stellt also auch an die Trainerinnen und Trainer je eigene Anforderungen. Ein Blick auf die oben definierten Aufgaben für Trainer beim Rollenspiel zeigt, daß die erste Traineraufgabe sich in den Phasen 1 und 2 stellt, die zweite in den Phasen 3 und 4.

Phase 1: Wie läßt sich die Arbeitsfähigkeit der Teilnehmer für das Rollenspiel verbessern?

Die Arbeitsfähigkeit ist nicht optimal, solange die Teilnehmerinnen und Teilnehmer starke Widerstände gegen das Rollenspiel erleben (siehe dazu oben »Teilnehmerperspektive«). Um sie zu bearbeiten, sollte man den Fantasieanteil dieser Widerstände verringern und den nicht gesehenen Realanteil aufdecken. Dazu trägt folgendes Vorgehen bei:

Transparenz löst Widerstände auf

- Die Trainerin oder der Trainer macht das Rollenspielkonzept deutlich und stellt den geplanten Ablauf vor (Flipchart und/oder Handout).
- Die Trainerin oder der Trainer fragt die Teilnehmer: »Ich wünsche mir, daß Sie von den Rollenspielen profitieren. Wie geht es Ihnen mit diesem Konzept und mit diesem Ablauf? Glauben sie, daß Sie gut damit arbeiten können?«
- Wenn die Teilnehmer Probleme oder Wünsche mitteilen, fragt die Trainerin oder der Trainer: »Gibt es Ideen, die Ihr Problem lösen könnten?«

Diese vier Phasen gilt es bei Rollenspielen optimal zu gestalten

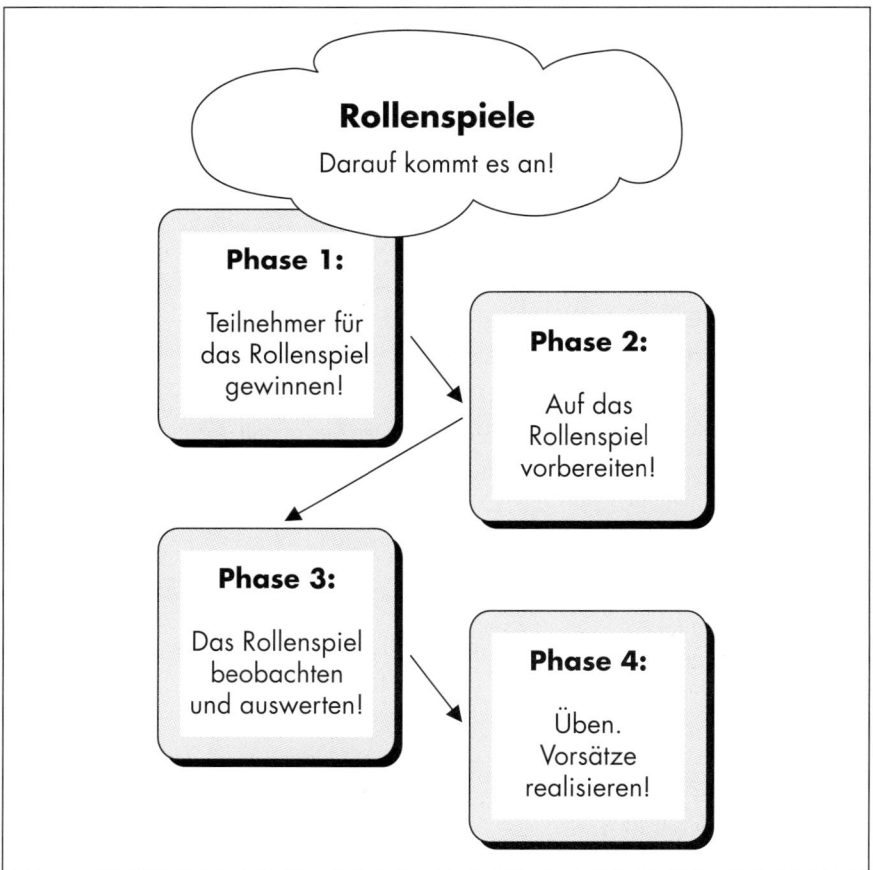

- Die Trainerin oder der Trainer entscheidet jeweils, ob ein Vorschlag mit der Seminarstruktur zu vereinbaren ist. Wenn nicht, bemühen sie sich mit den Teilnehmern um eine andere Lösung.
- Die Trainerin oder der Trainer hält die Vereinbarung über das weitere Vorgehen fest.

Dieses Vorgehen macht Realität transparent: die Realität des geplanten methodischen Vorgehens (die Teilnehmer wissen, was auf sie zukommt) und die Realität der Lernarbeit (Verantwortung der Teilnehmer für ihre Arbeitsfähigkeit, Verantwortung der Trainerin oder des Trainers für die Seminargestaltung).

116

Für falsch halte ich zwei Strategien, die manche Trainerkollegen anwenden: erstens mögliche Widerstände zum Hauptthema zu machen und ausführlich zu analysieren, zweitens für die Methode Rollenspiel zu werben.

Zur ersten Strategie hat mir ein Trainer erzählt, er führe gerne als Einstieg in einen Seminarblock mit Rollenspielen eine Kartenabfrage zum Thema durch: »Was mag ich nicht an Rollenspielen?« Dann versuche er, die Probleme der Teilnehmer zu entkräften. Dieses Vorgehen ist unsinnig, weil es vor allem die Fantasieanteile der Widerstände aktiviert, also allgemeine Befürchtungen und Vorurteile gegenüber dem Rollenspiel, denn die Teilnehmer wissen zu diesem Zeitpunkt noch nicht, was konkret geplant ist. Überhaupt keinen Sinn macht es, fantasierte Anteile von Widerständen durch Argumente entkräften zu wollen. Ich halte es (wie oben vorgeschlagen) für produktiver, auf das konkret geplante Vorgehen zu fokussieren und die Arbeitsfähigkeit der Teilnehmer gezielt hinsichtlich dieses Vorgehens zu klären.

Zur zweiten Strategie gibt es ebenfalls Berichte von Trainerkollegen. Auch sie machen zu Beginn eine Kartenabfrage, diesmal jedoch zum Thema »Vorzüge des Rollenspiels« (man weiß ja aus der Einstellungspsychologie: Wer Argumente selbst entdeckt, glaubt eher daran!), haben schlagkräftige Folien und Schaubilder mit den Vorzügen des Rollenspiels parat, argumentieren mit der aus dem Verkäufertraining bewährten Selbstbekehrungstechnik (»Ich war früher auch ganz skeptisch/ängstlich/kritisch, aber dann habe ich diese großartigen Erfahrungen gemacht und jetzt …«) und versprechen, daß die Rollenspiele in diesem Seminar ein hundertprozentiger Erfolg werden.

Ich finde es sinnvoller, auf Überzeugungsrhetorik zu verzichten. Statt dessen lege ich den Teilnehmern offen, warum ich mich für ein bestimmtes methodisches Konzept entschieden habe und welchen Gewinn ich erwarte (siehe dazu das oben empfohlene Vorgehen). Auf das Klima der weiteren Arbeit wirkt es sich positiv aus, wenn die Teilnehmer spüren: »Der Trainer ist vom Sinn und Erfolg seines Vorgehens überzeugt!« Übertriebene Werbung für die Methode weckt jedoch Mißtrauen und provoziert den sogenannten Bumerangeffekt. Die Teilnehmer denken, »Wer wirbt, hat es nötig«, und sie sitzen womöglich der Illusion auf, »Der Trainer bittet uns, daß wir überhaupt mitmachen«.

Ein vor allem im Kommunikationstraining verbreitetes Hilfsmittel soll noch vorgestellt werden, weil man die Chancen von Rollenspielen damit verdeutlichen

Das sogenannte Johari-Fenster ist ein gutes Hilfsmittel, um zu zeigen, warum wir Feedback brauchen

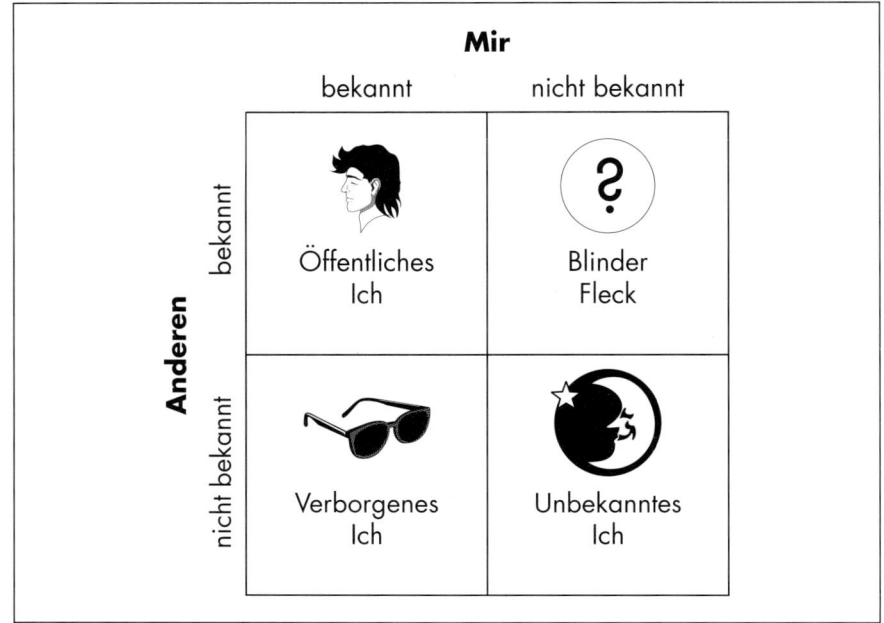

kann: das Johari-Fenster (siehe Abbildung). Johari ist ein Kunstwort aus den Namen der »Erfinder« Joseph Luft und Harry Ingram, beides Psychologen.

Für die Phase 1 des Rollenspiels könnte ein Trainer diese Darstellung wie folgt kommentieren: »Hinter diesem Fenster befinden Sie sich selbst. Von außen kann man auf verschiedene Bereiche Ihrer Person schauen. Durch die beiden kleineren Fenster links *(mit Zeigestab umfahren oder aufdecken, wenn Sie das Fenster zuerst mit einem horizontalen und vertikalen Papierstreifen abgedeckt haben)* können Sie selbst auf sich sehen. Durch die beiden oberen Fenster *(zeigen wie zuvor)* können die anderen Personen Teile von Ihnen erkennen. Hinter dem linken oberen Fenster ist also ein Bereich, den Sie an sich kennen und den die anderen ebenfalls sehen. Man nennt ihn auch ›Arena‹. Hinter diesem Fenster steht Ihr ›öffentliches Ich‹. Was sich hinter dem Fenster darunter befindet *(zeigen)*, wissen nur Sie. Sie halten es für die anderen verdunkelt. Dahinter befinden sich jene Seiten Ihres Ich, von denen Sie nicht wollen, daß andere sie kennenlernen. Es ist das ›verborgene Ich‹ oder die ›Fassade‹. Das Fenster daneben *(zeigen)* ist für Sie ebenso undurchsichtig wie für die anderen. Vielleicht können Sie in manchen Träumen einen kurzen Blick hineinwerfen. Es ist das ›unbekannte Ich‹. Das letzte Fenster *(zeigen)* ist das interessanteste. Andere können hindurchsehen, aber nicht Sie. Deshalb der Name des Fensters: ›blinder Fleck‹. Die anderen sehen hier Teile Ihres Ich, die Sie noch nie gesehen haben. Es gibt nur eine Möglichkeit für Sie zu erfahren, was sich hinter diesem Fenster verbirgt: Die anderen müssen Ihnen erzählen, was sie dort sehen. Das fällt den anderen manchmal leicht. Wenn jemand z.B. sagt: ›Ich wirke bestimmt furchtbar unsicher‹ (das ist ein blinder Fleck!), kann es gut sein, daß die anderen sagen: ›Unsinn. Man merkt das überhaupt nicht. Du wirkst ganz locker.‹ Aber die anderen berichten sehr ungern über das Fenster ›blinder Fleck‹, wenn sie Dinge sehen, die sozial unerwünscht sind. Wer sagt z.B. jemandem, daß er Mundgeruch hat? Nun zum Rollenspiel. Wer sein professionelles Verhalten verbessern will, sollte möglichst viel darüber wissen, was seine Arbeitspartner, Mitarbeiter, Kunden an ihm oder ihr wahrnehmen und was ihnen daran die Zusammenarbeit leichter oder schwerer macht. Es geht nicht um die Privatperson, sondern nur um den Bereich des beruflichen Handelns! Beispiel: Wenn Mitarbeiterinnen und Mitarbeiter darunter leiden, daß ihr Vorgesetzter ihre Leistungen zu wenig anerkennt, dann sollte der Vorgesetzte das wissen, wenn er seine Führungskompetenz verbessern will. Wenn es ihm jemand sagen würde, käme er vielleicht ins Nachdenken und würde herausfinden, daß er Anerkennung aus einer dummen Furcht heraus verweigert, seine Mitarbeiter würden dadurch zu selbstsicher. Aber es ist unwahrscheinlich, daß er diese Information über seinen blinden Fleck je bekommt. Die berufliche Situation verhindert das, weil man kein Risiko eingehen möchte. Besser sind die Chancen in Seminaren. Allerdings kann man über einen blinden Fleck im beruflichen Verhalten nur etwas erfahren, wenn man berufliches Verhalten zeigt. Deshalb machen wir Rollenspiele. Sie profitieren aber nur dann etwas für Ihr berufliches Verhalten, wenn die anderen im Rollenspiel möglichst viel von dem sehen können, was Sie draußen auch zeigen. Es gibt also einen Zusammenhang zwischen dem Fenster ›verborgenes Ich‹ und ›blinder Fleck‹ *(Stift quer über diese Fenster legen oder Pfeile zwischen diesen Fenstern eintragen)*. Wenn Sie im Seminar ›zumachen‹, d.h. viel hinter ihr verdunkeltes Fenster links unten packen, bekommen Sie wohl kaum ehrliche Informationen über das Fenster rechts oben, in das nur die anderen hineinsehen können. Es kommt also auf Vertrauen an *(›Vertrauen‹ über den Pfeil schreiben)*. Vertrauen Sie den anderen Teilnehmern, indem Sie ihnen nichts vormachen. Die anderen müssen Ihnen vertrauen, daß Sie ehrliches Feedback zum blinden Fleck wünschen und produktiv damit umgehen werden.«

Einem Seminarteilnehmer verdanke ich folgende Analogie, die es Anfängern erleichtern könnte, die richtige Einstellung zum Rollenspiel zu finden. Er sagte: »Mein erstes Fahrrad als Kind hatte Stützräder. Damit bin ich so lange auf dem Hof herumgefahren, bis ich eines Tages die Stützräder weglassen konnte. Das Rollenspiel ist wie Fahren mit Stützrädern. Man kann Fehler machen und bekommt Hilfe. Trotzdem ist es keine Spielerei, sondern richtiges Fahren. Und man lernt dabei das Fahren tatsächlich.«

Phase 2: Wie läßt sich das Rollenspiel organisieren und vorbereiten?

Es gibt eine solche Fülle von methodischen Möglichkeiten, daß vor allem der Trainingskontext und die Zielsetzung darüber entscheiden, für welche man sich im konkreten Fall entscheiden wird. Die Leitfrage sollte sein: Welche organisatorischen Entscheidungen können dazu beitragen, daß sich im Rollenspiel möglichst ergiebige »authentische Realität« entwickelt?

Der Weg dieser abstrakt klingenden Formel zur Seminarpraxis ist kürzer, als man vermuten könnte:

Die Erfahrungen und Interessen der Teilnehmer verwenden!

- Die Akteure sollen das Szenarium für ihr Rollenspiel selbst definieren, damit sie ihre berufliche Wirklichkeit wiederfinden.
- Die Akteure sollen präzisieren, welche Informationen (z.B. fachliches Wissen) oder welche andere Hilfen sie vor dem Spiel noch benötigen, um sich sicher zu fühlen.
- Die Akteure sollen Wünsche äußern, wenn sie bei der Auswertung ihres Rollenspiels zu bestimmten Punkten Beobachtungen erfahren möchten.

Die Einflußnahme der Akteure auf die Organisation der Rollenspiele hat Grenzen. So fällt es Berufsanfängern schwer, realitätsnahe Szenarien zu entwickeln, weil sie zu wenig Erfahrung haben. In diesem Fall kann man ihnen vorbereitete Szenarien z.B. auf Rollenspielkarten anbieten und ihnen die Auswahl und die genaue Ausgestaltung überlassen: Wie viele Personen nehmen am Gespräch teil? Welches Geschlecht, Alter, Einkommen usw. haben sie? In welcher Umgebung soll das Gespräch stattfinden?

Prinzipielle Grenzen werden durch die Strukturvorgaben von seiten der Trainer gesteckt. Sie betreffen in der Regel Themenschwerpunkt, Schwierigkeitsgrad, Feedbackspektrum, Dauer und Abfolge der Rollenspiele. Doch innerhalb dieses

Rahmens sollten die Teilnehmer soweit wie möglich das Rollenspiel auf ihre Interessen und Erfahrungen abstimmen können. Die Realitätsnähe des Szenariums und die persönliche Sicherheit der Akteure sind entscheidende Voraussetzungen dafür, daß im Spiel authentische Realität entstehen kann, mit der sich weiterarbeiten läßt.

Bei der Organisation von Rollenspielen stellt sich die Frage: *Mit Video oder ohne?* Die Trainer müssen abwägen, ob die Nachteile von Video (Technik, Zeitaufwand für die Auswertung der Aufzeichnung, Befangenheit der Teilnehmer usw.) durch die Vorteile (Dokumentation, Informationsquelle für die Akteure usw.) gerechtfertigt werden. Manche dieser Nachteile lassen sich reduzieren.

»Video-Training und Feedback« von B.G. Toelstede und P. Gamber

Der Zeitaufwand wird geringer, wenn man bei der Auswertung nur ausgewählte Passagen zeigt (Codierung schon bei der Aufzeichnung!) oder wenn die Aufzeichnung nur von den Akteuren angesehen wird.

Die Befangenheit der Teilnehmer vor der Videokamera legt sich schnell, wenn sie zuvor Gelegenheit hatten, sich einmal auf dem Monitor zu sehen. Man kann z.B. vor dem Rollenspiel Seminarszenen nebenbei aufzeichnen und das Band all den Teilnehmern zur Verfügung stellen, die sich einmal sehen möchten.

Ich bin davon abgekommen, jedes Rollenspiel aufzuzeichnen und die Aufzeichnung immer bei der Auswertung vorzuspielen. Ausnahme: Wir trainieren und analysieren Körpersprache. Wenn die Teilnehmer es wünschen, wird mitgeschnitten. Das Band sehen sie sich nach der Auswertung des Rollenspiels an, wenn sie Lust dazu haben. Für dieses Prozedere spricht neben der Zeitersparnis noch ein weiterer Grund: Nach einem anstrengenden Rollenspiel sind die Akteure meistens überfordert, wenn sie nicht nur das Feedback von Beobachtern und Trainern, sondern auch noch die Begegnung mit dem aufgezeichneten Ich verkraften sollen.

In der Vorbereitungsphase muß auch über die *Beobachtung* des Rollenspiels entschieden werden. Sollen die Beobachter Beobachtungsaufgaben und Beobachtungsformulare erhalten? Sollen die Akteure die Beobachter aussuchen dürfen? Sollen Feedbackregeln vereinbart werden?

Was sollen die Beobachter tun?

Vorgaben für die Beobachter halte ich für sinnvoll, wenn es um Rollenspiele geht, in denen klar umrissene Techniken und Strategien geübt oder die Wahrnehmung der Teilnehmer für bestimmte Aspekte trainiert werden sollen (Beispiel: Techniken des aktiven Zuhörens). In allen anderen Fällen verzichte ich auf eine Steuerung der Beobachter. Meine Erfahrung ist, daß Beobachter Anregendes und Verwertbares gerade zu jenen Ereignissen im Rollenspiel sagen, die in ihnen etwas zum Schwingen gebracht, Emotionen ausgelöst, vielleicht auch Verwirrung gestiftet haben. Eine Einengung durch Beobachtungsaufgaben stört diese Prozesse.

In manchen Seminaren ist es üblich, daß die Akteure vor dem Rollenspiel bestimmte Teilnehmer zu »ihren« Beobachtern ernennen dürfen. Nach meinem Verständnis verletzt diese Praxis die Arbeitsgrundlagen auf der Gruppenebene (die einen dürfen, die anderen nicht) und weckt Fantasien bei einzelnen Teilnehmern (»Warum nicht ich?«).

Feedbackregeln   Für die Vereinbarung von *Feedbackregeln* sehe ich nach meinen Erfahrungen keine Notwendigkeit. Ich mag keine Versuche, Bereiche, die mit Takt und Rücksichtnahme zu tun haben, zu reglementieren. Die in vielen Seminarräumen aufgehängten Poster mit Feedbackregeln erinnern mich, auch wenn sie noch so liebevoll dekoriert sind, an die Hausordnungen im Treppenhaus von Wohnanlagen. Die explizite Vereinbarung von Feedbackregeln ist überflüssig, ja sogar ein Mißtrauenssignal gegenüber den Teilnehmern, wenn die Seminarkultur stimmt. Sollte bei der Auswertung eines Rollenspiels tatsächlich einmal ein Feedback in den Raum krachen, ob dessen Grobheit vielen der Atem stockt, dann ist der richtige Zeitpunkt gekommen, Feedbackkultur zum Thema zu machen. Statt langer Regeldebatten genügt die schlichte Frage: »Ist das ein produktives Feedback?«

Halten wir fest: Rollenspiele sind nur ergiebig, wenn die Beteiligten weitgehend so agieren, wie sie dies in der beruflichen oder privaten Ernstsituation tun. Deshalb sollten sie das Szenarium so mitgestalten, daß sie es ernst nehmen können. Sie sollten auch vergleichbar vorbereitet und orientiert in das Rollenspiel gehen wie in der entsprechenden Alltagssituation. Deshalb ist es an den Akteuren zu sagen, welche Informationen sie brauchen (dabei können ihnen andere Teilnehmer helfen) und wann sie für das Rollenspiel bereit sind.

Phase 3: Wie wertet man das Rollenspiel aus?

Material für die Auswertung ist die »authentische Realität« der Akteure, die im Rollenspiel entstanden ist, und diejenige der Beobachter, die sich beim Zusehen entwickelt hat (siehe dazu oben, »Besondere Kennzeichen«). Der Zugang zu diesem Material führt über zwei Wege: Berichte der Akteure dazu, wie sie das Rollenspiel erlebt haben und Berichte der Beobachter darüber, was sie wahrgenommen haben und was sie bei der Beobachtung erlebt haben. Wenn die Videoaufzeichnung hinzukommt, kann sie zusätzlich Anlaß für diese Berichte geben.

Das Material gilt es entsprechend der Zielsetzung auszuwerten, unter der das Rollenspiel inszeniert wurde. Wenn das Ziel z.B. darin besteht, im Rollenspiel bestimmte Verhaltensweisen zu üben (z.B. bestimmte Formulierungen, Argumentationsweisen, Verhandlungsstrategien), ist der Fokus der Auswertung eng. Man prüft, inwieweit das gewünschte Verhalten gezeigt wurde. Bei Defiziten versucht man aufzuklären, wie sie zustande gekommen sein könnten. Wesentlich komplexer ist die Zielsetzung, Akteuren aufgrund des Rollenspiels ein differenziertes Feedback z.B. zu ihrem Führungsstil, Verhandlungsstil, Beratungsstil zu geben und Veränderungen einzuleiten. Eine solche *personzentrierte Auswertung* (in der beruflichen Bildung natürlich beschränkt auf den beruflichen Lebensbereich!) stellt an alle Beteiligten wesentlich höhere Anforderungen als die zuerst beschriebene *verhaltenszentrierte Auswertung.*

Die Auswertung hängt vom Ziel ab

Der Akteur oder die Akteurin, der bzw. die im Mittelpunkt der Auswertung steht, wird im folgenden als Zentralperson bezeichnet. In der Fachsprache zum Rollenspiel heißt sie »Protagonist«. Das ist die Person, die z.B. den Vorgesetzten im Führungstrainings-Rollenspiel verkörpert, die Trainerin im Train-the-Trainer-Rollenspiel, den Kundenberater im Rollenspiel für Außendienstmitarbeiter. In anderen Trainingsbereichen, z.B. dem Partnertraining oder Teamtraining, gibt es zwei oder mehrere Zentralpersonen oder Protagonisten, die in der Auswertung dann gleichermaßen im Zentrum stehen. Anders als die Zentralperson(en) erhalten die Mitspieler in der Regel kein Feedback, sondern reihen sich nach dem Rollenspiel in die Beobachter ein und geben auch Feedback.

In der Praxis der beruflichen Bildung hat sich für die Auswertung von Rollenspielen ein Auswertungsritual eingebürgert. Es läßt sich sehr verkürzt so schildern:

- Trainer fragt Zentralperson: »Möchten Sie etwas sagen?«
- Trainer fragt Beobachter: »Was ist Ihnen aufgefallen?«
- Beobachter teilen ihre Beobachtungen mit.
- Trainer teilt eigene Beobachtungen mit.
- Trainer fragt Zentralperson: »Was sagen Sie zu unseren Beobachtungen?«
- Trainer bilanziert.

Dieses Ritual habe ich früher auch praktiziert, allerdings mit wachsendem Unbehagen. Erstens erschien mir die Runde mit den Beobachterbeiträgen oft als wenig effektiv: zu viele Beobachtungen, zu viele Wiederholungen, Grundsätzliches und Wichtiges neben unwichtigen Details, zu großer Zeitaufwand. Zweitens gefiel mir meine Rolle als desjenigen, der das letzte Wort hat, immer weniger. Andererseits, wenn ich als erster meine Beobachtungen äußern würde: Beeinflusse ich dann nicht die anderen Beobachter, nehme ihnen das Material weg, schüchtere sie ein? Meine Skepsis wurde durch das Verhalten der Zentralpersonen während der Auswertung bestätigt. Manche versuchten anfangs noch mitzunotieren, gaben es aber bald auf. Selten hatte ich den Eindruck, daß sich die vielen Beobachtungen bei der Zentralperson zu einem »Das ist mir wichtig!« oder zu einem »Das will ich ändern!« verdichteten. Aufgrund dieser Erfahrungen habe ich ein anderes Modell der personzentrierten Auswertung entwickelt und erprobt (siehe die Abbildung unten).

Bei dieser Variante der Rollenspielauswertung heften zuerst die Teilnehmer ihr Feedback an die Pinwand. Dann führt der Trainer einen Änderungsdialog. Zum Schluß entwickelt der Akteur einen Vorsatz.

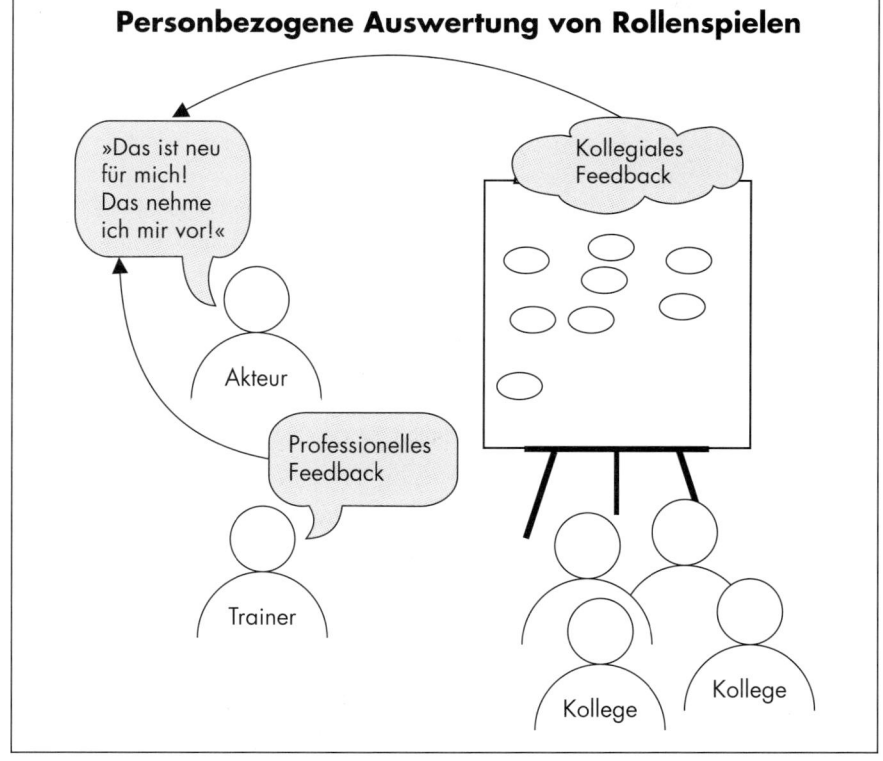

Personbezogene Auswertung von Rollenspielen

»Das ist neu für mich! Das nehme ich mir vor!«

Kollegiales Feedback

Akteur

Professionelles Feedback

Trainer

Kollege

Kollege

Mein Modell basiert auf einer prinzipiellen Unterscheidung:

● auf der einen Seite das *kollegiale Feedback* durch die Teilnehmerinnen und Teilnehmer,

● auf der anderen Seite das *professionelle Feedback* der Trainerin oder des Trainers.

Diese Unterscheidung bildet die Realität ab: Trainer sind für genaues Beobachten und qualifiziertes Feedback professionell ausgebildet, Teilnehmer sind dies nicht. Das schließt nicht aus, daß manche Teilnehmer einmal eine treffendere Beobachtung und ein produktiveres Feedback beisteuern als Tainerin oder Trainer.

Diese prinzipielle Unterscheidung mache ich methodisch deutlich. Das kollegiale Feedback erfolgt schriftlich auf Pinwandkarten, das professionelle Feedback mündlich. Die Teilnehmer erhalten nur eine begrenzte Zahl von Karten. Daumenregel: zwei Karten pro Person bei zehn und mehr Beobachtern, drei Karten pro Person bei sieben bis neun Beobachtern, vier bis fünf Karten pro Person bei vier bis sechs Beobachtern. Auf jede Karte darf nur eine Mitteilung notiert werden. Die Instruktion lautet sinngemäß: »Notieren Sie pro Karte eine Beobachtung, von der Sie glauben, sie könnte für den Rollenspieler/die Rollenspielerin wichtig sein. Sie brauchen aber nicht alle Karten zu beschriften.«

Die Beobachter benutzen Pinwandkarten

Eine Rollenspielauswertung nach diesem Modell verläuft in drei Schritten: kollegiales Feedback, professionelles Feedback, Änderungsdialog.

● Erster Teil: kollegiales Feedback. Die Trainerin oder der Trainer bittet die Beobachter, ihre Karten an die Pinwand zu heften. Diese heften ihre Karten gleichzeitig und in zufälliger Ordnung an. Alle lesen den Kartenteppich. Dann fragt die Trainerin oder der Trainer die Zentralperson: »Möchten Sie zu der einen oder anderen Karte noch mehr erfahren?« Regel: Die Beobachter dürfen nur reden, wenn sie von der Zentralperson angesprochen werden. Wenn diese Fragen geklärt sind, fragt die Trainerin oder der Trainer die Zentralperson: »Wie geht es Ihnen mit diesen Beobachtungen? Ist etwas Neues für Sie dabei?«

Schlüsselfragen: »Ist etwas Neues für Sie dabei?« »Woran möchten Sie arbeiten?«

● Zweiter Teil: professionelles Feedback. Die Trainerin oder der Trainer trägt das professionelle Feedback vor. Sie oder er klärt das Thema mit der Zentralperson, z.B.: »Das war meine Sicht von außen. Erzählen Sie: Wie war es innen?« Oder: »Wie geht es Ihnen mit meiner Beobachtung?«

- Dritter Teil: Änderungsdialog. Die Trainerin oder der Trainer regt die Zentralperson an, aus allen Beobachtungen etwas auszuwählen, was sie als erstes konkret umsetzen möchte.

  Die Trainerin oder der Trainer unterstützt die Zentralperson dabei, diese Absicht in Form einer Vorsatzbildung für eine spätere Übungsphase im Seminar zu konkretisieren.

  Die Zentralperson hält diesen Vorsatz auf einer Karte fest. Später in der Übungsphase hilft diese Karte den Beobachtern, worauf sie besonders achten sollen.

- Nach der Auswertung hängt die Zentralperson die Karten zum kollegialen Feedback von der Pinwand ab und nimmt sie mit. Die Karten sind ihr Eigentum.

Ich habe mit diesem Auswertungsmodell gute Erfahrungen gemacht. Die Kartenmethode bringt zahlreiche Vorteile: Es ist still; es geht rasch; die Zentralperson hört die Beiträge nicht nacheinander, sondern sieht sie komplett an der Pinwand; die Gesamtschau erlaubt es, Strukturen zu erkennen, bestimmte Karten besonders zu beachten; Wiederholungen stören nicht mehr; die Zentralperson nimmt die Karten mit, kann sie also später noch analysieren. Allerdings fällt es manchen Beobachtern schwer, der Zentralperson nicht noch mehr mitteilen zu können. Ich weise sie deshalb schon bei der Einführung in diese Auswertungsmethode darauf hin, daß sie der Zentralperson nach der Auswertung jederzeit sagen können: »Ich habe noch einen Punkt, der mir aufgefallen ist. Wenn du möchtest, können wir darüber reden.«

Die Beschränkung der Kartenzahl rechtfertige ich damit, daß sie die Menge an Feedback übersichtlich hält und anregt, sich darauf zu besinnen, welche Beobachtung wirklich wichtig sein könnte.

Ein letzter positiver Effekt der Kartenmethode: Die Feedbacks sind meistens offener, als wenn sie mündlich vorgetragen werden. Kritische Punkte scheint man leichter schreiben als aussprechen zu können. Das gilt ebenso für das Feebacknehmen: Kritisches kann man leichter annehmen, wenn es auf einer Karte zu lesen ist, als wenn es »ins Gesicht« gesagt wird. In mündlichen Feedbackrunden kommt es immer wieder zu Rechtfertigungen oder anderen defensiven Reaktionen der Zentralperson; bei der Kartenmethode habe ich das nie erlebt.

Exkurs: Der Änderungsdialog

Eine wichtiges Element dieser Auswertungsvariante ist der Änderungsdialog. Ich möchte das Vorgehen genauer beschreiben, weil es sich nicht nur für die Rollenspielauswertung anbietet, sondern für jede Situation, in der Teilnehmer dabei unterstützt werden sollen, Einstellungen oder Verhaltensweisen zu verändern. Die folgende Abbildung zeigt, daß der *Änderungsdialog* (rechte Seite der Abbildung) sich tiefgreifend vom traditionellen *Änderungsmonolog* (linke Seite) unterscheidet, wie man ihn auch in Rollenspielauswertungen oft erleben kann.

Änderungsdialog: So oder so?

Version »Meister«

Version »Coach«

Version »Meister«	Version »Coach«
»Das war gut. Da hast du Defizite!«	»Das ist mir aufgefallen.«
»Das solltest du ändern!«	»Dazu möchte ich mehr von dir erfahren.«
»Ich sage dir, wie du das tun sollst!«	»Sag mir, was du ändern willst und wie ich dir dabei helfen kann.«

Zwei ganz unterschiedliche Versionen, wie man einen Änderungsdialog führen kann

Zur besseren Charakterisierung habe ich den Änderungsmonolog als Modell »Meister« und den Änderungsdialog als Modell »Coach« etikettiert. Mir ist bekannt, daß es einerseits Meister gibt, die das Modell »Coach« perfekt beherrschen und daß man andererseits noch kein echtes Coaching betreibt, wenn man den Änderungsdialog wie geschildert praktiziert. Die Etiketten helfen jedoch, den Unterschied zu verdeutlichen.

Im ersten Modell beansprucht der »Meister« den Großteil der Verantwortung für die Änderung. Er definiert, was wie zu ändern sei. Im zweiten Modell wird die Verantwortung konsequent der Zentralperson zugewiesen. Allerdings ist es der »Coach«, der den Änderungsdialog eröffnet, indem er ein *Thema* vorgibt, von dem er hofft, es könne das Potential für einen Änderungsvorsatz bei der Zentralperson enthalten. Nach dieser Eröffnung ist nur noch die Zentralperson am Zuge.

- Sie soll zum Thema Stellung nehmen, also erläutern, wie sie dazu steht, welche »innere Realität« das angesprochene Thema für sie besitzt.
- Sie soll klären, ob dieses Thema Änderungspotential enthält.
- Sie soll den ersten Schritt zu einer Änderung tun, indem sie einen konkreten und überprüfbaren Vorsatz entwickelt.

Der »Coach« ist sehr aktiv, läßt nicht locker, fordert heraus, konfrontiert, aber ist nicht dominant.

Die wörtliche Rede in der Abbildung ist nicht so wörtlich zu nehmen. Mit den Formulierungen sind lediglich sinngemäß die Botschaften gemeint, die Meister bzw. Coach in den jeweiligen Phasen der Zentralperson kommunizieren.

Im Modell »Coach« unterscheide ich vier Phasen.

- Phase 1: Thema definieren:
  »Ich möchte mit Ihnen gerne über das Thema ... sprechen«, »Beim Zusehen und Zuhören ist mir ein Thema aufgefallen ...«, »Ich habe aus dem Rollenspiel vor allem ein Thema herausgehört, nämlich ...«
- Phase 2: Thema gemeinsam klären:
  »Ich möchte es mit Ihren Augen sehen«, »Was heißt das Thema für Sie?«, »Was haben Sie zum Thema im Rollenspiel erlebt, gedacht, geplant?«
- Phase 3: Änderungsvorsatz auswählen:
  »Sie haben einige Beobachtungen und Rückmeldungen erfahren. Und wir haben gemeinsam versucht, einiges klarer zu bekommen. Ist nun bei all dem etwas dabei, was Sie in die Tat umsetzen wollen?«
- Phase 4: Änderungsvorsatz konkretisieren:
  »Was nehmen Sie sich konkret vor?«, »Was könnte der erste Schritt sein?«, »Wie können Sie, wie können andere feststellen, ob Sie Ihren Vorsatz erfolgreich umgesetzt haben?«

Jede dieser vier Phasen hat eine eigene Dynamik und verlangt vom »Coach« jeweils andere Fähigkeiten.

Phase 1 verlangt, daß es dem »Coach« gelingt, die vielen Eindrücke zum Verhalten der Zentralperson zu einem »Thema« zu verdichten. Außerdem muß er oder sie die Fähigkeit haben, dieses Thema so ins Gespräch einzubringen, daß es bei der Zentralperson eine produktive Resonanz auslöst. Es soll herausfordernd und handhabbar sein. Ein Verhaltensdetail eignet sich kaum als Thema.

Was ein guter Coach können muß

Beispiel: In einem Rollenspiel zur Schulung von Mitarbeitern in einer Servicefirma wird der Umgang mit einem reklamierenden Kunden inszeniert. Der Trainerin fällt auf, daß die Zentralperson den Kundenakteur oft unterbricht. Sie könnte nun den Änderungsdialog so beginnen: »Mir ist aufgefallen: Sie haben den Kunden oft unterbrochen.« Doch diese Beobachtung ist ein Oberflächendetail, kein »Thema«. Als Thema könnte statt dessen eingeführt werden: »Ich möchte mit Ihnen darüber reden, wie es Ihnen geht, wenn Sie sich Beschwerden von Kunden anhören müssen. Ich habe Sie erlebt, als würden Sie sich am liebsten die Ohren zuhalten. Wie sehen Sie das?« Die Trainerin sieht als Thema für das Gespräch: Sinn und Unsinn von Vermeidungsverhalten bei Reklamationen.

Geeignete »Themen« mit einer handhabbaren Reichweite aus vielen Beobachtungsdetails herauszufiltern ist nicht leicht. Aber gerade in dieser Fertigkeit unterscheiden sich professionelle Trainerinnen und Trainer von den Teilnehmern.

Meiner Erfahrung nach ergiebige Themen für die Auswertung von Rollenspielen können z.B. sein:

Was ist ein »Thema«?

- Thema »Nähe und Distanz« (als Verkäufer zum Kunden, als Vorgesetzter zum Mitarbeiter, als Trainer zum Teilnehmer usw.)
- Thema »Sicherheit und Unsicherheit« (z.B.: Wie gehe ich mit Unsicherheit in beruflichen Situationen um?)
- Thema »Anspannung und Entspannung« (z.B.: Wieviel Energie kostet mich ein Gespräch mit einem Mitarbeiter oder Kunden?)
- Thema »Selbstzentrierung und Interesse am anderen« (z.B: Höre ich zu? Kann ich mich in den anderen einfühlen?)
- Thema »Passivität und Initiative« (z.B.: Will ich es nur allen recht machen, ohne an mich zu denken?)
- Thema »Echtheit und Rolle« (z.B.: Was verändert sich an mir, wenn ich mit Kunden, Mitarbeitern, Teilnehmern zusammen bin?)
- Thema »Kontrolle und Sicheinlassen« (z.B.: Muß ich alles »im Griff« haben oder lasse ich zu, daß sich eine Interaktion mit anderen entwickelt?)

Wenn man statt über Details über Themen ins Gespräch kommt, geht vieles leichter, und das Gespräch ist meist weit ergiebiger für das Entwickeln von Änderungsvorsätzen. Leichter fällt es der Zentralperson, weil man über ein Thema spricht, das gemeinsam geklärt werden soll, nicht über den einen oder anderen Fehler, der begangen wurde. Leichter fällt es auch dem Trainer oder der Trainerin, weil er oder sie bei der Klärung des Themas sich mehr auf die Zentralperson konzentrieren muß. Bei einem Thema fällt es leichter, neugierig darauf zu sein, was der andere dazu denkt und fühlt. Man kann diesen Unterschied zwischen Detail und Thema leicht nachvollziehen, wenn man die Einleitung »Mir ist aufgefallen, daß Sie ...« (Details) mit der Eröffnung vergleicht: »Ich möchte mit Ihnen über das Thema ... reden.« Ich würde als Trainer wie als Zentralperson lieber der zweiten Formulierung folgen. Details lassen sich im Laufe des Gesprächs immer dann besprechen, wenn es der Klärung des Themas dient.

In Phase 2 des Änderungsdialogs wird vom »Coach« verlangt, die Zentralperson zu öffnen, sich in ihre Sichtweise einzufühlen und das Thema zu entfalten.

Im genannten Beispiel wäre zu klären: Erlebt die Zentralperson tatsächlich die Reklamation als Belästigung, der sie sich nicht aussetzen will? Wenn nein: Hat sie eine andere Erklärung für das häufige Unterbrechen? Wenn ja: Welche Vermeidungsstrategien außer dem Unterbrechen setzt sie noch ein? Rollenwechsel: Kann sich die Zentralperson in einen Kunden einfühlen, der mit seiner Reklamation auf einen Mitarbeiter trifft, der Vermeidungsstrategien praktiziert? Was wären Alternativen zur Vermeidung? Gibt es eine, mit der sich die Zentralperson anfreunden könnte?

In dieser Phase praktiziert der »Coach« vor allem aktives Zuhören, aber auch geduldiges Nachfragen, wenn es darum geht, einspurige Sichtweisen zu erweitern. Es gibt eine einfache Testfrage für die Güte der Arbeit als »Coach« in dieser Phase: »Habe ich über die Zentralperson etwa Neues erfahren?«

Phase 3 verwertet das Material, das in den ersten beiden Phasen erarbeitet wurde. Der »Coach« sollte der Zentralperson deutlich machen, daß damit ein neuer Abschnitt im Dialog beginnt: die Entscheidung zu einem Änderungsvorsatz (siehe die Formulierung zur Einleitung dieser Phase). Diese Phase wird nur so viel erbringen können, wie das Material der vorigen beiden Phasen hergibt. Deshalb kann es vorkommen, daß es nicht zu einem Vorsatz kommt und der Änderungsdialog damit sein Ende findet. Doch auch dann hatte die Sammlung der Beobachtungen und die Diskussion darüber mit der Zentralperson ihren Eigenwert.

In Phase 4 berät der »Coach« die Zentralperson bei der Konkretisierung ihres Vorsatzes. Manche Zentralpersonen neigen im Änderungseifer dazu, sich zu viel vorzunehmen. Manche sind zu bescheiden, zu pessimistisch oder zu bequem. Oft sind die Vorsätze auch zu vage; dann läßt sich später nicht überprüfen, ob sie eingelöst worden sind. Der Coach sollte die Zentralperson abschließend anregen, ihrem Vorsatz im Sinne eines »Vertrages mit sich selbst« eine gewisse Verbindlichkeit zu geben. Die Verbindlichkeit läßt sich steigern, indem die Zentralperson ihren Vorsatz schriftlich festhält oder öffentlich macht (Karte anpinnen).

Ziel des Änderungsdialogs: »Das nehme ich mir vor!«

Exkurs: Wie bringt man jemand dazu, sich ändern zu wollen?

Jeder entwickelt in seinem Beruf Strategien und Stile, die sich aus seiner Sicht bewähren. Es entstehen persönliche Erfolgsdrehbücher. Wenn man als Trainer erkennt, daß ein Teilnehmer ungünstige Drehbücher und Stile ausgebildet hat, stellt sich die Frage: Gibt es eine Chance, diese verfestigten Gewohnheiten zuerst einmal in Bewegung zu bringen, zu »verflüssigen«, um den Boden für die Veränderung des Stils zu bereiten? Denn bevor jemand nicht aus dem Zustand der Sicherheit (»Bisher ging's doch gut, also ist doch alles in Ordnung!«) in einen Zustand der produktiven Unsicherheit (»Das ist doch nicht so optimal!«) gerät, sind alle Änderungsversuche vergebens.

Verändern heißt Drehbücher umschreiben

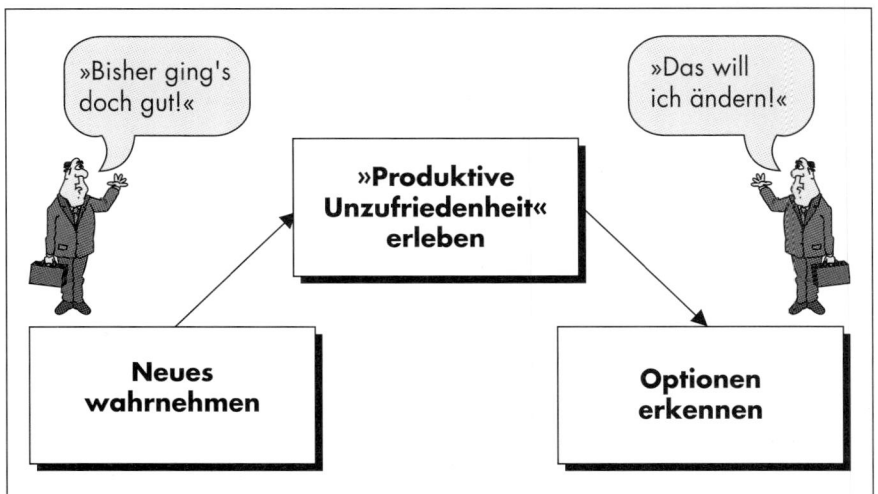

Eine neue Sicht oder eine neue Information kann einen Änderungsprozeß in Gang setzen

Wie kann man diese produktive Verunsicherung im Training erreichen, damit die Drehbücher umgeschrieben werden? Nach meiner Erfahrung gibt es im wesentlichen zwei Strategien. Beide zielen darauf, daß für die Zentralperson etwas »neu« wird:

- Strategie 1: Der Teilnehmer oder die Teilnehmerin sieht etwas Neues. Resultat: »Das habe ich ja gar nicht gewußt!«
- Strategie 2: Der Teilnehmer oder die Teilnehmerin sieht etwas Bekanntes mit neuen Augen. Resultat: »So habe ich das noch nicht gesehen!«

Für Strategie 1 eignen sich Feedback zum blinden Fleck (siehe oben, »Johari-Fenster«) und das Aufzeigen von Optionen (je mehr, desto besser). Für Strategie 2 bieten sich der Perspektivenwechsel an und das Zu-Ende-Denken von Konsequenzen.

Feedback zum blinden Fleck

Beobachtungen sind als Ich-Botschaften, nicht als Bewertungen oder Deutungen mitzuteilen. »Ich habe gesehen ...«, »Mir ist aufgefallen, daß ...« und nicht »Sie sind ...«, »Ihr Stil ist ...«, »Hinter Ihrem Verhalten steht ...« Ziel des Feedback: Vielleicht ist etwas dabei, das für die Zentralperson tatsächlich eine neue Information ist, die zur produktiven Verunsicherung führt im Sinne von: »Das gefällt mir nicht. Das will ich ändern.«

Aufzeigen von Alternativen

Viele Menschen halten an ungünstigen Verhaltensweisen fest, weil sie – für die Umwelt schwer verständlich – keine oder keine attraktiven Alternativen sehen. Deshalb kann das kreative Sammeln von Alternativen, gemeinsam mit der Zentralperson, sehr hilfreich sein. Je mehr Material auf diese Weise zusammenkommt, desto leichter fällt es der Zentralperson, daraus eine Alternative auszuwählen, die ihr liegt.

Perspektivenwechsel

Oft sieht man sein Verhalten nur aus der eigenen Perspektive: daß man sich dabei wohl fühlt, daß man damit erfolgreich ist. Hier kann es schlagartig zu neuen Erkenntnissen kommen, wenn man die Perspektive wechselt, also die Rolle der

Interaktionspartner einnimmt. Als Trainer kann man diesen Wechsel anregen, indem man z.B. fragt: »Wie ginge es Ihnen, wenn jemand so mit Ihnen umgehen/sprechen/verhandeln/taktieren würde?«

Konsequenzen zu Ende denken

Im Alltag bewertet man meistens nur den kurzfristigen Erfolg einer Strategie. Neu kann es dann sein, wenn man angeregt wird, in größeren Zeiträumen zu denken oder mehr Wirkungsfelder einzubeziehen. Als Trainer oder Trainerin kann man wie folgt dazu beitragen: »Wie wird sich Ihr Verhalten langfristig auswirken?«, »Was wird sein, wenn Sie Ihrem Verhandlungspartner später wieder begegnen?« und »Sie waren jetzt in der Position des Stärkeren. Kann es sein, daß Sie vielleicht einmal auf die anderen angewiesen sind?«, »Sie haben Ihr Ziel erreicht. Aber hätte es auch andere Ziele geben können?«

Insgesamt sind dies Versuche, die Wahrnehmung der Zentralperson umzustrukturieren. Eine neue Information über sich, eine neue Sichtweise von sich, eine bisher nicht wahrgenommene Option für sich soll eine Veränderungsdynamik in Gang setzen. Veränderung kann man von außen nicht erzwingen. Das Geheimnis besteht darin, über den Weg der Kommunikation mit der Zentralperson ein Element der Unruhe in ihre Wahrnehmung einzuschleusen. Danach kann man als Trainer nur noch abwarten und Initiativen der Zentralperson professionell begleiten.

Fazit zur Auswertungsphase

Folgende Feststellungen fassen meine Position zu Phase 3 »Auswertung von Rollenspielen« zusammen:

● Eine Rollenspielauswertung, die nicht in einen konkreten Vorsatz der Zentralperson mündet, ist wenig wert.

● Die Auswertung sollte schon bei der Auswahl des Feedback und der Beobachtungen auf dieses Ziel angelegt sein.

● Einen Vorsatz muß die Zentralperson selbst entwickeln. Als Trainer mache ich aber deutlich, daß ich einen solchen Vorsatz als Arbeitsziel erwarte und die Arbeit daran unterstütze.

● Diese Aufgabe ist anspruchsvoll für den Coach, weil sie konzentriertes Verstehen der Zentralperson ebenso verlangt wie das hartnäckige Herausfordern.

Das gutgemeinte Belehren im Modell »Meister« ist einfacher und angenehmer, auch für die Zentralperson. Für das Erlernen und Verändern einfacher Handgriffe mag das Meistermodell genügen, nicht jedoch für Veränderungen der »professionellen Person«, um deretwillen wir Rollenspiele inszenieren.

Phase 4: Wie setzt man die Erfahrungen aus dem Rollenspiel in die Tat um?

Wenn das Ziel der Auswertungsphase darin besteht, daß die Zentralperson einen konkreten Vorsatz entwickelt, dann muß sie auch die Gelegenheit bekommen, diesen Vorsatz in die Tat umzusetzen. Nach der Auswertung muß sie also üben und ausprobieren können.

In dieser Phase sind die Trainer und Trainerinnen kaum gefordert, wenn die Teilnehmer klare Vorsätze definiert haben. Am besten ist es, wenn die Teilnehmer in Dreiergruppen selbstgesteuert Übungsrollenspiele organisieren, wobei ein Teilnehmer oder eine Teilnehmerin jeweils die Beobachterrolle übernimmt. Die Teilnehmer sollen entscheiden, ob und wie sie Video einsetzen wollen. Sie können sich auch mit anderen Gruppen absprechen und nach einer gewissen Zeit die Teams neu zusammensetzen.

Auch die Erfahrungen beim Üben sind auszuwerten

Nachdem die Kleingruppen ungestört und lange genug üben konnten, sollten die wichtigsten Erfahrungen und Ergebnisse wieder ins Plenum getragen und allen zugänglich gemacht werden. Dieses Vorhaben muß den Gruppen vor der Übungsphase bekannt sein, damit sie zum Abschluß der Gruppenarbeit die Frage diskutieren können: »Was hat jeder von uns in dieser Phase erfahren und gelernt bzw. was bleibt an unerledigten Aufgaben und offenen Fragen?« Wie die Teams die Erfahrungen und Ergebnisse den anderen mitteilen (Flipchart, Karten, Poster, nur mündlich), überlasse ich ihnen. Nach meinen Erfahrungen haben die Teilnehmer ein gutes Gespür dafür, welche Präsentationsform zu ihren Mitteilungen paßt.

Zum Abschluß dieser Tips zur Methode »Rollenspiel« sei noch einmal an die Logik dieser Methode erinnert: Rollenspiele werden als »fiktive Realität« mit der Absicht inszeniert, Material für Lern- und Veränderungsprozesse zu gewinnen.

Das Material ist die »authentische Realität«, die sich in den Akteuren, vor allem in der Zentralperson, sowie in den Beobachtern im Laufe der Inszenierung entwickelt: Wahrnehmungen, Verhaltensweisen, Gefühle, Gedanken, Pläne, Deutungen. Die Inszenierung sollte die Chancen für ergiebiges Material optimieren. Der produktive Umgang mit diesem Material ist die Aufgabe in der Auswertungsphase. Die Tips haben gezeigt, wie sehr diese Phase von den Trainerinnen und Trainern methodisches Können, waches Interesse für die Innenseite der Teilnehmer und zielgerichtete Arbeit verlangt. Fleißig zusammengetragene Beobachtungen und wohlgemeinte Ratschläge an die Zentralperson genügen nicht.

Erinnert sei schließlich an die Vielfalt von Rollenspielvarianten, die hier an einigen ausgewählten Beispielen nur angedeutet werden konnte (siehe dazu oben den Abschnitt »Besondere Kennzeichen«). Es ist bedauerlich, daß viele Trainerinnen und Trainer nur ein mageres Repertoire an Varianten kennen und praktizieren. Die Abneigung mancher Teilnehmer gegenüber dem Rollenspiel mag auch hieraus resultieren. Bei dieser Methode gibt es viel zu entdecken und neu zu erfinden. Auch das von mir favorisierte Modell zur Auswertung von Rollenspielen ist als Anregung, nicht als Standardmethode gedacht.

2.6 Die Gruppenarbeit

Besondere Kennzeichen: Die Hand hat fünf Finger

> *»Wenn eine Gruppe verständiger Menschen sich über eine Sache einig sind, kann man davon ausgehen, daß sie sich irren.«*
>
> *(Goethe)*

In der Praxis der Erwachsenenbildung bedeutet Gruppenarbeit, daß sich Teilnehmer während einer vereinbarten Zeit mit einer vereinbarten Aufgabe beschäftigen. In der Regel arbeiten mehrere Kleingruppen (meistens drei bis sechs Mitglieder) gleichzeitig und informieren sich nach der Gruppenarbeitsphase gegenseitig über die Ergebnisse. Selten beschäftigt sich der gesamte Kurs als Großgruppe mit einer Aufgabe; ein Beispiel dafür wäre ein Projekt, das sich über einen längeren Zeitraum hinzieht.

Gruppenarbeit bildet einen Kontrast zu leiterzentrierten Methoden wie Lehrvortrag und Lehrgespräch. Die Arbeit am Lerngegenstand wird hier, auch wenn die Aufgabe vorgegeben ist, von den Teilnehmern selbst gesteuert. Darin liegen sowohl die Vorzüge dieser Methode (siehe dazu unten, »Was ist die Methode wert?«) wie auch ihre Anforderungen. So können bei der Gruppenarbeit die Teilnehmer nicht auf Trainerinterventionen warten, sondern sind selbst gefordert, wenn es unvereinbare Auffassungen über das beste Vorgehen gibt, wenn ein Teilnehmer sich querlegt oder wenn die Zeit mit aufgabenfremden Diskussionen vergeudet wird. Manche Gruppen haben alle Hände voll zu tun, sich über die Arbeitsform und Umgangsweise zu verständigen, so daß die Zeit nicht mehr ausreicht, zu einem Ergebnis auf der Sachebene zu kommen.

Gruppenarbeit kann in vielen Varianten organisiert werden. Variiert werden vor allem:

- Die Aufgabenstellung (Grad der Strukturierung: präzise Festlegung mit entsprechenden Arbeitsbogen bis sehr offene Vorgabe, Zielsetzung: Schwerpunkt mehr auf Verstehen oder Prüfen oder Entwickeln oder Anwenden, Schwierigkeitsniveau: einfach bis komplex).
- Die Arbeitsbedingungen (Gruppengröße, Zusammensetzung der Gruppen, Zeitdauer, Hilfsmittel, Ort der Gruppenarbeit).

- Die Ergebnispräsentation (Vortrag, Folie, Flipchartbogen, Plakat, Video).
- Die Ergebnisauswertung (kooperativ im Sinne einer Synthese oder kompetitiv im Sinne von »Welche Gruppe hat am besten gearbeitet?«).

Die Vielfalt reicht von der kurzen Diskussion der Teilnehmer mit ihren Nachbarn am Tisch bis zum mehrtägigen, komplexen, medienuntersützten Planspiel.

Die Situation der Beteiligten: Ich, du, er, sie, es, wir, ihr, sie

Die Teilnehmerperspektive

Man müßte erwarten, daß die Teilnehmerinnen und Teilnehmer die verschiedenen Formen von Gruppenarbeit lieben. Deshalb mag es verwundern, daß oft das Gegenteil zu beobachten ist. Die Gründe dafür sind jedoch bei näherem Hinsehen (und Hinhören) durchaus nachvollziehbar:

Die Scheu vor der Gruppenarbeit

- Unser Bildungssystem vermittelt nur spärliche Erfahrungen mit Gruppenarbeit. Es herrschen leiterzentrierte Arbeitsformen (z.B. der Lehrvortrag) vor, und das konkurrenzorientierte Bewertungssystem fördert das Einzellernen. Gruppenarbeit ist also für manche Teilnehmer ungewohnt; sie wollen lieber vom »Meister« lernen.
- Bei der Gruppenarbeit sind die Teilnehmer gefordert; sie können sich nicht wie bei leiterzentrierten Methoden als Bildungskonsumenten betätigen. In der Restaurantanalogie (siehe Impulsmethode) gesprochen: Sie können sich nicht mit dem Verzehren der Speisen begnügen, sondern müssen sie zuvor selbst kochen und anrichten. Gruppenarbeit wird oft abgelehnt, weil sie tatsächlich Arbeit bedeutet.
- Bei leiterzentrierten Methoden hängt das Wohlbefinden der Teilnehmer primär davon ab, wie sie mit dem Leiter oder der Leiterin zurechtkommen. Entsprechende Teilnehmerstrategien lassen sich leicht in jedem leiterzentrierten Kurs oder Seminar beobachten: Blickkontakt, Kopfnicken, eifriges Melden, Freundlichkeiten in den Pausen. Bei der Gruppenarbeit gilt es aber, sich mit anderen Teilnehmern zu arrangieren. Manche Teilnehmer halten das für unwichtig (das sind die autoritätsfixierten), manchen ist dies schlicht zu mühsam (das sind die Individualisten) und manchen macht das angst (das sind die Unsicheren).

137

Solche Gründe erklären das Phänomen, daß es nicht wenige Teilnehmer gibt, die sich lieber bei Lehrvorträgen etwas langweilen, dabei aber in der Anonymität des Auditoriums ihre Ruhe haben, als daß sie sich den Ungewißheiten und Anstrengungen von Gruppenarbeit aussetzen.

Positive Erfahrungen mit Gruppenarbeit sind:

● Man lernt voneinander (neue Argumente, neue Lösungen).
● Man lernt übereinander (Kennenlernen, Nähe, Vertrauen).
● Man lernt miteinander (gemeinsames Ergebnis, Stolz, Helfen).
● Man lernt gegeneinander (Bewältigung von Konflikten, Toleranz).

Im Abschnitt »Tips« finden Sie Hinweise, mit denen sich die Chancen für solche positiven Erfahrungen erhöhen lassen.

Die Leiterperspektive

Auch Leiterinnen und Leiter haben bisweilen zwiespältige Gefühle gegenüber Gruppenarbeitsmethoden:

Verliert man als Trainer die Kontrolle?

● In der Gruppenarbeit gebe ich als Trainer Kontrolle aus der Hand. Die Steuerung der Lernarbeit erfolgt durch die Teilnehmer. Das weckt Kontrollverlustängste: Arbeiten die vielleicht gar nicht? Kommt auch wirklich etwas Brauchbares dabei heraus? Gibt es Konflikte zwischen Teilnehmern, die ich dann im Seminar am Hals habe?
● Gruppenarbeit kostet Zeit: für die Vorbereitung, Durchführung und Auswertung.
● Gruppenarbeit ist für mich als Trainer aufwendig und ungewiß: Ich muß mir über die Aufgabenstellung, die Organisation und die Auswertung Gedanken machen. Ich weiß nicht, was die Gruppen als Ergebnis mitbringen.

Trainer, die ein hohes Kontrollbedürfnis in ihrer professionellen Tätigkeit ausleben, werden Probleme mit der Methode »Gruppenarbeit« haben. Sie werden den Teilnehmern direkt oder indirekt kommunizieren: »Ich traue euch nicht. Ich muß euch im Auge behalten.« Sie werden die Aufgabe und die Arbeitsform genau vorschreiben. Sie werden den Gruppen während der Arbeit über die Schulter schauen und sich mit »guten Tips« einmischen. Sie werden bei der Auswertung ihr Expertentum ausspielen und aufzeigen, was vergessen oder nicht genug durchdacht wurde. Damit haben sie gute Chancen, ihre Skepsis gegenüber dem Wert von Gruppenarbeit bestätigt sehen.

Trainer haben dann die richtige Einstellung zur Gruppenarbeit, wenn sie neugierig darauf sind,

● wie die Teilnehmer mit der Aufgabe und ihren Gruppenkollegen umgehen;
● ob es an der Aufgabe Aspekte oder für die Aufgabe Lösungen gibt, die sie selbst noch nicht gesehen haben;
● ob es gemeinsam gelingt, mit den Ergebnissen produktiv weiterzuarbeiten.

Diese Neugierde werden die Teilnehmer spüren und als Anregung für ihre Gruppenarbeit erleben. Umgekehrt: Wenn die Teilnehmer vor einer Gruppenarbeit wissen, daß es nur ein richtiges Ergebnis gibt und der Trainer oder die Trainerin es ohnehin schon weiß – wen reizt das noch, sich anzustrengen?

Prüfen Sie daher Ihre Einstellung zur Gruppenarbeit. Nehmen Sie Ihre Einstellung als Test dafür, wie sehr Sie bereit sind, Kontrolle über den Lernprozeß an Ihre Teilnehmer abzugeben. Sollten Sie bei sich Aversionen gegen die Gruppenarbeit feststellen, dann erinnern Sie sich daran: Ihre Teilnehmer sind erwachsen.

Was ist die Methode wert? Aller-Hand

Der besondere Wert der Gruppenarbeit liegt darin, daß diese Methode Kontakt im doppelten Sinne herstellt. Zum einen kommen die Teilnehmer in unmittelbaren, nicht durch einen Trainer vermittelten Kontakt mit dem Lerngegenstand. Zum zweiten schafft Gruppenarbeit Kontakt zwischen den Teilnehmern.

»Kleingruppen-methoden« von J. Knoll

Hinzu kommt: Die Selbststeuerung der Lernarbeit gibt Raum für die Individualität jedes Teilnehmers. In der Gruppenarbeit gehen die Teilnehmerinnen und Teilnehmer mit dem Lerngegenstand und den anderen Gruppenmitgliedern entsprechend ihren individuellen Stilen, Erfahrungen und Interessen um. Erwachsene unterscheiden sich von Kindern gerade darin, daß sie solche Stile, Erfahrungen und Interessen ausgeprägt haben und in die Veranstaltungen mitbringen. Gruppenarbeit ist eine teilnehmer- und erfahrungsorientierte Methode und damit erwachsenengemäßer als leiterzentrierte Methoden.

Tips für die Gruppenarbeit: Das Ergebnis sind wir!

Unerfahrene Teilnehmer

Wenn Teilnehmer noch wenig Erfahrung mit Formen der Gruppenarbeit haben, sollte man sie dosiert damit vertraut machen, also:

- von kleinen Gruppen zu größeren Gruppen;
- von kurzen Arbeitsphasen zu längeren;
- von einfacheren Aufgaben zu komplexeren;
- von kurzen Ergebnisdarstellungen zu ausgearbeiteten Präsentationen.

Gruppenarbeit im Small talk Als Einstieg eignet sich z.B. die Instruktion: »Diskutieren Sie ein paar Minuten mit Ihrer Sitznachbarin oder Ihrem Sitznachbarn über diese Frage.« Die Ergebnisse werden dann vom Platz aus in die Runde getragen.

Die nächste Stufe wäre dann kurzzeitige Arbeit (etwa 15 Minuten) in Dreiergruppen an einer klar vorgegebenen Aufgabe (am besten mit einem Arbeitsblatt). Erst danach kann man die Gruppengröße, die Zeitdauer und die Breite der Aufgabenstellung steigern.

Nach der ersten komplexeren Gruppenarbeit frage ich unerfahrene Teilnehmer: »Wie sind Sie mit dieser Arbeitsform zurechtgekommen?« Bei Problemen: »Was würde Ihnen dabei helfen?«

Zusammenstellung der Gruppen

- Zufallsprinzip: Je nach Zahl der gewünschten Gruppen zählen die Teilnehmer in der Reihenfolge ihres Sitzplatzes »eins«, »zwei«, »drei«, »vier«, »eins«, »zwei« usw.; die Gleichzahligen sind dann eine Gruppe. Oder man läßt präparierte Streichhölzer, verschiedenfarbige Wollfäden und ähnliches ziehen; gleich zu gleich gesellt sich dann.
- Wie es euch gefällt: Man teilt nur die Zahl der Gruppen mit und überläßt es den Teilnehmern, wie sie sich zusammenfinden.
- Tableau: In ein ausgehängtes Tableau werden bei jeder Gruppenarbeit die Namen der Teams eingetragen. Damit soll gewährleistet werden, daß im Laufe des Kurses oder Seminars jedesmal andere Gruppen gebildet werden.

Nicht zu empfehlen sind die folgenden Verfahren:

- Leithammel: Je ein vom Trainer bestimmter »Gruppenführer« darf sich sein Team aussuchen.
- Diktator: Der Trainer bestimmt, wer in welche Gruppe kommt.

Ich bevorzuge die Methode »Wie es euch gefällt« und habe damit noch nie Probleme erlebt. Die Teilnehmer verständigen sich durch Blicke, Gesten oder Zurufe schnell darüber, wer mit wem ein Team bildet.

Die Zufallsmethode ist angebracht, wenn sich Teilnehmer noch nicht kennen und deshalb die Methode »Wie ihr wollt« noch wenig Sinn macht. Man kann auch zu einem späteren Zeitpunkt auf sie zurückgreifen, wenn man den Eindruck hat, daß es ganz gut wäre, die Gruppen einmal wieder neu zu mischen. Ich würde trotzdem an der Methode »Wie es euch gefällt« festhalten, aber dazu sagen: »Ich möchte gerne, daß Sie ausprobieren, wie Sie mit anderen Teilnehmern arbeiten können. Suchen Sie sich für diese Gruppenarbeit doch einmal andere Teampartner.« Damit habe ich das Thema »neu mischen« als eigenes Anliegen explizit gemacht, anstatt es auf stillem Wege durchzusetzen.

Die Methode »Leithammel« habe ich von einem Trainerkollegen erfahren. Er hält es für wichtig, in jeder Gruppe einen Gruppensprecher zu etablieren, der sich dafür verantwortlich fühlt, daß effektiv gearbeitet wird, und auch die Ergebnisse der Gruppenarbeit präsentiert. Dieser Sprecher soll sich seine Teamkollegen auch selbst aussuchen können. Ein solches Verfahren hierarchisiert die Gruppe. Der Trainer modelt die Gruppenarbeit so um, daß sie seinen Leitungs- und Kontrollnormen gerecht wird. So kann man die Methode Gruppenarbeit pervertieren.

Auch die dirigistische Zusammensetzung der Teams durch die Trainerin oder den Trainer nach dem Modell »Diktator« ist fragwürdig. Es mag ja sein, daß man als Leiter die sinnvolle Absicht verfolgt, z.B. Cliquenbildung zu verhindern oder ungünstig zusammengesetzte Gruppen aufzulösen. Aber es wäre angebracht, solche Problemlösungen den Teilnehmern zu überlassen. Bei der Methode »Wie es euch gefällt« werden sich frustrierte Gruppenmitglieder mit Sicherheit von alleine neue Partner suchen. Und noch ein Nachteil für Diktatoren: Stelle ich als Trainer die Gruppen zusammen, muß ich damit rechnen, daß mir die Verantwortung zugeschrieben wird, wenn die Gruppenmitglieder nicht miteinander zurechtkommen.

Wie genau sollen die Vorgaben für die Gruppenarbeit sein?

Antwort: So genau wie möglich. Die Teams sollen optimal arbeitsfähig sein, d.h., die Aufgabe klar sehen, über die nötigen Informationen bzw. Hilfsmittel verfügen und ein Interesse an der Arbeit haben.

Hierzu einige Tips:

So werden Gruppen arbeitsfähig

- Die Aufgabe schriftlich festhalten (Arbeitsblatt, Tafelanschrift, Flipchartbogen usw.).
- Die Chancen der Aufgabe aufzeigen (»Warum stelle ich diese Aufgabe?«, »Worin besteht ihre Herausforderung?«, »Wie werden wir mit den Ergebnissen weiterarbeiten?«).
- Die Arbeitsfähigkeit abklären (»Ist Ihnen die Aufgabe klar?« und »Brauchen Sie noch Informationen?«).
- Die Zeit vereinbaren und aufschreiben. Nicht mitteilen: »Sie haben 30 Minuten Zeit«, sondern: »Wir machen um 10.30 Uhr weiter.« Die Gruppen vergessen meistens, sich die Startzeit zu merken.

Der Punkt »Chancen der Aufgabe aufzeigen« wird nach meinen Beobachtungen meistens vernachlässigt. Für die Teilnehmer fällt die Aufgabe für die Gruppenarbeit »vom Himmel«. Sie werden in eine Arbeit entlassen, über deren Sinn sie nicht nachgedacht haben. Dieses Versäumnis mag ein Grund für die Klagen von Trainern sein, bei Gruppenarbeiten seien die Teams oft so wenig »motiviert«. Erläuterungen von Trainerseite zur Aufgabenwahl haben noch einen weiteren positiven Effekt: Die Teilnehmer richten ihre Aufmerksamkeit auf den Lernprozeß selbst; sie lernen damit auch etwas über das Lernen.

Aus diesem letztgenannten Grund überlasse ich auch die Zeitvereinbarung den Teilnehmern. Wenn sie die Aufgabe klar sehen und die Anforderungen realistisch abschätzen können, frage ich: »Wieviel Zeit brauchen Sie dafür?« Wie bei Versteigerungen bekommt die höchste Schätzung den Zuschlag. (Sie deckt sich fast immer mit meiner eigenen Schätzung.) Diese Regelung hat nicht nur den Vorteil, daß die Teilnehmer in ihrer Rolle als »professionelle Lernende« ernst genommen werden, sondern erleichtert auch die Einhaltung dieser Zeitvereinbarung (siehe unten, »Wenn die Zeit nicht ausreicht«).

Welche Aufgaben eignen sich für die Gruppenarbeit?

Wenn ein besonderer Vorzug dieser Methode darin besteht, daß die Teilnehmer ihre individuellen Stile, Erfahrungen und Interessen einbringen können (siehe oben, Abschnitt »Was ist die Methode wert?«), dann sind Aufgaben ungeeignet, die dafür zu wenig Raum lassen. Es macht keinen Sinn, als Gruppenarbeit ein vorgeschriebenes Berechnungsschema anzuwenden oder eine Liste mit Fremdsprachenvokabeln zu pauken. Es macht mehr Sinn, in Gruppen ein Berechnungsschema zu entwickeln oder eine Liste mit Vokabeln zu erstellen, die die Teilnehmer vordringlich erlernen möchten.

Aufgaben sind gruppengerecht, wenn sie die Vorzüge von Gruppen nutzen: Es kommen mehr Ideen zusammen, die Ideen werden härter geprüft, jeder steuert eigene Erfahrungen bei. Gruppen sind überlegen, wenn es darum geht, viele Aspekte eines Themas aufzuzeigen, mehrere Lösungen für ein Problem zu finden, Thesen und Vorschläge miteinander zu vergleichen, Praxisbezug herzustellen. Transferaufgaben sind für Gruppenarbeit ideal.

Bei der Wahl und Formulierung der Aufgabe sollte auch darauf geachtet werden, daß ein Gruppenprodukt entsteht, das sich darstellen läßt. Damit vermeidet man auch diffuse Aufgabenstellungen.

Wo sollen die Gruppen arbeiten?

Ein gleichbleibender Geräuschpegel wird nicht als Störung empfunden. Deshalb macht es keine Probleme, wenn mehrere Gruppen in einem Raum arbeiten, vorausgesetzt, die Tische und Stühle lassen sich bequem gruppieren.

Stehen aber, wie dies in Seminarhotels die Regel ist, mehrere Räumlichkeiten einschließlich Hotelhalle, Restaurant und Biergarten zur Wahl, dann ist es sinnvoll, sich über die Arbeitsorte Gedanken zu machen. Stellt man den Teilnehmern die Wahl frei, werden sie sich lieber in die Sonne oder ins Café setzen als in den Seminarraum. An diesen Freizeitorten ist das Arbeiten meistens weniger effektiv. Zuerst werden Getränke geordert, dann gibt es andere Gäste zu sehen, schließlich stellt man fest, daß Arbeitsmaterialien im Seminarraum liegengeblieben sind, hin und wieder geht ein Teilnehmer Zigaretten holen oder wirft einen Blick in die Speisekarte oder Zeitung, die gerade herumliegt. Ich plädiere deshalb dafür, Gruppenarbeit jeweils in einer geeigneten Arbeitsumgebung zu veranstalten.

Gruppenarbeit unterm Sonnenschirm?

143

Was tue ich als Trainer, während die Gruppen arbeiten?

Wie Trainer und Kursleiter mit dem Thema »Vertrauen und Kontrolle« umgehen, läßt sich an ihrem Verhalten während der Gruppenarbeit ablesen. Herumgehen, sich dazusetzen, sich einmischen – diese Aktionen signalisieren Kontrollbedürfnisse, auch wenn sich für diese Verhaltensweisen unverdächtige Argumente finden lassen, z.B.: »Die Gruppen brauchen Hilfe, wenn Fragen auftauchen«, »Ich muß mir ein Bild vom Leistungsstand der Teilnehmer machen«, »Wenn ich nicht dabei bin, kann ich die Auswertung nicht solide genug leisten«.

»Kommen Sie vorbei, wenn Sie mich brauchen«

Ich habe mich für folgendes Modell entschieden: Bevor die Gruppen die Arbeit beginnen – meistens verstreuen sie sich dann in verschiedene Räumlichkeiten –, teile ich ihnen mit: »Ich bleibe hier an meinem Platz, bin also jederzeit erreichbar, wenn Sie mich brauchen. Sagen Sie mir aber, wo ich Sie finden kann, damit ich nach Ihnen sehen kann, wenn die Zeit um ist.« Damit respektiere ich die Autonomie der Teams und komme nur dann ins Spiel, wenn die Gruppen dies wünschen. Erfahrungsgemäß ist dies selten der Fall. Ich gebe zu, daß mir damit Informationen verlorengehen und mir das diskrete Warten keineswegs leichtfällt. Doch dies ist mein Problem; daß ich durch mein Verhalten nachhaltig signalisiere, »Ihr seid für eure Arbeit in der Gruppe verantwortlich«, ist das didaktisch Entscheidende.

Lassen Sie sich nicht von der Gruppe vereinnahmen!

Mit diesem Vorgehen erspare ich den Gruppen die Verführung, auftauchende Probleme an mich zu delegieren, anstatt sie zu ertragen und zu bearbeiten. Jeder, der sich zu einer arbeitenden Gruppe setzt, weiß zur Genüge, wie rasch man von unzufriedenen oder unsicheren Gruppenmitgliedern als Schiedsrichter, Experte oder Helfer vereinnahmt wird. Allein die räumliche Anwesenheit von Leitern bei der Gruppenarbeit beeinflußt die Dynamik der Arbeitsgruppe ungünstig, weil sie das Angebot eröffnet, Gruppenverantwortung abzugeben. Treuherzig meinen manche Trainer, dies durch ein »Tun Sie so, als sei ich gar nicht da« zu verhindern. Oder Sie kontern, wenn Sie angesprochen werden, ganz pädagogisch: »Das ist Ihr Problem.« In beiden Fällen sei Watzlawick zur Lektüre empfohlen. Das »Ich bin nicht da« ist eine Variante seines Hauptsatzes »Man kann nicht nicht kommunizieren«. Und die Replik »Das ist Ihr Problem« wird zum Musterbeispiel einer ambivalenten Botschaft, weil der Trainer zugleich nonverbal, durch seine bloße Anwesenheit, signalisiert: »Es ist mein Problem.«

Das Argument, man müsse möglichst viel von den Arbeiten der Teams mitbekommen, weil man dieses Wissen für die Auswertung brauche, überzeugt mich nicht. In der Praxis läuft es darauf hinaus, daß man jeweils nur kurze Ausschnitte aus den Gruppenarbeiten mitbekommt. Oder man bleibt die gesamte Zeit nur bei einer Gruppe. Es bringt eher Risiken als Vorteile mit sich, wenn man dieses partielle Wissen in der Auswertungsrunde verwendet. Zum einen beeinflußt man die Schilderung durch die Gruppen selbst und verfälscht die authentische Darstellung; zum anderen weckt es Fantasien (bei den anderen Gruppen wie bei der speziellen), wenn erkennbar wird, daß die Trainerin oder der Trainer nur die Arbeit einer Gruppe beobachtet hat. Komplettes Nichtwissen macht es mir als Trainer leichter. Bei der Auswertung eines Gruppenergebnisses bin ich dann in der gleichen Situation wie die Teilnehmer der anderen Gruppen.

Wenn die Zeit nicht ausreicht

Die Einhaltung der Zeit ist in der Praxis Trainersache. Manche Trainer fühlen sich allerdings als Pfeifenmann/-frau nicht wohl und haben subtilere Signale eingeführt. Statt die Gruppe mit einem »Schluß jetzt!« zu unterbrechen, zeigen Sie stumm auf ihre Armbanduhr, heben diskret eine rote Karte hoch oder stellen die Musik an. Manche kündigen vorher an, daß direkt nach der Gruppenarbeit eine Pause folgt, und spekulieren darauf, daß die Aussicht auf Kaffee, Kuchen und Zigaretten schon für Pünktlichkeit sorgen wird.

Den Teilnehmern zu signalisieren, daß die vorgesehene Arbeitszeit abgelaufen sei, ist allerdings das kleinste Problem. Worum es geht, ist der Zwiespalt, daß einerseits jede Gruppe je nach Arbeitsverlauf einen eigenen Zeitbedarf hat und andererseits aus organisatorischen Gründen die Weiterarbeit im Plenum eine Zeitabsprache verlangt, die alle gleicherweise betrifft. An der Notwendigkeit dieser Koordination läßt sich nichts ändern. Aber man sollte versuchen, innerhalb dieses echten Sachzwanges Spielräume zu erkennen und zu nutzen. Wenn nach Ablauf der Zeit noch nicht alle Gruppen ihre Arbeit beendet haben, kann man mit jeder Gruppe klären: »Die vereinbarte Zeit ist um. Andere Gruppen sind schon fertig. Wieviel Zeit hätten Sie trotzdem noch gerne?« Fünf bis zehn Minuten kann man den pünktlichen Gruppen als Wartezeit zumuten. Manchmal akzeptieren sie auch einen längeren Zeitraum, weil sie dann ihr Ergebnis noch einmal überarbeiten können. Meine Erfahrungen zeigen, daß dieses Vorgehen – zusammen mit der Festlegung der geplanten Arbeitsdauer durch die Gruppen selbst – einen verantwortlichen und ernsthaften Umgang mit der Zeit fördert.

Wenn eine Gruppenarbeit mißlingt

Der Prozeß ist ebenso wichtig wie das Ergebnis

Es kann vorkommen, daß eine Gruppe innerhalb der Zeit zu keinem vorzeigbaren Ergebnis gelangt. Sie erlebt diese Situation meistens als Scheitern. Rechtfertigungen sind angesichts der sozialen Dynamik von Auswertungssituationen wahrscheinlich, aber unproduktiv. Eine gute Strategie für Trainer ist es, die Aufmerksamkeit vom Ergebnis weg auf den Prozeß zu lenken. Also nicht: »Warum sind Sie nicht fertig geworden?« oder »Woran lag es denn, daß Sie sich nicht einigen konnten?«, sondern: »Wie ist denn die Diskussion bei Ihnen gelaufen?« und »Welche Argumente/Ideen/Vorschläge sind in Ihrer Gruppe zur Sprache gekommen?« Mit diesem Material kann man dann weiterarbeiten. Die Gruppe stellt fest, daß die Arbeit nicht vergebens war.

Sollte sich herausstellen, daß die Gruppe ratlos war, wie sie bestimmte Verfahrensklippen oder Kommunikationsknoten lösen sollte, kann man dies festhalten und fragen, ob und wie die Gruppe dies bearbeiten möchte. Vorschläge: freiwilliger Workshop »Probleme bei der Gruppenarbeit« mit allen interessierten Teilnehmern nach dem Abendessen; klärendes Gruppengespräch der »Problemgruppe« mit Trainerin oder Trainer.

Präsentieren der Gruppenergebnisse

Die Präsentationssituation aktiviert wichtige und brisante Themen für das Seminargeschehen: »Wettbewerb«, »Bewertung«, »Solidarität« und »Toleranz«. Deshalb sollten Trainerinnen und Trainer die Dynamik dieser Arbeitsphase aufmerksam verfolgen. Zu intervenieren ist immer dann, wenn sich der Prozeß unproduktiv entwickelt. Dies ist der Fall, wenn Arbeitsergebnisse nicht entsprechend ihrem Potential verwertet oder wenn Entfaltungsmöglichkeiten einzelner Teilnehmer beschnitten werden.

Das Ergebnis und die Gruppe kann man nicht trennen

Im Kern geht es bei den Problemen dieser Phase um die Vermischung von Arbeitsergebnis und Gruppenidentität bei der Auswertung. Diese Vermischung läßt sich nicht durch Argumente aufheben. Man kann sie nur akzeptieren und versuchen, produktiv mit ihr umzugehen.

● Produktiv an der Thematik »Wettbewerb« sind Gefühle wie Stolz der Gruppe auf ihr Ergebnis. Unproduktiv ist, wenn die Leistung der anderen Gruppen entwertet wird.

- Produktiv an der Thematik »Bewertung« ist das Herausarbeiten von wertvollen Beiträgen. Unproduktiv sind pauschale Zensuren wie »Das ist ein sehr gutes Ergebnis«.
- Produktiv an der Thematik »Solidarität« ist die Identifikation aller Mitglieder eines Teams mit dem Ergebnis. Unproduktiv ist es, wenn abweichende Meinungen innerhalb der Gruppe nicht zugelassen oder kritische Argumente als unsolidarische« Nestbeschmutzung« geahndet werden.

Jede Auswertung von Gruppenarbeiten ist schließlich eine Chance, Toleranz zu üben; Ziel von Gruppenarbeit ist ja vor allem, Vielfalt deutlich zu machen. In dieser Phase erfüllen Sie als Trainer oder Trainerin – ob Sie dies wollen oder nicht – eine wichtige Vorbildfunktion. Wie Sie durch Ihr Verhalten die genannten Aspekte definieren, wird einen großen Einfluß darauf haben, wie die Teilnehmer agieren. Trainer, die bei der Auswertung der Gruppenarbeiten aus taktischen Gründen Konkurrenz zwischen den Gruppen schüren, Zensuren verteilen oder nur die eigene Meinung gelten lassen, fügen der Seminarkultur Schaden zu.

Die Auswertung ist nach der Präsentation und Diskussion der Gruppenergebnisse nicht zu Ende. Auswertung heißt vielmehr, gemeinsam herauszuarbeiten, was aus den Beiträgen für die weitere Arbeit wie verwertet werden soll. Diese Aufgabe ist durch die Trainerin oder den Trainer deutlich zu machen. Geeignete Impulse nach der Präsentation der Resultate sind z.B.: »Ihre Ergebnisse sind jetzt unser Arbeitsmaterial.« Dann: »Was war Ihnen besonders wichtig?«, »Gibt es Konsequenzen für Ihre Praxis?«, »Was sollten wir vertiefen?«, »Welches Fazit ziehen Sie?« Diese Verwertungsarbeit sollte visuell unterstützt und festgehalten werden, am besten durch die Kartenmethode (siehe Kapitel 3.3, »Pinwand«).

Die wichtigsten Medien

3.1 Overheadprojektor und Folien

Overheadprojektor und Folien sind neben Flipchart und Pinwand die am meisten verwendeten Medien in der Erwachsenenbildung. Wegen ihrer engen Beziehung zum Lehrvortrag wurden sie ausführlich im Abschnitt 2.3, »Lehrvortrag mit Folien«, behandelt.

Folien können auch von den Teilnehmerinnen und Teilnehmern als Medien für Präsentationen, z.B. von Ergebnissen einer Gruppenarbeit, genutzt werden. Dies bedarf jedoch keiner besonderen Erläuterungen.

*Durchlicht-Projektor:
Das Licht durch-
leuchtet die Folien
von unten
(Werkfoto Pelikan)*

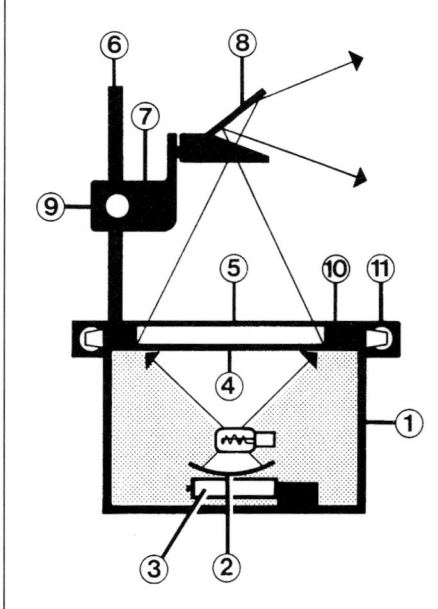

1 Gehäuse aus Kunststoff oder Stahlblech
2 Lichtquelle (Niedervoltlampe)
3 Ventilator
4 Fresnell-Linse
5 Glasplatte (Nutz- und Arbeitsfläche heute 285 x 285 mm, bei älteren Geräten 250 x 250 mm)
6 Projektionssäule
7 Objektivarm
8 Objektiv mit Umlenkoptik
9 Friktionstrieb für Scharfeinstellung
10 Ein- und Ausschalter (Sparschalter)
11 Folien-Rolleinrichtung

3.2 Flipchart

Ein Beispiel

Szenarium: Ein betriebsinternes Seminar für Ausbilder in der Automobilindustrie. Zwei Kleingruppen mit je fünf Teilnehmern arbeiten 30 Minuten parallel zum Thema »Was wir in unserer Ausbildung ändern sollten!« Jeder Gruppe steht ein Flipchart zur Verfügung.

Gruppe 1 hat einen Protokollanten bestimmt, der am Flipchart die Vorschläge und Ideen der Gruppenmitglieder mitschreibt. Einige Minuten vor Ablauf der Zeit legt er drei vollgeschriebene Flipchartbogen nebeneinander auf den Boden. Die Gruppe beschließt, mit diesem Material einen Ergebnis-Flipchartbogen für die Präsentation herzustellen. Sie einigt sich darauf, daß fünf Änderungsvorschläge in der Reihenfolge ihrer Dringlichkeit aufgelistet werden. Der Protokollant rahmt die Überschrift mit einem Filzschreiber rot ein. Die Vorschläge schreibt er schwarz.

Gruppe 2 kommt zu dem Ergebnis, das Kernproblem sei die Verbesserung der Lernmethode. Ihr Ergebnisbogen ist eine schematische Grafik. In der Mitte steht ein rotes Oval mit dem Wort »Lernmethode«. Davon gehen sternförmig drei Linien aus, die zu je einem roten Kasten führen. Die schwarz geschriebenen Begriffe in den Kästen lauten: »mehr Computer-Lernprogramme«, »bessere Leittexte«, »mehr Zeit für Betreuung«. Über jedem Kasten visualisiert ein grün gezeichnetes Logo den jeweiligen Begriff: ein PC-Bildschirm, ein aufgeschlagenes Heft, zwei Köpfe mit Sprechblasen. In dieser Gruppe gibt es keinen Protokollanten. Der Flipchartbogen wird gemeinsam erstellt. Eine Teilnehmerin zeichnet die Linien und Kästen, ein Teilnehmer trägt die Beschriftung ein, ein weiterer Teilnehmer erstellt die Logos. Zum Schluß stellt eine Teilnehmerin fest, daß die Überschrift fehlt, und ergänzt sie.

Im Seminarraum werden die beiden Flipchartbogen mit Tesakrepp nebeneinander an die Wand geheftet. Aus der ersten Gruppe stellt sich der Protokollant neben das Plakat und erläutert, was sich die Gruppe dabei gedacht hat. Gruppe 2 verzichtet auf einen Kommentar und bittet um Fragen. Es entspinnt sich ein kurzer Dialog zum Kasten »mehr Zeit für Betreuung«. Der Trainer fragt nun die Teilnehmer: »Gibt es Übereinstimmungen zwischen diesen beiden Ergebnissen? Gibt es Punkte, von denen beide Gruppen meinen, hier müßte sich die Praxis bald ändern?«

Kommentar zum Beispiel

Das Beispiel zeigt, daß sich Flipcharts zur Unterstützung der Arbeit (Beiträge notieren und festhalten) wie zur Präsentation der Arbeitsergebnisse eignen. Gruppe 1 geht traditionell vor. Sie bestimmt einen Schriftführer und nutzt das Flipchart nur zum Schreiben. Gruppe 2 zeigt sich kooperativer und kreativer. Sie stellt das Ergebnis grafisch und schriftlich dar; zu Papier gebracht wird es von mehreren Teilnehmern.

Daß Arbeitsformen und Ergebnisdarstellungen so vielfältig ausfallen können, ist ein Vorzug des Mediums »Flipchart«. Jeder Ergebnisbogen teilt neben dem Inhalt auch etwas über die Arbeitsweise und die Gruppe mit. Jede neue Gestaltungsweise eines Flipchartbogens ist eine Anregung für die anderen, es das nächste Mal anders zu versuchen. Trainer sollten diese Vielfalt nicht einschränken, indem Sie mit der Aufgabenstellung auch die Gestaltung vorgeben, nur weil dann der direkte Vergleich der Flipchartbogen leichter fällt und alles »schön einheitlich« aussieht. Sie sollten es den Teilnehmern überlassen, wie sie mit dem Flipchart arbeiten und wie sie ihre Flipchartbogen kommentieren.

Mit dem Flipchart arbeiten: Die Zeitung an der Wand

Das Flipchart ist ein großer Notizblock aus Papier auf einem Metallgestell. Die einzelnen Bogen werden nach hinten umgeschlagen oder abgerissen. Wenn ein Block beschriftet ist, wird ein neuer in die Haltevorrichtung eingehängt. Die Hersteller bieten ein großes Sortiment an Filzschreibern mit unterschiedlichen Farben und Strichbreiten an.

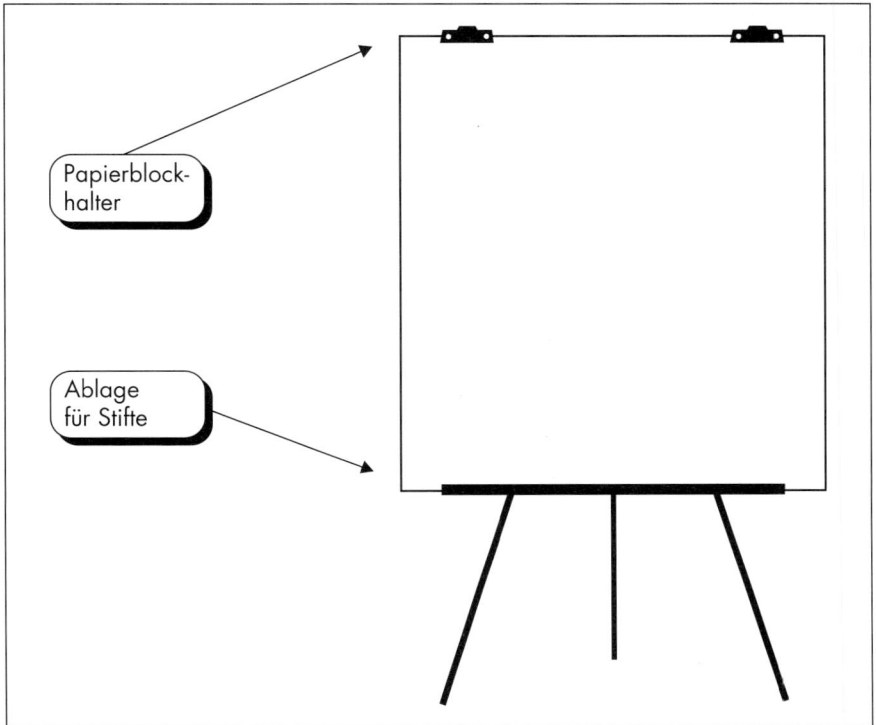

Methodisch eröffnet das Flipchart ähnliche Möglichkeiten wie die Tafel oder wie die Transparentfolie. Wie mit einer Tafel oder einer Folie kann man

- einen Vortrag durch Notizen oder Skizzen unterstützen,
- vorbereitete oder halbvorbereitete Texte und Grafiken präsentieren,
- Beiträge der Teilnehmer zu einer Frage notieren.

Der Flipchartbogen hat allerdings einen wichtigen Vorteil gegenüber der Folie oder einer Tafelanschrift: Er kann an der Wand des Seminarraumes aufgehängt werden (z.B. mit Tesakrepp, das sich leicht wieder ablösen läßt). Damit ist er während eines Seminarabschnittes oder während des gesamten Seminars jederzeit für alle sichtbar. Deshalb eignen sich Flipchartbogen besonders gut für Gliederungen, Tagesübersichten und ähnliches.

Das Aufhängen von Flipchartbogen erlaubt weiterhin, daß die Teilnehmer mehrere Flipchartbogen nebeneinander betrachten und vergleichen. Das ist mit Folien nicht möglich. Der Flipchartbogen ist deshalb das beste Medium, um Arbeitsergebnisse von Kleingruppen festzuhalten und zu diskutieren. Mit dem Fortgang des Seminars dokumentieren rundum aufgehängte Flipchartbogen nicht nur die geleistete Arbeit, sondern bilden auch eine Tapete für triste Seminarräume.

Besondere Tips: Vom Schreiben zum Reißen

Für Flipchartanschriften gelten die gleichen Tips, wie sie im Abschnitt 2.4, »Folienvortrag«, detailliert beschrieben wurden, z.B. zum Layout, zur Verwendung von Farben und anderen Markierungen, zur rhetorischen Einbindung in den Vortrag. Wie jede Folie sollte auch jeder Flipchartbogen eine Überschrift tragen. Ich möchte die Tips aus dem Abschnitt »Lehrvortrag mit Folien« hier nicht wiederholen; bitte lesen Sie sie dort noch einmal nach, und wenden Sie sie auf Flipchartbogen an. Es folgen noch einige besondere Tips für die Arbeit mit dem Flipchart.

Großschreibung oder gemischt?

Die gemischte Schreibweise ist, das hat man in verschiedenen Untersuchungen nachweisen können, besser lesbar. Ich gebe aber zu, daß ich auf Flipchartbogen nur Großbuchstaben benutze. Das hängt mit den Stiften zusammen. Je breiter ein Stift, desto sperriger wird es, Kleinbuchstaben zu schreiben. Hält man aber einen Schreiber mit runder Spitze in der Hand, dann fällt es leicht, die normale Handschrift zu praktizieren. Bei den meisten Menschen wird sie um so unleserlicher, je rascher und bequemer das Schreiben fällt. Das durchgängige Benutzen von Großbuchstaben diszipliniert zum sorgfältigeren Schreiben. Ob Sie sich für die Großschreibung oder für Groß- und Kleinbuchstaben entscheiden – Sie sollten die gewählte Schreibweise konsequent durchhalten. Eine Flipchartanschrift, bei der verschiedene Schreibweisen nebeneinanderstehen, ist schwerer lesbar.

Wie hält man den Stift?

Es gibt einen kleinen Trick: Ändern Sie nicht die Position des Stiftes beim Schreiben! Am besten sieht die Schrift aus, wenn die leicht angeschrägte Stiftspitze etwa um 45 Grad nach rechts von der Senkrechten über das Papier gleitet. Dieser

Winkel sollte beim Schreiben unverändert bleiben. Am besten selbst ausprobieren und den bevorzugten Schreibwinkel herausfinden.

Bogen abreißen

Es kommt immer wieder vor, daß ein attraktiv gestalteter Flipchartbogen zum Aufhängen abgerissen wird und dabei in Stücke geht. Die Flipchartgestelle unterscheiden sich hinsichtlich dieses Risikos. Manche haben scharfe Abreißkanten, manche nicht. Bei den letzteren kann man ganz sichergehen, wenn man die Halterung für den Papierblock öffnet und den Bogen sanft vom Block löst. Auch hier gilt: üben.

Umwelt schonen

Achten Sie darauf, daß Sie nur Stifte ohne schädliche Lösungsmittel benutzen. Bevorzugen Sie nachfüllbare Stifte. Vorsicht bei Sprühklebern, mit denen Pinwandkarten auf einen Flipchartbogen geklebt werden können. Lesen Sie zuvor die Verbraucherhinweise auf der Dose. Meist finden sich verdächtige Ratschläge wie »Nur bei geöffnetem Fenster benutzen«. Auch der Papierverbrauch bei Flipcharts könnte Anlaß zum Nachdenken sein. Nicht für jede Idee muß ein Flipchartbogen geopfert werden. Hier ist die Tafel vorzuziehen.

Ein persönliches Zeichenrepertoire entwickeln

Wer viel mit Flipchart oder Tafel arbeitet, wird bald feststellen, daß bestimmte Zeichen immer wiederkehren:

- Zeichen für Aufzählungen (z.B. runde Punkte, ausgefüllte Dreiecke mit der Spitze nach rechts),
- Zeichen für Hervorhebungen (z.B. Unterstreichen, Einkreisen),
- Zeichen für die Überschrift (z.B. »Wolke«, Oval, eckiger Rahmen),
- Zeichen für Schemata (z.B. Kästen, Rauten, Ellipsen),
- Symbole für »Mensch« oder »Gesicht«,
- Symbole zu Themen des Kurses (z.B. Computer, Konferenztisch, Team),
- Symbole für die Seminarorganisation (Tagesplan, Feedbackrunde, Mittagspause).

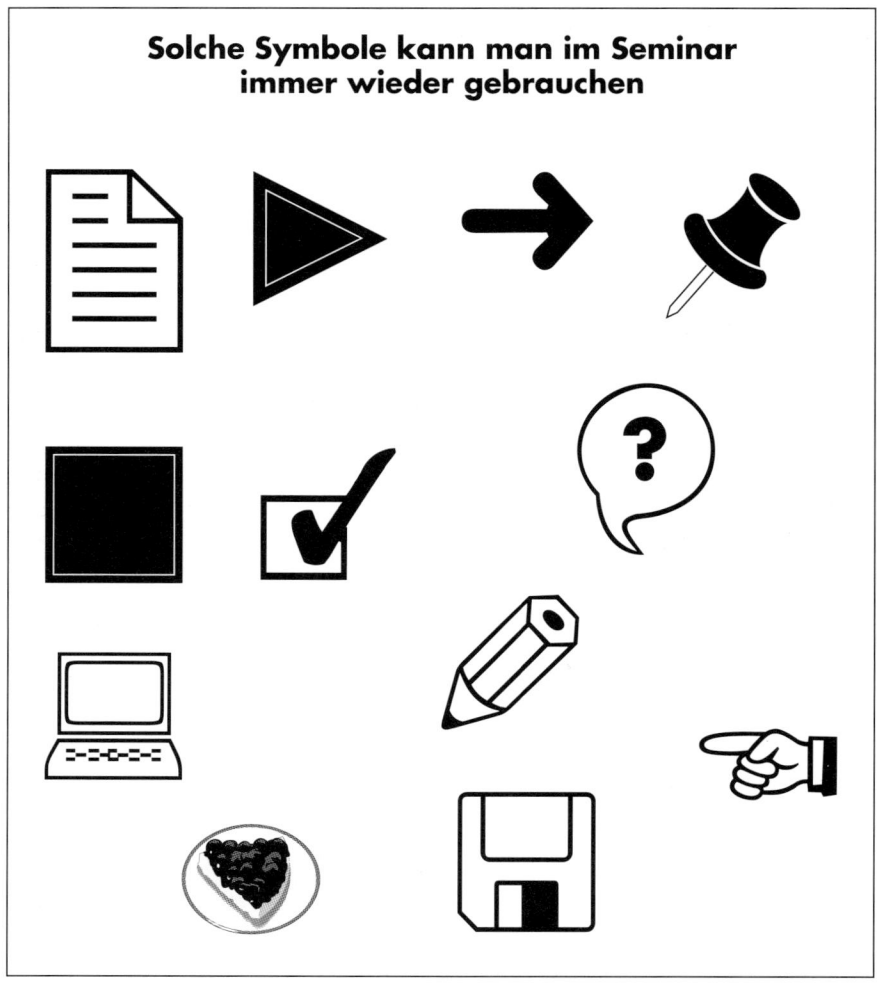

Ein verregneter Sonntag ist ideal, um sich mit Muße ein persönliches Inventar an solchen Zeichen, Symbolen, Logos, Skizzen zusammenzustellen. Ideen können Sie aus Printmedien, Clip-Art-Dateien und der eigenen Phantasie beziehen. Die Arbeit lohnt sich, weil ein Standardinventar dieser Art zu einem persönlichen Darstellungsstil beiträgt. Und weil Sie sich sicherer fühlen, werden Sie auch häufiger Visualisierungen einsetzen.

3.3 Pinwand

Ein Beispiel

Ort der Handlung: Volkshochschulkurs »Erziehungspsychologie« mit zwölf Teilnehmerinnen und Teilnehmern. An diesem Abend geht es um Probleme, die mit dem Schulbesuch der Kinder zu tun haben. Die Leiterin hat an einer Pinwand eine Überschriftenwolke angebracht: »Immer Ärger mit der Schule«. Sie händigt den Teilnehmern Karten und Stifte aus und bittet sie, zu dieser Überschrift pro Karte je ein Erziehungsproblem zu notieren, das sie aus eigener Erfahrung kennen. Nach einigen Minuten sammelt sie die Karten ein. Sie stellt sich neben die Pinwand, klemmt sich ein volles Nadelkissen an den Ärmelrand und informiert die Teilnehmer: »Wir hängen die Karten nun auf. Karten, die inhaltlich zusammengehören, sollen untereinander hängen. Ich lese Ihnen jede Karte vor. Sagen Sie mir jedesmal, ob die Karte zu der vorigen paßt oder ob ich sie in einer anderen Spalte anpinnen soll.« Manche Stichworte kommen mehrmals vor; die Leiterin hängt auch diese Karten untereinander. Insgesamt pinnt die Leiterin mehr als dreißig Karten an. Am Ende zeigt sich, daß vier Themenschwerpunkte entstanden sind.

Die Kursleiterin fragt die Teilnehmer: »Welche Überschriften könnte man diesen Gruppen geben?« Man einigt sich auf die Überschriften »Hausaufgaben«, »Klassenkameraden«, »Schulnoten«, »Lehrer und Unterrichtsmethoden«. Die Leiterin trägt diese Themen auf ovalen Karten ein und pinnt diese über die entsprechenden Kartengruppen. Danach teilt sie farbige Klebepunkte aus und erläutert: »Wir haben pro Thema viele Stichworte mit Problemen. Ich möchte gerne diejenigen behandeln, für die Sie sich besonders interessieren. Jeder von Ihnen hat drei Klebepunkte. Gehen Sie zur Pinwand, und kleben Sie Ihre Punkte an die drei Karten, die Sie auf jeden Fall geklärt haben möchten.«

Die Leiterin schlägt nun vor: »Es wäre schön, wenn sich zu jeder Überschrift eine Kleingruppe finden würde, die sammelt, wie die Teilnehmer in ihrem Alltag mit den jeweiligen Problemen umgehen. Halten Sie fest, mit welchen Maßnahmen

Sie gute Erfahrungen gemacht haben und mit welchen Sie nicht weitergekommen sind. Wir schauen uns danach diese Erfahrungen an und suchen gemeinsam Lösungen. Ich werde dann auch vorstellen, was die Psychologie dazu sagt.«

Sie fragt: »Wer möchte das erste Thema ›Hausaufgaben‹ bearbeiten?« Die Namen schreibt sie auf eine ovale Karte in anderer Farbe als die Überschrift und hängt sie schräg daneben. So verfährt sie auch mit den anderen Gruppen. Zum Thema »Lehrer und Unterrichtsmethoden« meldet sich nur ein Teilnehmer; er entscheidet sich, bei der Gruppe »Schulnoten« mitzumachen.

Für die Gruppenarbeit erhalten die Teilnehmer wieder Karten. Die Leiterin instruiert: »Da Sie alle hier im Raum bleiben, können Sie an der Pinwand sehen, welche Karten zu Ihrem Thema gepunktet wurden. Beginnen Sie mit diesen Karten, und halten Sie fest, welche Erfahrungen Sie mit Strategien zu diesen Problemen gemacht haben. Ich gebe Ihnen dazu wieder Karten aus. Halten Sie auf den grünen Karten erfolgreiche Strategien fest, auf den roten Karten schlechte Strategien. Sie haben Zeit bis 20.35 Uhr. Ich habe die Rückseite unserer Pinwand so vorbereitet, daß Sie Ihre Ergebniskarten dort anbringen können.«

Während die Gruppen arbeiten, befestigt die Kursleiterin auf der Pinwandrückseite (ihr steht nur eine Pinwand zur Verfügung) die Überschriftenwolke »Was hilft uns weiter?«. Darunter bringt sie nebeneinander die Überschriftenkarten (oval) zu den drei Themen an, die bearbeitet werden. Unter jede Überschriftenkarte pinnt sie eine runde, grüne Karte mit einem »+« und eine runde, rote Karte mit einem »−« und markiert so die Spalten für die roten und grünen Karten der Arbeitsgruppen. Nach Ablauf der Zeit für die Gruppenarbeit dreht sie die Pinwand um. Die Teilnehmer pinnen nun ihre Karten unter die Überschriften. Jetzt beginnt die Auswertung.

Mit der Pinwand arbeiten: Kartenspiel und Nadelkissen

Die Pinwand ist eine bewegliche Wand, entweder auf einem tragbaren, ausziehbaren Gestell oder als Schiebetafel an einer Multifunktionswand. Das Material ist eigens dafür geschaffen, daß sich Karten aus Karton mit Nadeln oder Pinstiften (breiterer Kopf) anheften lassen. Meist bespannt man die Pinwand zuvor mit Packpapier; dann läßt sich zusätzlich mit Filzschreibern arbeiten, ohne die Pinwand zu verunzieren. Man kann z.B. Verbindungslinien, Pfeile usw. zwischen

Auf einer Pinwand lassen sich Überschriftenwolken und Karten mit unterschiedlichen Formen und Farben, aber auch Objekte anpinnen

Karten einzeichnen, Karten einrahmen oder abhaken, Logos oder Skizzen hinzufügen.

Mit Pinwand und Karten läßt sich vielerlei anfangen. Im Beispiel wurde die Methode der Kartenabfrage geschildert. Dabei wurde auch das »Punkten« eingesetzt.

In der Fachliteratur finden Sie ausführliche Beschreibungen dieses Vorgehens und ähnlicher Verfahren unter den Stichworten *Moderationsmethode,* Kurzmoderation und moderierte Besprechung. Diese Methode stammt nicht aus dem

»Pinwand, Flipchart und Tafel«
von T. Langner-Geißler
und U. Lipp

Bildungsbereich, sondern wurde während des zweiten Weltkrieges in der amerikanischen Navy entwickelt und hat sich dann zuerst in japanischen Firmen als Standardmethode für sogenannte Qualitätszirkel ausgebreitet. Diese Zirkel sind regelmäßig tagende Teams von Mitarbeitern, die über Verbesserungen von Produkten und Produktionsmethoden nachdenken. Für die Erwachsenenbildung wurde das Verfahren viel später entdeckt und bei uns zuerst unter dem Namen »Metaplan-Methode« eingeführt. Heute gehört es zu den Standardmethoden. Eine Trainerin oder ein Trainer ohne Moderatorenkoffer ist wie ein Klempner ohne Handwerkskasten. Der Moderatorenkoffer enthält vor allem Karten in diversen Formaten und Farben, Überschriftenkartons (meist in Wolkenform), Nadeln und Nadelkissen, Filzschreiber für Flipcharts in unterschiedlichen Farben und Strichbreiten, Schere, Klebestreifen und manches andere nützliche Utensil. Man kann sich den Moderatorenkoffer, z.B. bei der Firma Neuland, kaufen. Die billigere, aber mühsamere Alternative: einen Alukoffer mit Schaumstoff und Holzrahmen auskleiden und nach eigenen Wünschen bestücken.

Wie man eine Kartenabfrage organisiert

Hier noch einmal die wichtigsten Schritte der *Kartenabfrage* als Kernstück der Moderationsmethode im Überblick:

- Überschrift anheften. Sie sollte kurz und anregend formuliert sein.
- Karten und Schreiber ausgeben. Eventuell Farben mit bestimmten Funktionen belegen (siehe Beispiel).
- Karten beschriften. Pro Karte nur ein Gedanke oder Beitrag. Leserlich schreiben. Dazu am besten eine »Musterkarte« zeigen.
- Karten einsammeln und mischen, damit nicht alle Karten eines Teilnehmers hintereinanderliegen.
- Karte vorlesen und der Gruppe zeigen.
- Karte zuordnen: Gruppe entscheidet durch Zuruf, wo die Karte hinkommt. Regel: Bei Uneinigkeit entscheidet, wer die Karte geschrieben hat.
- Karte anpinnen. Jede Karte wird aufgehängt. Gleiche Karten werden untereinander angepinnt. Erst wenn der Platz nicht mehr reicht, können gleichlautende Karten mit einer Nadel übereinandergehängt werden.
- Gruppierungen überprüfen. Wenn alle Karten angepinnt sind, schaut man sich das Ganze an und kann umgruppieren. Auf Wunsch kann auch noch die eine oder andere Karte neu hinzugefügt werden.
- Gruppen betiteln. Jede Kartengruppe (Fachausdruck: »Cluster«) erhält eine Überschrift auf einer besonderen Karte (andere Farbe, größeres Format, andere Kartenform usw.).

- Gewichten. Durch Klebepunkte können die Teilnehmer deutlich machen, welche Karten (oder Kartengruppen) sie vordringlich bearbeiten wollen.
- Die weitere Arbeit organisieren. Die Teilnehmer bilden Arbeitsgruppen, die wieder mit der Pinwand arbeiten.

Andere Varianten und ausführlichere Beschreibungen finden Sie in der Fachliteratur zur Moderationsmethode.

Pinwand und Karten eignen sich nicht nur für Kartenabfragen oder ausführlichere Moderationen. Man kann sie auch wie folgt in Kursen und Seminaren verwenden.

»Neuland – Moderation« von M. Neuland

Als Vortragsbegleitung

Man steht während des Vortrags neben der Pinwand, hält die beschrifteten Karten mit Stichwörtern oder Skizzen in der Hand und heftet an der jeweiligen Vortragsstelle die passende Karte an. Pinwand und Karten ersetzen hier also Flipchart oder Tafelanschrift. Der besondere Vorteil gegenüber diesen anderen Medien: Man kann die Karten jederzeit umhängen. Ein weiterer Vorteil: Man kann die Karten beim nächsten Vortrag wieder verwenden.

Beispiel: Ich benutze eine Pinwand gerne als Orientierungstafel für ein mehrtägiges Seminar. Eine Voraussetzung dafür ist, daß es noch mehrere Pinwände gibt. Die einzelnen Abschnitte des Seminars sind als »Inseln« dargestellt (ausgeschnittener Karton mit Palmeninselumriß und einer Themenkarte). Dazu gibt es ein Schiff (ausgeschnittener Karton in Schiffsform), das im Laufe des Seminars nacheinander an diese Inseln anlegt. Bei der Vorstellung der Seminarthemen hefte ich die entsprechenden Karten nach und nach an die Inseln. Immer wenn später ein neuer Block beginnt, wird das Schiff an die entsprechende Insel gepinnt. Sollte ein neues Thema hinzukommen, wird eine neue »Insel« ausgeschnitten und angeheftet. An eine Insel kann auch eine Erinnerungskarte gehängt werden, wenn z.B. eine Frage unbeantwortet bleibt und später diskutiert werden soll.

Das Seminar als Kreuzfahrt

Als Problemlösung und Wissenstest

Es kann eine gute Aufgabe sein, wenn die Teilnehmer vorgegebene Elemente in die richtige Abfolge bringen oder in eine bestimmte Struktur ordnen sollen. Ein

Beispiel aus der technischen Bildung: Aus vorgegebenen Kartenelementen sollen Auszubildende an der Pinwand eine bestimmte Schaltung zusammenbauen. Die Lösungen für solche Aufgaben sind für die Trainerin oder den Trainer sehr aufschlußreich, weil sich der Denkprozeß der Teilnehmer mitverfolgen läßt.

Als Stimmungsbild

Wenn es im Seminar darum geht, Stimmungen, Emotionen und Meinungen »öffentlich« zu machen und festzuhalten, eignet sich eine verkürzte Kartenabfrage. Beispiel: In einem Selbstsicherheitskurs für Mitarbeiterinnen gibt die Kursleiterin auf einer Überschriftenwolke an der Pinwand den Impuls: »So würde ich gerne sein.« Die Teilnehmerinnen notieren auf maximal zwei Karten je eine Eigenschaft, die sie besonders gerne hätten, um sich an ihrem Arbeitsplatz besser zu fühlen. Die Karten werden von den Teilnehmerinnen selbst und in zufälliger Anordnung angepinnt. Sie werden danach nicht gruppiert, sondern als Patchwork betrachtet. Das Gespräch darüber könnte z.B. durch den Impuls eingeleitet werden: »Fällt Ihnen etwas auf?«

Den meisten Menschen fällt es leichter, persönliche Inhalte auf einer Karte zu notieren, als sie in einer Gesprächsrunde mündlich vorzutragen.

Als Speicher und Wandzeitung

Eine Pinwand eignet sich gut als Speicher für Ideen, die im Laufe des Seminars auf die Warteliste kommen, für Teilnehmerwünsche zur Seminar- oder Freizeitgestaltung, für offene Fragen, zu denen noch Informationen eingeholt werden müssen. Die Pinwand kann aber auch als Wandzeitung und schwarzes Brett eingesetzt werden. Neben den üblichen Karten können auch Dokumente (Zeitungsausschnitte, Kopien), Adressen, Hinweise auf Fachliteratur oder auf den Abendtreff angepinnt werden.

Für die Rubrik »Speicher« kann man ein originelles Pinwandelement aus Karton vorbereiten und im Moderatorenkoffer verwahren (siehe unten Tip »Pinwandelemente vorbereiten«).

Bei all diesen methodischen Varianten zeigen sich die Vorzüge von Karten und Pinwand:

- Jeder Beitrag wird öffentlich dokumentiert. Kein Beitrag geht verloren.
- Jeder Beitrag hat formal das gleiche Gewicht. (In der mündlichen Kommunikation wird die Wahrnehmung eines Beitrags von Rhetorik, Autorität, persönlicher Ausstrahlung und anderen Faktoren beeinflußt.)
- Karten sind flexibel handhabbar. Sie lassen sich leicht umhängen, gruppieren, ergänzen, austauschen, abhängen und mitnehmen.
- Die Arbeit mit Karten ist enorm zeitsparend, im Unterschied zur mündlichen Kommunikation, wo immer nur eine Person reden kann. Sie verläuft angenehm leise.
- Das Beschriften von Karten macht es unsicheren und weniger redegewandten Teilnehmern leichter, ihre Ideen mitzuteilen.
- Mit der gezielten Auswahl von Kartenfarbe, Kartenformat und Kartengestalt (z.B. viereckig, rund, oval, rautenförmig) lassen sich Informationen »markieren«.

Pinwandkarten sind eine geniale Erfindung

Die Kartenmethode ist eine ebenso einfache wie geniale Erfindung.

Besondere Tips: Zack-Zack!

Pinnen üben

Wer zum ersten Mal Karten anpinnt, kann unerwarteten Tücken begegnen: Die Pinwand wackelt bedrohlich, die Nadel will nicht halten, die Karten hängen schief. Deshalb lohnt sich eine Generalprobe, um mit dem Handwerklichen vertraut zu werden. Das Umfallen läßt sich bei anfälligen Pinwandmodellen verhindern, wenn man den Fuß auf eines der Bodengestelle stellt. Pinwandprofis erkennt man daran, daß sie die Nadeln mit einem hörbaren »Zack!« kräftig und rasch durch die Karte stoßen. Nur Anfänger versuchen es mit einer bohrenden oder langsam drückenden Bewegung. Manche Pinwände sind recht hart, manche weich; man muß es ausprobieren. Daß Karten schief hängen, liegt vor allem daran, daß die Nadel die Karte nicht eng genug an die Tafelfläche preßt. Wenn das »Zack!« stimmt, hängt die Karte gerade, auch wenn man nicht die Mitte des oberen Randes erwischt hat.

Der Profi fischt auch nicht für jede Karte eine neue Nadel aus einer Plastikdose, sondern klemmt sich ein Schneidernadelkissen an die Manschette (Bestandteil des Moderatorenkoffers) und hat so beide Hände frei.

Bei Kartenabfragen nicht lange über das Ordnen diskutieren

Dieser Tip gilt speziell für die Moderationsmethode. Anfängermoderatoren machen häufig den Fehler, daß sie die Teilnehmer lange diskutieren lassen, ob eine neue Karte nun eher zur einen oder anderen Kartengruppe auf der Pinwand gehört oder gar ein neues »Cluster« (Kartengruppe) eröffnet. Bei großen Kartenstapeln dauert es dann ermüdend lange, bis alle Karten endlich auf der Pinwand untergebracht sind. Bis man zum eigentlichen Arbeiten kommt, ist die Lust vergangen. Dabei läßt sich diese Misere durch eine einfache Regel vermeiden. Sobald zur Frage der Zuordnung einer Karte mehr als ein Vorschlag genannt wird, unterbindet der Moderator oder die Moderatorin jegliche Diskussion mit dem Hinweis: »Wer die Karte geschrieben hat, entscheidet.« Das durchbricht zwar die Anonymität, aber die gehört meiner Ansicht nach ohnehin nicht in die Seminarsituation.

Die »Verfasserregel« vermeidet unnötige Diskussionen

Um die Größe der Kartenstapel übersichtlich zu halten, begrenze ich bei größeren Teilnehmergruppen die Zahl der Karten pro Person.

Pinwandelemente für den eigenen Bedarf herstellen

Wer die Pinwand nicht nur für Kartenabfragen, sondern auch vortragsbegleitend einsetzt (siehe oben), sollte überlegen, ob sich nicht selbsterstellte Pinwandelemente – aus farbigem Karton ausgeschnitten – lohnen. Auch Überschriftenkarten kann man individuell gestalten, z.B. wenn einen die lieben, rotgerandeten Überschriftenwolken aus dem Moderatorenkoffer zu sehr an Kindergeburtstag erinnern. Brauchen kann man z.B. immer wieder ein Pinwandelement »Speicher«.

Konkrete Objekte anpinnen

»Pin-Art«   Dies ist recht originell und macht den Teilnehmern Spaß. Dazu fünf Beispiele:

- In einer Vortragsgliederung mit Pinwandkarten wird der »rote Faden« durch einen roten Wollfaden dargestellt, der zwischen die entsprechenden Karten gespannt wird. Man kann ihn auch in der Zusammenfassung, z.B. einer komplexen Kartenkonstellation, nachträglich anbringen.
- Als Themenspeicher pinnt man einen realen – aus Papier zusammengekleb-

ten – Behälter mit der Aufschrift »Speicher« an, in den man anfallende Karten im Laufe des Seminars zur späteren Bearbeitung ablegt.

- In einem Verhandlungstraining werden Karten mit kooperationsfördernden und kooperationsfeindlichen Formulierungen gesammelt und angepinnt. Statt Überschriftenkarten hängt man über die eine Kartenspalte eine Schokoladentafel, über die andere eine saure Gurke.
- Zur Verdeutlichung der Dynamik einer sozialen Situation kann man mit Pinwandelementen eine Waage nachahmen (ausschneiden) und im Laufe der Erklärung die Waagschalen mit Karten »füllen« und nach unten oder oben bewegen. Ähnlich: Pendel mit Faden, das nach links oder rechts bewegt wird.
- Man ersetzt Pinwandkarten durch Originale, z.B. »Uhrzeit« durch eine reale Armbanduhr, »Pause« durch eine Zigarettenpackung, »Geld« durch einen Geldschein, »Vertrag« durch ein Vertragsdokument.

Auch mit der Anordnung von Karten auf der Pinwand kann man quasirealistische Effekte erzielen. Im letzten Beispiel kann man z.B. die Karten mit kooperationsfeindlichen Argumenten wie eine Mauer zwischen zwei Köpfen (runde Karten mit »Gesicht«) anordnen.

Achtung: Nicht übertreiben, sonst nutzt sich der Effekt ab! Wegen der starken Aufmerksamkeitswirkung sollten auch nur solche Karten durch reale Objekte ersetzt werden, die diese Aufmerksamkeit verdienen. (Siehe auch Kapitel 4.1, »Symbole«)

Pinwandkopierer

Flipchartbogen kann man abreißen und mit nach Hause nehmen, wenn man sie aufbewahren möchte; für den Transport gibt es im Fachhandel sogar spezielle Behälter. Anders ist es bei einer Kartenkonstellation auf der Pinwand, erst recht, wenn sie noch mit Filzschreiber ergänzt wurde (Packpapierversion, siehe oben). Dieses Arbeitsprodukt läßt sich nicht aufbewahren, indem man einfach die Karten abhängt. Hier hilft ein spezielles Gerät, das die Pinwand abbildet und auf einer Faxrolle ausdruckt. Von der Faxvorlage kann man auf einem normalen Kopiergerät Vervielfältigungen auf Normalpapier ziehen und an die Teilnehmer verteilen. Mit dem Gerät lassen sich in gleicher Weise auch Flipchartbogen oder Tafelanschriften für die Nachwelt festhalten.

3.3 Tonkassetten

Ein Beispiel

Herr H. ist Gruppenleiter in einer Elektronikfirma. Er hat sich zu einem innerbetrieblichen Seminar »Führen durch Kommunikation« angemeldet. Vier Wochen vor Seminarbeginn erhält er eine Tonkassette mit einem Begleitschreiben der Seminarleiterin zugesandt. Darin wird Herr H. gebeten, die Kassette zur Seminarvorbereitung anzuhören und das Begleitheft durchzuarbeiten. Letzteres ist im Kleinformat gedruckt und befindet sich in der Kassettenhülle. Herr H. hört sich die 30-Minuten-Kassette auf einer Autofahrt an. Sie enthält Gesprächsszenen aus dem Führungsalltag, die von einem Sprecher analysiert werden. Ziel der Kassette ist es, wichtige Grundbegriffe der Kommunikation einzuführen und zu erklären. Das Begleitheft ist als Glossar aufgebaut und enthält eine Auflistung der Begriffe mit ihren Erklärungen. Die letzten beiden Seiten bildet ein Wissenstest, mit dem Herr H. überprüft, ob er alles verstanden hat.

Mit Tonkassetten arbeiten: Kopfkino

Warum so selten Tonkassetten in Kursen und Seminaren?

Es ist erstaunlich, wie wenig das Medium Tonkassette in der Erwachsenenbildung eingesetzt wird, denn

● Tonaufnahmen sind mit relativ geringem Aufwand zu produzieren;
● die Technik ist nahezu überall verfügbar und leicht zu bedienen (Walkman, Kassettenteil im Autoradio usw.);
● die Ausdrucks- und Gestaltungsmöglichkeiten sind überaus vielfältig (Sprache, Musik, Originalgeräusche, Spezialeffekte).

Hinzu kommen psychologische Vorteile der Rezeption von auditiven gegenüber audiovisuellen Angeboten. Bei Video ist das Reizangebot größer; das macht Video für viele Rezipienten attraktiver. Aber die größere Informationsmenge erhöht die Gefahr, daß die Lernenden vom Wesentlichen abgelenkt werden (siehe dazu Kapitel 3.5, »Video«). Bei Schülern hat man festgestellt, daß sie bei Radiosendungen mehr eigene Schlußfolgerungen ziehen als bei Fernsehsendungen. Das ausschließlich auditive Angebot läßt Raum für individuelle »innere Bilder«. Das visuelle Zusatzangebot mit den meist raschen Schnittfolgen, Zooms und Schwenks entfällt und erlaubt Konzentration auf das Auditive.

Didaktisch sind Audiokonserven von Ad-hoc-Audios zu unterscheiden, die Teilnehmer im Kurs oder Seminar herstellen.

Audiokonserven

Sie können Selbstlernfunktion oder Dokumentationsfunktion erfüllen. Das Beispiel hat geschildert, wie eine Audiokonserve als Selbstlernmaterial zur Vorbereitung auf ein Seminar verwendet wird. Zusammen mit dem auf die Kassette abgestimmten Begleitheft bildet sie einen kleinen Medienverbund. Gedrucktes Begleitmaterial ist prinzipiell zu befürworten, weil das auditive Lernangebot der Tonkassette – wie ein Vortrag oder ein Video – »flüchtig« ist. Die Ergänzung durch einen Text ermöglicht es, in Ruhe nachzulesen oder bei Bedarf gezielt nachzuschlagen. Selbstlernaudios können im traditionellen Vorlesungsstil gehalten sein oder die Möglichkeiten des Mediums voll ausnutzen, z.B. durch spannende Szenen und Ereignisse wie in einem guten Hörspiel, durch Musik zur Untermalung des Geschehens. Man kennt dies von modernen Selbstlernkassetten für den Fremdprachenunterricht.

Lesen ergänzt das Hören

Die Musik spielt eine besondere Rolle in solchen Kassetten, die didaktisch nach Prinzipien der Suggestopädie aufgebaut sind und meist unter dem reißerischen und hochstaplerischen Begriff »Superlearning« vermarktet werden. Hier dient Musik zur Entspannung (Werbung: »Die beruhigende Musik schwingt das Großhirn in einen Alpharhythmus ein«). Teils geben die Musikstücke aber auch Rhythmen vor, in denen die Lernenden die neue Sprache artikulieren.

Dokumentarische Audiokonserven werden viel zu selten verwendet. Gemeint sind Hörbilder aus der Alltagswirklichkeit, Interviews, Mitschnitte von Dialogen am Arbeitsplatz, Reportagen. Solche Tondokumente sind ein ideales Material für die Lernarbeit. Wer auf Teilnehmerorientierung und Erfahrungsorientierung Wert legt, sollte die Teilnehmer anregen, solche Dokumente aus ihrer Praxis mitzubringen (siehe unten, »Tips«). Mit jedem Kassettenrecorder läßt sich das leicht bewerkstelligen.

Ad-hoc-Audios

Sie werden im Hier und Jetzt des Kurses oder Seminars hergestellt. Auch diese Möglichkeit wird in der Praxis kaum genutzt. Statt dessen werden Ad-hoc-Materialien mit der schwerfälligeren und aufwendigeren Videotechnik (einschließlich Monitor) produziert. Dabei ist eine Audioaufzeichnung dem Video durchaus überlegen, wenn es sich um Lernbereiche wie Rhetorik, Verhandeln, Telefonieren usw. handelt. Wie sehr die visuelle Information hierbei ablenkt, kann man leicht ausprobieren, wenn man eine Videoaufzeichnung ein zweites Mal mit verdunkeltem Bild anhört. Man wird dann auch ein Ohr für paraverbale Signale bekommen, die üblicherweise vom visuellen Eindruck überdeckt werden: Stimmveränderungen, Pausen, Wechsel im Sprechtempo. Wenn die Analyse von Körpersprache im Vordergrund steht, ist man natürlich auf die Bilder angewiesen. Dazu schaltet man bei der Videoanalyse den Ton ab. Ad-hoc-Audios können produziert werden als Trainings-Rollenspiele (siehe Kapitel 2.5, »Rollenspiel«), als Nachspielen einer kritischen Seminarsituation und Erproben von Alternativen, als Mitschnitt einer Gruppendiskussion, als Beispielszenen zur Verdeutlichung eines Themas.

Mikrofon statt Kamera

Besondere Tips: Man höre und staune!

Die Teilnehmer bringen Kassetten mit

Für Kurse und Seminare, in denen das Thema »Kommunikation« bearbeitet wird, ist es eine Bereicherung, wenn die Teilnehmer typische Szenen auf Tonkassette aufnehmen und als Material mitbringen. Im Einladungsschreiben sollte allerdings möglichst präzise beschrieben werden, welche Dokumente hilfreich wären, worin ihr Nutzen bestehen könnte und wie im Seminar damit gearbeitet werden soll.

Beispiele: Für einen Kurs »Erziehungsprobleme« läßt eine Mutter das Tonbandgerät mitlaufen, wenn sie sich mit ihrem Sohn mit den Hausaufgaben plagt. Für einen Kurs »Partnerschaft« zeichnet ein Ehepaar einen Dialog über ein ihre Beziehung belastendes Thema auf. Für eine Veranstaltung im Rahmen der Lehrerfortbildung schneidet eine Lehrerin ein Lehrgespräch in der Klasse mit.

Eine eigene Audiothek anlegen

Für Kommunikationsseminare sind im Rundfunk gesendete Tondokumente oft ein gutes Veranschaulichungsmaterial. Beispiel: Ein Rhetoriktrainer zeichnet Bundestagsdebatten, Vorträge und Diskussionsrunden auf und schneidet sich daraus ein Demonstrationsband zusammen. Mit diesem Material können die Teilnehmer z.B. folgende Aufgaben bearbeiten: Welche Stimme wirkt sympathisch/unsympathisch und warum? Welche Argumente wirken überzeugend/nicht überzeugend und warum? Welche kommunikativen Strategien wenden die Redner und Rednerinnen an, und zu welchen Gegenstrategien greifen die Opponenten?

Manche Trainerinnen und Trainer stellen sich auch Musikkassetten für ihre Seminare zusammen: als Pausenbegleitung, zur Einstimmung auf einen neuen Abschnitt, als Entspannungsmusik zwischendurch oder als Wachmacher. Damit man immer die richtige Musik zur Hand hat, sollte jede Kassette nur Musikstücke einer Stimmungsvariante enthalten.

Der Trainer als Discjockey

169

3.5 Video

Ein Beispiel

In einem Seminar für Immobilienspezialisten einer Hypothekenbank steht am zweiten Vormittag das Thema »Systematik eines Gesprächs zur Finanzierungsberatung« auf dem Programm. Nach einer kurzen Einleitung zeigt der Verkaufstrainer ein 20minütiges Video. Es enthält das Gespräch eines Finanzierungsberaters mit einem gut informierten und hart verhandelnden Kunden. Die Szene wird an vier Stellen als Standbild »eingefroren«. Diese Handlungspausen signalisieren jeweils das Ende einer Gesprächsphase. Jedesmal ist zum Standbild ein erläuternder Kommentar im Off zu hören, der die Systematik der eben abgeschlossenen Gesprächsphase erklärt. Die wichtigsten Schlüsselbegriffe werden über das Standbild als Insert eingeblendet. Danach wird das Gespräch wieder als szenische Darstellung fortgeführt.

Nach dem Video veranlaßt der Trainer, daß Kleingruppen die wichtigsten Merkmale je einer Gesprächsphase zusammentragen und außerdem diskutieren, welche Probleme in der jeweiligen Phase im Video beobachtet wurden. Die Gruppen sollen ihre Ergebnisse auf Flipchartbogen festhalten.

Mit Video arbeiten: Pantoffelkino?

Video ist in verhaltensorientierten Seminaren das Standardmedium. Die schweren und teuren Videokameras wurden durch die wesentlich komfortableren und leistungsfähigen Camcorder abgelöst. Mit ihnen läßt sich sogar der Videorecorder als Abspielgerät einsparen. Viele Teilnehmer kennen die Camcorder aus ihrem Privatbereich und können gut damit umgehen.

Aus dem Privatbereich kennen auch alle den Fernseher. Das ist zugleich der Nachteil von Video im Bildungbereich, denn automatisch weckt das Einschalten des Fernsehers Unterhaltungserwartungen. Diese Koppelung ist so stabil erlernt, daß es wenig nutzt, sie mit Instruktionen (»Sie sehen jetzt ein Lehrvideo, keinen Actionfilm!«) oder mit Beobachtungsaufgaben aufbrechen zu wollen. Die richtige Konsequenz ist, das Faktum hinzunehmen und nach Möglichkeiten zu suchen, trotzdem mit Video Lernarbeit zu leisten.

Videokonserven

Viele Videokonserven für den – in der Regel innerbetrieblichen – Bildungsbereich sind leider stark an Unterhaltungsangeboten ausgerichtet. Ein Grund dafür ist, daß die auftraggebenden Firmen auch an Lernvideos Maßstäbe anlegen, die im Umgang mit dem Fernsehen als Unterhaltungsmedium gelten. Zudem kommt das auch den Herstellern entgegen, die gerne zeigen möchten, wie gut sie ihr Handwerk als Regisseur, Kameramann usw. beherrschen. Also wird mit professionellen Schauspielern gearbeitet, mit dramaturgisch spannenden Drehbüchern, mit perfekten Kamera- und Montagetechniken, mit Spezialeffekten, mit emotionalisierender Musikuntermalung. Wenn diese Kriterien erfüllt sind, haben die Auftraggeber das Gefühl, die Investitionen hätten sich gelohnt und die Firma habe nebenbei noch etwas für ihre »Corporate identity« getan. Entstanden sind tatsächlich kurzweilige Videos. Durch ihre Machart kopieren sie aber das Unterhaltungsangebot des Fernsehens und lösen damit fatalerweise die falschen Rezeptionsmuster aus: erleben statt denken, Handlung verfolgen statt Strukturen wahrnehmen, Abwechslung genießen statt Wesentliches festhalten.

»Edutainment« auch im Seminar?

Es gibt Versuche, statt dessen streng didaktisierte Videos zu produzieren. (Ein Beispiel ist Bernward Wembers Film »Chemie oder arbeitslos«, der im Auftrag des ZDF als Prototyp eines puristischen, lernpsychologisch mustergültig konstruierten Lehrvideos entwickelt wurde.) Wie sich zeigt, können sich diese Videos aber nicht gegen die Unterhaltungsautomatik auf seiten der Teilnehmer behaupten; sie werden überwiegend als langweilig abgelehnt und entsprechend lustlos rezipiert.

Gibt es Wege aus diesem Dilemma? Ich kann aus theoretischen wie praktischen Gründen nur eines vorschlagen: Man beschränke den Einsatz von Videokonserven in Kursen und Seminaren auf kurze, monothematische *Eingreifvideos* von maximal zehn Minuten Spieldauer. Zwei Typen von Eingreifvideos, die sich in Zielsetzung und Machart unterscheiden, erscheinen mir sinnvoll:

Die Lösung: kurze Eingreifvideos

- Dokumentarvideos, die Szenen und Ereignisse aus der Alltagswelt dokumentarisch oder quasidokumentarisch (nachgestellt) zeigen.
- Erklärvideos, die schwierige Sachverhalte mit Hilfe von Trickdarstellungen oder Spezialeffekten verständlich machen.

Im ersten Fall sollte die Machart des Videos das Dokumentarische soweit wie möglich betonen; alles, was die Teilnehmer an Schauspiel und Spielfilm erinnert, wäre von Nachteil.

Erklärvideos sollten sich konsequent auf die visuelle Veranschaulichung eines klar eingegrenzten Sachverhalts beschränken. Informationen zu anderen Sachverhalten, Wechsel der Darstellungsmethode (z.B. Zwischenschnitte auf einen Moderator im Studio), die man aus Schulfernsehen und Wissenschaftsmagazinen kennt, gehören nicht in das Eingreifvideo. Exzellente Beispiele für Erklärvideos dieser Art kenne ich aus der Pharmaindustrie (z.B. zur Wirkung eines Medikaments im Körper) und aus der technischen Industrie (z.B. zum Aufbau und zur Funktion von Chips).

Eingreifvideos lassen sich – anders als die üblichen Lehrvideos – leicht als Material in den Kurs- oder Seminarverlauf integrieren. Da sie inhaltlich und formal eindeutig und überschaubar sind, läßt sich gut mit ihnen arbeiten.

Bei längeren Videos gibt es meist einen Bruch beim Einstieg und dann wieder beim Übergang in die Arbeitsphase nach dem Ausschalten; dies ist bei Eingreifvideos weniger ausgeprägt. Überflüssig sind auch Unterbrechungen, mit denen Trainer bei längeren Videos versuchen, die Informationsfülle in Portionen aufzuteilen (siehe unten, »Tips«). Ein weiterer Vorzug von kurzen Eingreifvideos: Man kann sie – wenn die Teilnehmer dies wünschen – auch ein zweites Mal ansehen, ohne daß dies zuviel Zeit in Anspruch nimmt und die Teilnehmerinnen und Teilnehmer langweilt.

Ad-hoc-Videos

Beispiele sind die Aufzeichnung von Rollenspielen im Kommunikationstraining oder von Bewegungsabläufen im Sport (Ski, Tennis, Golf). Erinnert sei auch an kleine thematische Videos, die von den Teilnehmern selbst produziert werden. Die folgende Abbildung zeigt, wie man die Kamera am besten bei einem Rollenspiel postiert, damit die Technik die Akteure nicht ablenkt.

172

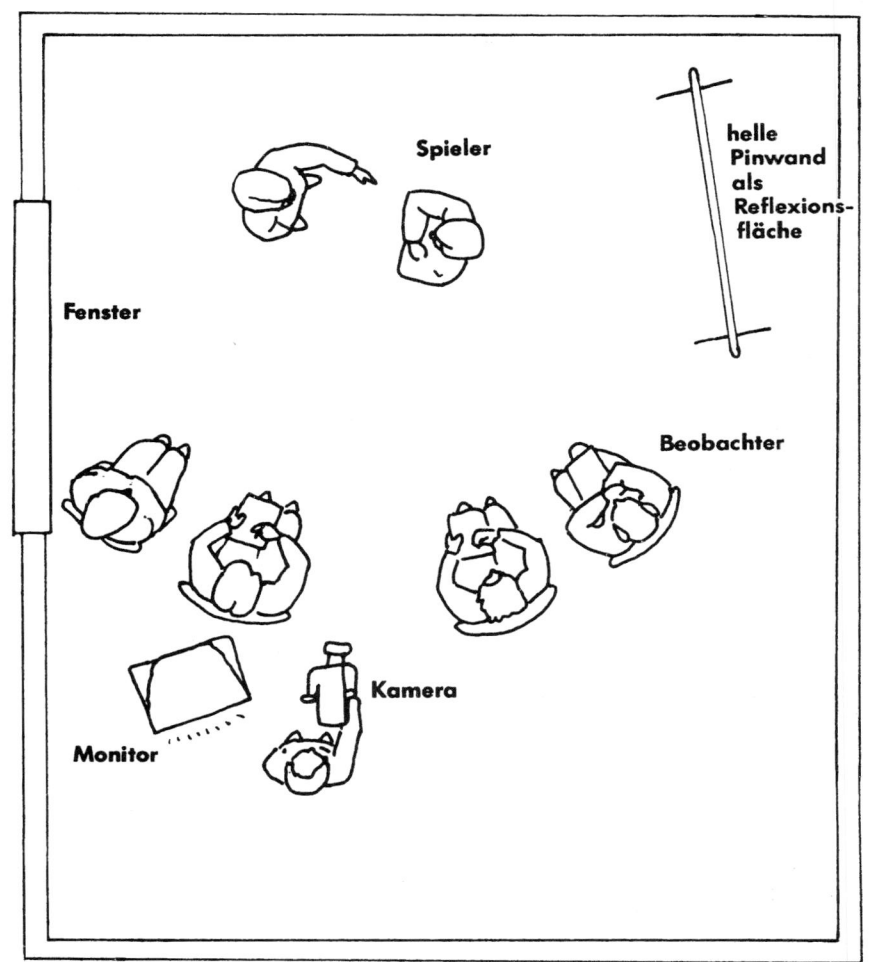

Spieler

helle
Pinwand
als
Reflexions-
fläche

Fenster

Beobachter

Kamera

Monitor

*Hier stört die
Kamera kaum,
wenn man ein
Rollenspiel
aufzeichnet*

Mit der Computertechnologie können Videoangebote interaktiv genutzt werden. Interaktiv heißt, daß der oder die Lernende durch Steuerung über die Computer-Tastatur ein Video oder bestimmte Passagen eines Videos aufruft, stoppen, vor- und zurückspielen kann. In Multimediaanwendungen ist das Video heute nicht mehr wie in den Anfangszeiten auf einem angekoppelten Videorecorder mit Videoband gespeichert, sondern auf CD-ROM, Bildplatte oder sogar auf der Festplatte des Computers, so daß die Zugriffszeiten sehr kurz sind (siehe Kapitel 3.6, »Computer und Multimedia«).

Besondere Tips: Siehste!

Videokonserven kritisch auswählen

Manche Trainer setzen Videokonserven auch dann ein, wenn sie spüren, daß diese nur bedingt für ihr Seminar geeignet sind. Sie meinen, damit ihr Seminarangebot interessanter zu machen und bei den Teilnehmern besser anzukommen. Die Erfahrung zeigt, daß man sich einen Bärendienst erweist. Oft findet man sich nämlich danach in der unangenehmen Rolle, richtigzustellen (»Da ist der Film nicht ganz auf dem neuesten Stand«), abzublocken (»Für uns hier ist der Filmabschnitt, den Sie jetzt ansprechen, nicht relevant«) oder abzuwiegeln (»Bei Ihnen im Betrieb mag das ja anders sein, aber aus dem Film läßt sich ja doch einiges lernen«). Man wollte den Teilnehmern einen Gefallen tun und sieht sich plötzlich in der Defensive. In Wirklichkeit hat man niemandem einen Gefallen getan, sondern unprofessionell gearbeitet.

Eine kritische Auswahl setzt voraus, daß man kein Video einsetzt, das man nicht mindestens zweimal angesehen und dabei Notizen gemacht hat.

Die Zuseher nicht zum falschen Zeitpunkt »aktivieren«

Viele Trainerinnen und Trainer versuchen, die passive Gemütlichkeit der Teilnehmer beim Fernsehen durch methodische Tricks zu unterbrechen. Sie stoppen z.B. das Video und fragen die erstaunten Teilnehmer: »Raten Sie mal: Wie geht es wohl weiter?« oder »Was würden Sie jetzt tun, wenn Sie in der Situation wären?« Die Absichten für diese Aktivierungsversuche sind durchaus ehrenwert: Die Teilnehmer sollen mitdenken, sich mit der Situation und einer bestimmten Rolle identifizieren, kreativ Alternativen entwickeln.

Zwischenstops stören nur

Ich verzichte auf diese Aktivierungsstrategie, lasse die Teilnehmer das Video ungestört ansehen und rege sie erst dann an, mit diesem Material systematisch zu arbeiten. Die Unterbrechungen und Aktivierungsversuche haben nach meinen Erfahrungen entscheidende Nachteile: Die meistenTeilnehmer sind im Rezeptionsmodus und müssen abrupt auf einen Produktionsmodus »umschalten«; die erwünschte schöpferische Kreativität mag nicht so recht in Gang kommen, weil jeder weiß, daß im Video eine bestimmte Fortsetzung definitiv feststeht; die Teilnehmer begreifen, daß sie nicht in Ruhe zusehen können und warten schon nervös auf die nächste Unterbrechung.

Sinnvoller ist, Aktivierungsimpulse erst nach dem ungestörten Ansehen des Videos zu setzen: »Wie hätten Sie sich in der einen Videoszene verhalten?«, »Spielen wir die eine Szene aus dem Video doch einmal mit anderem Ausgang.« Dann sind die Teilnehmer in der richtigen Stimmung und kennen das Ausgangsmaterial.

3.6 Computer und Multimedia

Ein Beispiel

In einem mehrwöchigen Seminar für Außendienstmitarbeiter eines Versicherungskonzerns wird das Grundwissen zum Versicherungsrecht und zu den Versicherungsprodukten großenteils mit Hilfe von Computer-Lernprogrammen vermittelt. Der Seminarablauf ist wie folgt organisiert: Die Teilnehmer einer Lerngruppe arbeiten morgens zwei Stunden an Lernstationen mit einem Computerprogramm. Es folgen zwei Stunden Seminar mit Trainer und Fachreferent, in denen das erlernte Grundwissen durch Kurzreferate und Gruppenarbeiten vertieft wird. Der Nachmittag ist dem Anwenden dieses Wissens in praxisnahen Beratungs- und Verkaufssituationen gewidmet. Abends sind die Lernstationen für jedermann bis 23 Uhr zugänglich.

Die Lernprogramme bestehen aus Texten, Grafiken und gelegentlichen Animationen. Alle Computer bzw. Lernstationen sind mit Audiokarte, Lautsprecher, Farbmonitor und CD-ROM-Laufwerk ausgestattet. Die Rechner sind untereinander vernetzt. Ein gemeinsamer Drucker steht zur Verfügung. Die Nutzer öffnen mit einem persönlichen Paßwort die Programme und können unter diesem Paßwort auch eigene Notizen, Testergebnisse usw. abspeichern. Da die Rechner vernetzt sind, kann jeder auf seine Daten über jeden Rechner zugreifen. Wer bestimmte Bildschirmseiten für seine Unterlagen kopieren möchte, kann sie ausdrucken. Zusätzlich zu den Lernprogrammen gibt es auf der Festplatte jedes Rechners eine Datenbank mit Tarifinformationen, ein Fachlexikon, ein spezielles Berechnungsprogramm, einen Texteditor und ein einfaches Grafikprogramm, mit dem die Nutzer selbst Skizzen, Diagramme usw. erstellen können.

Zu jedem Programmabschnitt bietet das Lernprogramm einen Vortest und Schlußtest zur Wissensdiagnose und Wissensüberprüfung an. Die Teilnehmer können einen Abschnitt erst abhaken, wenn sie mindestens 90 Prozent der maximalen Punktzahl erreichen. Bei falschen Antworten präsentiert das Programm zusätzliche Erklärungen und verändert die entsprechenden Fragen im Wissenstest.

Mit Computer und Multimedia arbeiten: Ganz ohne Leiter geht die Chose nicht!

Das Beispiel zeigt, daß Lernen am Computer auch im Rahmen von Kursen und Seminaren stattfindet. Da dies in naher Zukunft – vor allem in der betrieblichen Aus- und Weiterbildung – der Normalfall sein wird, gehört Grundwissen über den Computer als Lerninstrument auch zum Grundwissen für Kursleiter und Trainer. Deshalb sollen in diesem Abschnitt zumindest einige zentrale Informationen angeboten werden. Der zweite Teil dieses Abschnittes gilt den Anforderungen an die Leiterinnen und Leiter, die mit der Einbindung des Computers in Kurse und Seminare erwachsen. (Zum Computer als Präsentationsmedium beim Lehrvortrag siehe Kapitel 2.4, »Folienvortrag«.)

*»Computer-Lernprogramme«
von F. Schanda*

Grundwissen zur Lernsoftware

Die Vielfalt der Programme – fortlaufend kommen neue Formen auf den Markt – läßt sich in keine Systematik zwingen. Gleichwohl haben sich einige Kategorien etabliert, die man als Trainer kennen sollte: Drill-and-practice-Programme, lineare und verzweigte tutorielle Programme, Hypertext-/Hypermedia-Anwendungen, Simulationen, Mikrowelten. Manche Programme sind Mischformen.

Drill-and-practice-Programme

Das sind »Paukprogramme«, mit denen z.B. im Fremdsprachenunterricht Vokabeln, Rechtschreibung usw. trainiert werden. Oft sind sie wie einfache Computerspiele gestaltet. Beispiel: Über den Bildschirm ziehen in einer einstellbaren Geschwindigkeit Vokabeln in der Fremdsprache. Sobald man ein Wort mit einem Schreibfehler entdeckt, muß man es rasch anklicken. Ein Signalton zeigt einen Treffer an. Dafür gibt es einen Punkt. Drill-and-practice-Programme gibt es vor allem für Schüler.

Tutorielle Programme

Diese Anwendungen dienen dem umfangreichen Wissenserwerb. Sie präsentieren einen Lernstoff portionsweise und verbinden diese Informationshappen mit

Lern- und Denkfragen, die von den Nutzern durch Eingaben beantwortet werden. Auf einer Bildschirmseite befindet sich typischerweise ein Informationsblock und ein Aufgaben- oder Frageteil. Auf jede Eingabe erfolgt eine Rückmeldung. Die Eingaben der Nutzer erfolgen je nach Technik mit der Maus, durch Schreiben auf der Tastatur oder durch Berühren des Bildschirms (Touchscreen). In naher Zukunft genügt vielleicht das gesprochene Wort.

Tutorielle Programme unterscheiden sich vor allem darin, wie vielseitig die Bildschirmseiten gestaltet sind und wie adaptiv das Programm auf die Eingaben der Nutzer reagiert. Vielfältig sind Bildschirmseiten, wenn außer Text und Grafik auch Ton (gesprochener Kommentar, Musik, Originalgeräusche) und bewegte Bilder (animierte Grafiken oder Video) präsentiert werden. Vielseitig sollten auch die Aufgabenformen sein. Die früher so beliebten Lückenfragen und Mehrfachwahlfragen sind den Möglichkeiten des Computers nicht angemessen.

Moderne Lernsoftware ist adaptiv

Ein Programm ist um so adaptiver, je folgenreicher die Eingaben der Nutzer für das nachfolgende Informationsangebot sind. Wenn alle Nutzer nach einer bestimmten Bildschirmseite – unabhängig davon, wie sie die dort gestellte Frage beantworten – automatisch die gleiche Bildschirmseite als nächste zu sehen bekommen, ist das Programm nicht adaptiv, sondern starr und linear. Adaptive Programme passen das Informationsangebot an die Eingaben der Nutzer an. Wenn z.B. ein Nutzer mit einer Antwort zu erkennen gibt, daß er einen Sachverhalt noch nicht verstanden hat, bietet ihm ein adaptives tutorielles Programm im Idealfall gezielt diese Information an. Bei adaptiven Programmen gibt es also verschiedene Lernpfade.

Hypertext-/Hypermedia-Anwendungen

Bei Hypermedia muß man »navigieren«

Bei diesen Angeboten gibt es keine vorgegebenen Lernpfade. Es sind keine tutoriellen Lernprogramme, sondern Datenbanken, die nach einer bestimmten Architektur strukturiert sind. Die Informationen sind in Analogie zu Kartenstapeln (das sind Themenbereiche) und einzelnen Karten (das sind einzelne Bildschirmseiten) angeordnet. Die Lernenden können nach Belieben innerhalb dieses Angebotes »navigieren« und zwischen den Stapeln und Karten hin- und herspringen. Von Hypertext spricht man, wenn die Bildschirmseiten nur Text enthalten. Bei Hypermedia werden zusätzlich stehende und bewegte Bilder, oft auch Ton angeboten. Typisch für Bildschirmseiten in Hypermedia-Anwendungen sind »aktive«

Elemente, die besonders gekennzeichnet sind. Klickt man z.B. ein fettgedrucktes Wort an, erhält man eine Glossareintragung zu diesem Wort. Klickt man ein »aktives« Element einer Grafik an, öffnet sich ein kleiner Bildschirmfenster und zeigt diesen Teil in Vergrößerung oder bietet Einblick in eine dahinterliegende Ebene. Die meisten Bildschirmseiten in Hypermedia-Anwendungen enthalten Hinweise für solche Erweiterungen und Querverbindungen zu anderen Seiten.

Beispiel: Eine Bildschirmseite aus einem Hypermediasystem »Gefäßerkrankungen« für Medizinstudenten zeigt eine farbige Darstellung des Herzens. Wenn man den Aortenbogen anklickt, öffnet sich ein Fenster und zeigt dieses Gefäß von innen. Klickt man ein Symbol für Audio an, ertönen Aortengeräusche, und ein gesprochener Kommentar erläutert den Unterschied zwischen dem Geräusch einer gesunden und einer verengten Aorta. Dabei wird im Bild die gesunde Aorta durch eine verengte Aorta ersetzt. Ein Klick auf das Symbol für »Therapie« in der Menüleiste öffnet eine Überblicksseite zu einem Stapel »Aortenoperation« mit einigen multimedialen Bildschirmseiten, einschließlich eines Videos.

Interaktive
Bildschirmseiten

Typisch für Hypermediasysteme ist, daß die Lernenden selbst neue Seiten hinzufügen, Kommentare und Notizen schreiben und Verbindungen zwischen »Karten« definieren können.

Wie die bisherigen Erfahrungen zeigen, eignen sich Hypertext-/Hypermedia-Anwendungen besonders für Adressaten, die zu einem Bereich bereits Vorwissen und Fragestellungen mitbringen. Außerdem scheint das Interesse am Thema hier besonders wichtig zu sein. Tutorielle Programme sind vorzuziehen, wenn Anfänger in einem für sie neuen Bereich Grundwissen erwerben sollen und wenn es sich um Nutzerinnen und Nutzer mit relativ wenig Lernerfahrungen handelt.

Simulationen und Mikrowelten

Diese Programme präsentieren Ausschnitte aus der Realität und simulieren Reaktionen dieser Realität auf Eingaben der Nutzer. Wenn es sich um eher einfache und kleine Ausschnitte handelt (z.B. ein Billardtisch mit Kugeln), spricht man von Mikrowelten. Wird ein komplexes System nachgebildet, spricht man von Simulationen (z.B. Flugsimulator). Der Reiz dieser Programme liegt darin, daß die Nutzer Erfahrungen sammeln können, die real mit hohem Risiko und hohen Kosten verbunden wären. Für den Wissenserwerb fruchtbar ist es, wenn man als

Lerner Folgen von Eingriffen in das System voraussagen und nach und nach die »Logik« des Systems herausfinden soll. Simulationsprogramme sind meistens mit tutoriellen Komponenten verknüpft. Die Nutzer können, wenn sie es wünschen, Informationen »just in time« abrufen und sich bestimmte Kenntnisse tutoriell unterstützt aneignen. Umgekehrt enthalten tutorielle Programme oft Simulationskomponenten, in denen die Lernenden Wissen anwenden und üben können.

Gute Simulationen sind verblüffend realistisch

Beispiel: In einem Programm für Auszubildende im Einzelhandel wird die Arbeit in einem Ladengeschäft realistisch simuliert. Die Nutzer entscheiden, wie die Waren am besten im Geschäft plaziert werden, planen Anzeigen in den Regionalzeitungen, entscheiden über Sonderverkäufe und anderes mehr. Sie sehen dabei am Bildschirm den situativen Kontext (z.B. den Aktionsstand vor der Käsetheke, die Annonce in der Zeitung), kalkulieren die Kosten mit Hilfe bestimmter Programme, telefonieren mit Lieferanten (Audio) und erhalten laufend Rückmeldungen über die Resultate ihrer Aktivität. Immer wenn sie es benötigen, können sie tutorielle Teile abrufen, z.B. zur Kostenkalkulation.

Multimedia bezeichnet im allgemeinen Sprachgebrauch ein Informationsangebot, bei dem Text, Grafik, Video, Audio usw. systematisch integriert sind. Meistens meint man damit auch die Kombination mehrerer technischer Medien (z.B. Computer, Bildplattenspieler und Monitor), obwohl zunehmend der Computer allein in der Lage ist, Multimedia anzubieten. Der Begriff Multimedia ist sehr unscharf und theoretisch unbrauchbar; dies behindert jedoch nicht seine Verbreitung als modisches Etikett im Medienmarkt.

Anforderungen von Computer und Multimedia an Leiter

Nach den vorliegenden Erfahrungen müssen sich die Leiter vor allem mit folgenden Aufgaben auseinandersetzen, wenn in ihren Kursen und Seminaren mit Computer und Mulitmedia gelernt wird.

● *Technische Probleme:* Es kann immer einmal vorkommen, daß ein Programm »abstürzt«, eine Schnittstelle nicht funktioniert oder ein Drucker streikt. Als Trainerin oder Trainer sollte man auf solche Pannen vorbereitet sein. Glücklicherweise kann man darauf vertrauen, daß in jeder Lerngruppe zumindest ein Teilnehmer oder eine Teilnehmerin sich als Technikspezialist entpuppt.

- *Unterschiedliches Lerntempo:* Beim Lernen mit dem Computer arbeitet jeder in seinem eigenen Lerntempo. Im Rahmen eines Kurses oder Seminares kann dieser Vorzug zum Problem werden, weil festgelegte Zeiten für das Lernen mit dem Computer vorgesehen sind und davor und danach gemeinsam mit dem Leiter oder der Leiterin gearbeitet wird. So kann es vorkommen, daß einige Teilnehmer bereits nach der Hälfte der eingeplanten Zeit den Programmabschnitt erfolgreich durchgearbeitet haben, während andere nach Ablauf der Zeit noch nicht zum Schluß gekommen sind. Unerwünscht wäre es, wenn die rascheren Lerner vorauslernen, d.h., Teile des Programms bearbeiten, die erst für einen späteren Seminarabschnitt vorgesehen sind. Das würde die Zeitschere noch vergrößern.

  Dieses zeitliche Koordinationsproblem kann man durch verschiedene Maßnahmen etwas entschärfen. Erstens kann das Lernprogramm neben Pflichtteilen noch Zusatzangebote zur Auswahl anbieten (Spezialwissen, Übungsaufgaben). Wer den obligatorischen Abschnitt vorzeitig abschließt, kann die verbliebene Zeit sinnvoll mit diesen Zusatzangeboten ausfüllen. Zweitens können die Trainer eine Auswahl von Zusatzaufgaben stellen. Drittens kann man die Arbeit am Computer in Lerntandems organisieren. Wenn zwei Teilnehmer das Programm gemeinsam durcharbeiten, verringern sich erfahrungsgemäß die Zeitunterschiede.

  Am Computer kann man auch im Team lernen

- *Thematischer Klärungsbedarf:* Der Dialog mit einem Computerprogramm kann den Dialog mit einem menschlichen Experten nicht ersetzen. Auch bei einem guten adaptiven Programm wird es für Teilnehmer offene Fragen geben, für die sie im Programm keine befriedigende Antwort finden. Diese Fragen können und sollen natürlich in den nachfolgenden Plenumsphasen zur Sprache kommen. Manchmal ist es aber wichtig, sie bereits während der Arbeit am Programm zu klären, weil die Teilnehmer sonst nicht weiterkommen. Erfahrungsgemäß helfen sich in solchen Fällen die Teilnehmer gegenseitig; diese kollegiale Hilfe ist sehr wünschenswert. Sie hilft jedoch nicht in allen Fällen weiter. Deshalb sollte während der Computerlernphasen der Leiter oder die Leiterin erreichbar sein, sich allerdings nicht immer gleich einmischen, damit die Teilnehmer dazu animiert werden, zuerst die kollegiale Hilfe in Anspruch zu nehmen.

- *Negative Trainereinstellung zum Computer:* Einerseits entlasten die Lernprogramme die Leiterinnen und Leiter; der Computer übernimmt Aufgaben wie Wissensvermittlung, Wissenskontrolle, Üben. So entfallen Probleme, die oft

  Macht der Computer den Trainern Konkurrenz?

181

die Trainerarbeit belasten: unterschiedliches Vorwissen der Teilnehmer, Unlust, Monotonie. Andererseits befürchten nicht wenige Trainer (teilweise zu Recht), durch diese Technologie und durch gute Programme ein Stück weit überflüssig zu werden. Attraktive Programme sind auch eine Konkurrenz, weil sie einen Qualitätsstandard der Wissensvermittlung vorgeben, den manche Leiter nicht erfüllen können. Dazu kommt, daß manche Trainer wenig Erfahrungen mit Computer, Multimedia, Lernprogrammen haben und sich unsicher fühlen.

Eine negative Trainereinstellung verringert die Effektivität der Arbeit mit dem Computer. Die Teilnehmer sind irritiert, wenn sie wahrnehmen, daß der Leiter oder die Leiterin das Lernprogramm abqualifiziert, technische Pannen mit einem »Das mußte ja so kommen« begrüßt und Lernerfragen mit einem »Da müssen Sie sich an die klugen Programmierer wenden« kontert.

Insgesamt neigen nach meinen Erfahrungen die Trainer dazu, bei der Einführung von Computerphasen in Kursen und Seminaren den Betreuungsbedarf zu überschätzen. Sie fokussieren ängstlich auf mögliche Probleme mit der Technik, der Organisation und der Teilnehmerakzeptanz. In dieser übertriebenen Skepsis manifestieren sich eigene Widerstände.

Bei der Implementierung des Computers in die Aus- und Weiterbildung werden diese Widerstände oft sträflich vernachlässigt. Meistens wird die Einführung des Lernens mit dem Computer von der Geschäftsleitung, von »oben«, entschieden. Die berechtigten und unberechtigten Zweifel und Sorgen der Kurs- und Seminarleiter werden nicht oder wenn, dann nur als lästige Behinderung wahrgenommen. Diese Fehler können teure Folgen haben, weil sie den Erfolg der Maßnahme – für die Teilnehmer wie für die Arbeitsmoral der Trainer – gefährden. Bei jeder Einführung des Computers in ein Kurs- und Seminarangebot müssen die Leiterinnen und Leiter optimal vorbereitet werden.

Besondere Tips: Künstliche Intelligenz ist besser als natürliche Dummheit

Die Lernsoftware vor dem Einsatz gründlich kennenlernen

Als Trainer oder Trainerin sollte man die Software aus eigener Erfahrung genau kennen, bevor man sie einsetzt. Wenn eine Firma für den eigenen Trainingsbedarf neue Lernsoftware entwickeln läßt, sollten die Trainer darauf bestehen, die Programme vor dem Einsatz selbst testen und Änderungswünsche einbringen zu können. Die Trainer sollten auch das Recht haben, ein Lernprogramm nicht einzusetzen. Zu ihrer Professionalität gehört die Auswahl der Arbeitsmaterialien.

Einen Kurs »Entwicklung von Lernsoftware« besuchen

Softwareentwickler bieten Kurse an, in denen man lernt, Computer-Lernprogramme zu erstellen. Dies ist allen Trainern zu empfehlen. Zum einen lernen sie Autorensysteme kennen, mit denen sie später kleine Lernprogramme für ihre Teilnehmer entwickeln können. Dies ist praktisch für thematische Nischen, die von der vorliegenden Software nicht abgedeckt werden. Zum zweiten läßt die Tätigkeit als Entwickler auch die Vielfalt an didaktischen und gestalterischen Möglichkeiten erkennen und schärft den Blick für die Beurteilung der Qualität von Lernsoftware.

Trainer als Autoren von Lernsoftware

Selbst mit dem Computer lernen

Probleme bei der Einführung von Computern in Kursen und Seminaren hat vor allem die ältere Trainergeneration. Sie hat ihre Lernerfahrungen ohne Computer gemacht. Leider neigen diese Leiter dazu, ihre Erfahrungen zu verallgemeinern und die neuen Technologien abzuwerten. Damit versuchen sie Lernanforderungen abzuwehren. Diese Haltung ist wenig professionell und unrealistisch. Die Devise sollte statt dessen lauten: möglichst viel Kontakt mit der neuen Lerntechnologie und Lernform suchen. Dann entwickeln sich Interesse, Erfahrung und Wissen fast wie von selbst. Besuchen Sie Fachmessen, lesen Sie Fachzeitschriften, leisten Sie sich zu Hause eine gute multimediale Gerätekonfiguration, kaufen Sie sich und ihrer Familie Software (Lernprogramme, elektronische Bücher usw.) zu Themen, die Sie beruflich oder privat interessieren. Und reden Sie mit Kollegen und Teilnehmern über Computer und Software.

Den Prozeß gestalten

4

4.1 Symbole

Zur Einstimmung ein Beispiel

»Machen Sie Ihr Möglichstes, daß das Seminar bald einen Arsch bekommt, denn das ist das Notwendigste. Einen Kopf hat es itzt.«

(Mozart an Abbé Bullinger)

Berichtigung: »das Seminar« ist durch »die Musik« zu ersetzen, »es« im zweiten Satz durch »sie«. Das übrige ist korrekt.

Ein mehrtägiges Seminar in einem Seminarhotel soll mit dem gemeinsamen Mittagessen beginnen. Eine Stunde vorher bereitet die Trainerin den Seminarraum vor. An das Flipchart schreibt sie »Herzlich willkommen« und malt mit Filzstiften einen bunten Blumenstrauß daneben. Dann geht sie zur Hotelrezeption und bittet darum, die Tische aus dem Raum zu schaffen und einen Stuhlkreis einzurichten. Auf jeden Stuhl legt sie ein paar Kärtchen und einen Filzschreiber aus ihrem Moderatorenkoffer. Das Flipchart mit dem Begrüßungsbogen stellt sie so, daß der Blick darauf fällt, wenn man in den Raum tritt. Zum Schluß schließt sie ihren Kassettenrecorder an, sucht eine Tonkassette aus und läßt entspannende Musik erklingen. Das Seminar kann beginnen.

Diese Leiterin inszeniert die Anfangssituation wie eine Regisseurin. Die Musik und die Willkommensbotschaft am Flipchart sind Symbole, die den Teilnehmerinnen und Teilnehmern mitteilen: »Ich freue mich auf euch«, »Ich möchte, daß Ihr euch wohl fühlt«, aber natürlich auch »Seht ihr, wie sehr ich mich um euch kümmere?« Der Stuhlkreis symbolisiert: »Wir wollen uns nahe sein«, »Wir wollen miteinander arbeiten«. Er ist auch Ausdruck der Selbstsicherheit der Leiterin: »Ich verstecke mich nicht hinter meinem Trainertisch«. Die Karten und die Stifte auf den Plätzen kündigen an: »Hier soll jeder mitarbeiten«.

Insgesamt spricht die gesamte Inszenierung für eine Leiterin, die ihre Arbeit vor allem aus dem fürsorglichen Eltern-Ich gestaltet (siehe Kapitel 1.3). Wer ein anderes Trainerselbstverständnis hat, wird sich mit dieser Inszenierung unwohl fühlen und sich für andere Botschaften und Symbole entscheiden.

Das Besondere an Symbolen, Gesten usw. ist, daß sie Botschaften nonverbal kommunizieren. Die Inhalte sind dieselben wie bei verbalen Mitteilungen. Die Symbole im Beispiel enthalten z.B. Ich-Botschaften (»Ich freue mich auf euch«), Appelle (»Hier soll jeder mitarbeiten«), Sachaussagen (»Wir wollen miteinander arbeiten«) und Beziehungsaussagen (»Wir wollen uns nahe sein«). Die Trainerin hätte all dies auch verbal mitteilen können, etwa in ihren Eröffnungsworten. Symbole haben jedoch eine andere Qualität, und dies macht sie so interessant. Erfahrene Leiterinnen und Leiter kennen den Wert von Symbolen und arbeiten gerne und gekonnt mit ihnen.

Symbole »sprechen für sich«

Symbolische Inszenierungen wie im Beispiel wirken losgelöst von der Person der Leiterin. Nicht die Leiterin, sondern die Flipchart-Anschrift und die Musik sagen: »Ich freue mich auf Euch.« Besonders bei emotionalen Botschaften macht diese Selbständigkeit der Symbole es den Adressaten leichter, damit umzugehen. Wenn mir jemand eine emotionale Botschaft im Dialog sagt, spüre ich den Druck, dazu etwas sagen zu sollen. Auch für den Kommunikator sind Symbole entlastend. Denn bei emotionalen Botschaften ist es nicht leicht, das richtige Wort zu finden. Durch einen falschen Zungenschlag kann die Botschaft unerwünschte Gefühle auslösen (Mißtrauen bei übertriebenem Lob, Verletztheit bei persönlicher Kritik). Symbole sind also dezenter als Worte, weil die Botschaften sich vom Kommunikator abgelöst haben und in Dinge und Arrangements geflossen sind.

Symbole sind gehaltvoll

Sprache ist durch Regeln genormt, und auch das Sprechen ist als öffentliche Handlung Vorschriften unterworfen. Für Symbole trifft das nicht zu, auch wenn es Symbole gibt, die konventionalisiert sind. Weil symbolische Kommunikation weniger bestimmt ist als sprachliche Kommunikation, läßt sie mehr Raum für Interpretation. Sie ist aber auch gefährdet: Man kann sie übersehen oder falsch verstehen. So gibt es vielleicht Teilnehmer, die die Musik im obigen Beispiel gar nicht registrieren, oder andere, die meinen, die Trainerin wolle sich wohl als Musikkennerin profilieren. Gute Symbole verfügen über einen Bedeutungsüberschuß, der die Realität nicht nur abbildet, sondern bereichert. Der Stuhlkreis ist deshalb ein gutes Symbol.

Symbole sind anschaulich-konkret

Stuhlkreis, Blumenstrauß am Flipchart und Musik sprechen die Sinneserfahrung unmittelbar an. Deshalb sind Symbole oder symbolische Handlungen meist lebensnäher als sprachliche Äußerungen. Der Kniefall von Willy Brandt in Warschau, eine symbolische Handlung, hat die Menschen mehr bewegt, als es eine Rede hätte erreichen können. Rituale in der Religion, im öffentlichen Leben, innerhalb einer Firmenkultur usw. sind voll von symbolischen Handlungen.

Eine ähnliche Funktion und Wirkung wie Symbole haben *Metaphern und Visualisierungen*. Die Werbung setzt sie täglich ein. Wie kann man z.B. etwas Unsichtbares wie »frischen Geschmack« bei einem Erfrischungsbonbon anschaulich machen? Lösung: Man kippt dem Akteur im Fernsehspot jedesmal einen Eimer Wasser über den Kopf, wenn er sich das Bonbon in den Mund schiebt.

Auch sprachliche Metaphern können etwas treffend veranschaulichen. Wie kann man z.B. das Problem »sich nicht festlegen« sprachlich visualisieren? Lösung: »Haben Sie jemals versucht, einen Pudding an die Wand zu nageln?« Solche Visualisierungen und Metaphern wecken Sinneserfahrungen, verblüffen wegen ihrer Treffsicherheit und prägen sich ein. Anhänger der Theorie der Hirnhälftenspezialisierung (siehe Kapitel 2.4) würden sagen: Metaphern und Symbole schalten außer dem linken »Sprachhirn« auch das rechte »Bilderhirn« der Teilnehmer ein.

In Kursen und Seminaren geht es oft wenig anschaulich zu. Symbole, Metaphern, Visualisierungen sind ein gutes Mittel, um die fade Suppe zu würzen. Hier einige Beispiele zur Anregung Ihrer didaktischen Fantasie.

Objekte wie diese gibt es in jedem Seminarhotel. Lassen sie sich vielleicht als Symbole verwenden?

Beispiel »Kartenschicksale«

Üblich ist, daß man während einer Diskussion Punkte aussortiert und festhält, die später gesondert behandelt werden. Besser ist es, wie oben geschildert, einen Themenspeicher anzulegen. An die Pinwand wird eine entsprechende Überschriftenkarte gehängt, darunter heftet man die anfallenden Themenkarten. Kreative Metaphernliebhaber nehmen einen alten Rucksack mit, erklären ihn zum »Themenproviant« und legen die Karten hinein, die später »verzehrt« werden müssen.

Ähnlich ist die in Kapitel 1.2 erwähnte Prozedur »Koffer packen«, bei der die Teilnehmer Wunschthemen für ihre berufliche Kompetenz auf Kärtchen schreiben und in einen offenen Moderatorenkoffer legen.

Man kann auch für die Beseitigung von hemmenden Gedanken Metaphern finden, z.B. sie auf »Ballastkarten« schreiben, die man dann feierlich verbrennt, genüßlich in kleine Schnipsel zerreißt oder im Garten vergräbt.

Üblich ist es, in einer Gruppenarbeit Karten mit positiven und Karten mit negativen Gefühlen zum Thema zu sammeln. Besser ist es, die positiven Karten in einen großen Blumenumriß aus gelbem Papier und die negativen in einen großen Steinumriß aus grauem Papier an die Pinwand zu heften (Idee: Jörg Knoll in seinem Buch »Kleingruppenmethoden«).

Beispiel »Namenssuche«

Man kann eine Übung zum Ideensammeln durchführen, bei der die Teilnehmer umhergehen, dabei Karten beschriften und sie in die Mitte auf den Fußboden fallen lassen.

Kreativ ist es, diese Übung »Herbstlaub« zu benennen (Idee: Hermann Will; Foto: Johann Pavelka). Das weckt die Neugier der Teilnehmer und ruft Assoziationen ab, die gut zu dieser Arbeitsform passen: je nach Temperament entweder Ruhe, Besinnlichkeit, Ernte oder Herbststurm.

Lassen Sie sich für Ihre Übungen und Kursteile solche Titelmetaphern einfallen und benutzen Sie die passenden Symbole und Visualisierungen. Wenn Sie eine Übung z.B. »Reißzwecke« taufen, bietet es sich an, den Teilnehmern mit der Instruktion zur Übung je eine echte Reißzwecke in die Hand zu geben. Für einen Seminarabschnitt »heiße Kartoffeln« teilt man reale Kartoffeln aus, die die Teilnehmer jeweils in die Hand nehmen, wenn sie z.B. über eine schwierige Situation berichten. Wenn sie an einen besonders heißen Punkt kommen, wird auch die Kartoffel »heiß«, bis man sie nicht mehr anfassen kann und fallen läßt. Wer eine Idee hat, kann sie aufheben und weiterreden.

Anregungen für Titel kann man sich aus vielen Quellen holen: Märchen, Fernsehen und Film, Literatur, Musik, Sport, Technik, Kochrezepte, Tierwelt. Sicher fällt Ihnen sogar zu leicht verstaubten Anleihen wie »Vom Winde verweht«, »Elfmeterschießen«, »Das Wort zum Sonntag«, »Mensch ärgere Dich nicht«, »Von einem, der auszog, das Fürchten zu lernen«, »Das Phantom der Oper«, »Gemüseeintopf«, »Ameisenstraßen« mühelos ein Bezug zu einem Abschnitt Ihres Seminars ein und damit ein möglicher neuer Titel, bei dem die Teilnehmer die Augenbrauen heben und die Ohren spitzen.

Beispiel »Bilder«

Man kann Teilnehmer am Ende eines Seminares fragen, in welchen Bereichen sie sich nun sicher fühlen und wo sie noch Probleme sehen. Besser ist es, dies in ein Bild zu kleiden und die Teilnehmer dieses Bild tatsächlich zeichnen zu lassen. Treffende Metaphern zum Thema sind »sicheren Boden unter den Füßen haben«, »ins Schwimmen kommen« und »untergehen«. Also zeichnen die Teilnehmer auf ein großes Packpapier in Zweier- oder Dreiergruppen eine Insel und darum herum die Abschnitte »nur bei Ebbe zu begehen«, »flaches Meer« und »tiefe See«. Die Kärtchen mit den einzelnen Themen werden dann je nach erlebter Sicherheit in den passenden Abschnitt geklebt.

Beispiel »Inszenierungen«

Man kann z.B. bei einer Konfliktbearbeitung im Führungstraining einen Teilnehmer seine Sicht schildern lassen und ihn dann bitten, die Sicht einer Mitarbeiterin einzunehmen. Besser ist es, zwei Stühle aufzustellen. Auf dem einen Stuhl spricht der Teilnehmer von sich. Auf dem anderen Stuhl spricht er als seine Mitarbeiterin. Ein dritter Stuhl kann für andere Personen freigehalten werden; auf ihn können sich auch andere Teilnehmer aus der Runde setzen und reden. (In der Fachliteratur zur Praxis der Gruppentherapie und zum Psychodrama kann man weitere Anregungen für Kurse und Seminare finden.)

Der Kreativitätsspezialist Edward de Bono benutzt verschiedenfarbige Hüte, um Perspektivenwechsel zu inszenieren. Mit dem gelben Hut versucht man, den Kern eines Problems zu beschreiben, mit dem schwarzen Hut erörtert man die Schwierigkeiten eines Themas, mit dem grünen sucht man Alternativen. Man kann auch im Seminar je nach Thema solche Hüte mit verschiedenen Farben und Formen verwenden. Wer sich einen Hut aufsetzt, signalisiert damit, daß er jetzt aus einer bestimmten Position heraus argumentiert, die zuvor für diesen Hut festgelegt worden war.

*»Laterales Denken«
von E. de Bono*

Vielleicht denken Sie jetzt: »Das liegt mir nicht. Ich bin nicht der kreative Typ« oder »Zu meinen Teilnehmern paßt das nicht«. Probieren Sie dann doch einmal das folgende Spiel aus: Schreiben Sie auf ein Blatt Papier – Sie können es »Spucknapf« nennen – nur Wörter, die Ihre Ablehnung ausdrücken, so lange bis Ihnen keine mehr einfallen. Schreiben Sie dann auf ein anderes Blatt – Sie können es »Gewächshaus« nennen – nur Wörter, die beschreiben, was sich an Ihrem Seminar positiv verändert, wenn Sie mehr mit Symbolen, Metaphern und Visualisierungen arbeiten. Legen Sie dann beide Blätter vor sich auf den Tisch und warten Sie ab, wie sich Ihre Gefühle zu beiden Blättern entwickeln. Nehmen Sie das Blatt in die Hand, das Sie behalten wollen. Werfen Sie das andere in den Papierkorb.

Sollten Sie immer noch schwanken, hilft Ihnen vielleicht die folgende Klarstellung. Gute symbolische Handlungen, Metaphern, Visualisierungen oder Inszenierungen sind keine »Spielchen«. Spielchen zerstreuen und lenken ab, die genannten Techniken konzentrieren und führen zum Kern. Die heiße Kartoffel im obigen Beispiel macht sinnlich erfahrbar, worum es bei schwierigen Situationen geht: Man verbrennt sich die Finger; es wird einem zuviel, und man will das Problem fallenlassen; ein anderer kann helfen, weil es für ihn nicht so heiß ist. Das Symbol macht die komplizierte Realität dieses Themas mit einfachsten Mitteln präzise deutlich; deshalb ist es ein gutes Symbol. Oder die Visualisierung »Insel und Meer«: Das Bilderthema ist eine geglückte Metapher, weil sie es den

*Symbolische
Handlungen sind
keine Spielchen*

191

Teilnehmern leichtmacht, sich mit dem schwierigen Thema »Was kann ich – was kann ich nicht?« (siehe dazu Kapitel 1.2) ehrlich auseinanderzusetzen und das Ergebnis anderen mitzuteilen. Das feste Land und die tiefe See schaffen als Metaphern einen Assoziationsrahmen, der genau zu den Gefühlen paßt, die mit Können und Nichtkönnen, Sicherheit und Unsicherheit verknüpft sind.

Alle guten Symbole, Metaphern, Visualisierungen sind auch ästhetisch. Sie enthalten die Fülle des Themas und sind zugleich klar und genau. Das spüren die Teilnehmer wie die Leiter.

4.2 Spiele

Spielgewinne und gewinnende Spiele

Ermattung	Erholung
Erschlaffung, Erlahmung, Schlafsucht, Abgespanntheit, Mattigkeit, Lethargie. Ermüden, langweilen, placken, abrackern, außer Atem kommen, nachhinken, schlappmachen, schläfrig werden, einduseln, gähnen. Überarbeitet, entkräftet, hinfällig, geknickt, schlaftrunken, verdrießlich, lästig.	Erfrischung, Erquickung, Erleichterung, Labsal, Neubelebung, Sammlung, Entspannung, Zerstreuung, Vergnügen, Lockerung, Ruhe, Feierabend. Sich erholen, stärken, verjüngen, auffrischen, erneuern, wiederherstellen, aufraffen, aufmuntern. Neu belebt, erquickt, erfrischt.

(Aus H. Wehrle: Deutscher Wortschatz. Stuttgart 1954)

Erfahrene Leiterinnen und Leiter haben Spiele in ihrem Repertoire und setzen sie gekonnt ein wie eine gute Köchin die Gewürze:

- Aufwärmspiele, wenn ein Seminar oder ein neuer Abschnitt beginnt.
- Bewegungsspiele, wenn die Teilnehmer abgespannt sind.
- Kontaktspiele, wenn Teilnehmer distanziert miteinander umgehen.
- Findespiele, um Arbeitsgruppen zu bilden.
- Konzentrationsspiele, wenn sich Hektik breitmacht.
- Lernspiele, wenn Memorieren angesagt ist.
- Kreativspiele, wenn Ideen gefragt sind.
- Symbolische Spiele, wenn das »Hier und Jetzt« deutlich werden soll.

Die Rede ist hier von unterhaltsamen Spielen, die man im Kurs oder Seminar ohne viel Vorbereitung sofort starten kann. Auf einem anderen Blatt stehen Planspiele, Unternehmensspiele, Strategiespiele, Rollenspiele, gruppendynamische Spiele usw., die eigentlich keine »Spiele« im gebräuchlichen Sinne sind, sondern spezielle Lernmethoden, die vor allem mit dem Prinzip der Simulation arbeiten.

»Der Esel mußte sich mit den Vorderfüßen auf das Fenster stellen, der Hund auf des Esels Rücken springen, die Katze auf den Hund klettern, und endlich flog der Hahn hinauf und setzte sich der Katze auf den Kopf. Wie das geschehen war, fingen sie auf ein Zeichen insgesamt an, ihre Musik zu machen.«

(Gebrüder Grimm)

»Spiele: Der Punkt
auf dem i«
von G.F. Wallenwein

Zu unterhaltsamen Spielen, von denen in diesem Abschnitt die Rede ist, gibt es eine Reihe von Büchern, die Sie leicht in jeder Buchhandlung und Bibliothek auffinden und nach brauchbaren Ideen durchkämmen können. Um Ihnen Appetit zu machen, soll jeder der genannten Spieltypen kurz kommentiert und durch Beispiele illustriert werden.

Aufwärmspiele

Für Anfangssituationen lassen sich inzwischen viele Leiter einen Ersatz für die traditionelle Vorstellungsrunde einfallen. Nachteile dieser Runde, bei der reihum jeder etwas über sich sagen soll: Bei mehr als acht bis zehn Teilnehmern wird es langweilig und zeitaufwendig, die Förmlichkeit dieses Rituals produziert förmliche Selbstdarstellungen, die Teilnehmer kommen sich nicht näher.

Hier einige Alternativen.

»Anfangssituationen«
von Kh.A. Geißler

- Paarinterview: Je zwei Teilnehmer suchen sich einen Platz, wo sie ungestört reden können und befragen sich gegenseitig etwa 10–15 Minuten. Im Plenum stellt dann der eine den anderen vor. Man erhofft sich von dieser Variante, daß die Teilnehmer sich zumindest auf eine Person konzentrieren und durch die Vorstellung eine erste Nähe entsteht.
- Verwandtschaftsspiel: Jeder Teilnehmer sucht sich eine Person aus, von der er oder sie ein Porträt zeichnet und es der Person schenkt. Dann werden Vierergruppen gebildet. Jede Gruppe erhält eine Pinwand. Zuerst heften die Teilnehmer ihre Porträts in die vier Ecken der Pinwand. Ihre Aufgabe ist nun, innerhalb von zehn Minuten so viele Gemeinsamkeiten zu finden wie möglich. Jede Gemeinsamkeit (z.B. alle sind Raucher, alle haben einen Hund usw.) wird durch eine Zeichnung auf einer Karte festgehalten und an die Pinwand geheftet. Nach zehn Minuten stellt man die Pinwände nebeneinander, besichtigt sie und kann mit den Teams darüber reden.
- Stehparty: Jede Person sucht sich zwei oder drei andere, die sie noch nicht kennt, und unterhält sich im Stehen, am besten bei einer Tasse Kaffee. Das kann leichter fallen, wenn der Leiter oder die Leiterin einen Impuls als Thema in den Raum stellt, der etwas mit dem Thema der Anfangssituation zu tun hat, z.B.: »Reden Sie darüber, was Ihnen auf der Anreise zum Kurs durch den Kopf gegangen ist.« Nach einigen Minuten müssen sich die Teilnehmer neu gruppieren.

● Buttons: Um das Gespräch in Gang zu bringen, kann man die Teilnehmer zuvor bitten, eine runde Karte aus dem Moderatorenkoffer zu bemalen oder zu beschriften, so daß sie etwas über die Person aussagt. Sie wird dann an die Brust geheftet oder umgehängt. Man sieht Tierkreiszeichen, Spitznamen, Symbole zum Hobby, Karikaturen oder rätselhafte Geheimzeichen. Diese Methode stellt das Thema der Selbstdarstellung in Anfangssituationen in den Vordergrund.

Bei Spielen in Anfangssituationen sollte man als Leiterin oder Leiter besonders darauf achten, daß es nicht zu unerwünschten Erfahrungen kommt. Das Verwandtschaftsspiel aktiviert z.B. nicht nur das Thema »Gemeinsamkeit«, sondern auch das Thema »Konkurrenz«. Ich habe erlebt, daß Teilnehmer wie begossene Pudel neben ihrer Pinwand standen, weil sie nur zwei Übereinstimmungen gefunden hatten und die zwei Karten auf der großen Pinwand sehr verloren aussahen. Für sie begann das Seminar mit einer Blamage. Abzuraten ist deshalb von Spielen, die schon in der Anfangssituation einen Wettbewerb anstacheln, wer sich am originellsten oder souveränsten präsentieren kann. Sie machen Teilnehmer, die unsicher sind und das Aufwärmen brauchen, noch unsicherer.

Riskante Spiele

Bildkartei

Ich arbeite gerne mit der Bildkartei, entweder zu Beginn, oder wenn im Laufe des Seminars ein neuer Abschnitt anfängt und die Teilnehmer ihre Bezüge zum Thema entdecken sollen. Ich lege dazu eine Reihe von großformatigen Bildern auf dem Boden oder dem Tisch aus. Es sollten etwa doppelt so viele Bilder wie Teilnehmer sein.

Mit einem thematischen Impuls rege ich die Teilnehmer an, ein Bild auszusuchen, in die Hand zu nehmen und später in der Runde etwas zu dieser Wahl zu sagen. Wenn jemand sich für ein Bild entscheidet, das bereits eine andere Person herausgegriffen hat, kehrt er in die Runde zurück und erhält das Bild, nachdem die andere Person ihre Entscheidung kommentiert hat. Eine Bildkartei läßt sich leicht zusammenstellen, indem man Bilder (am besten DIN A4) aus Illustrierten, Bildbänden usw. ausschneidet, auf einen Karton klebt und mit Schutzfolie überzieht. Am besten eignen sich Bilder, die nicht eindeutig thematisch festgelegt sind. Bilder mit bekannten Personen, Ereignissen usw. taugen nicht für eine Bildkartei.

Der Impuls an die Teilnehmer richtet sich nach der Situation. In der Anfangssituation: »Suchen Sie ein Bild, das etwas mit Ihnen und diesem Seminar zu tun hat«, bei einem neuen Thema: »Finden Sie ein Bild, das mit Ihrer Beziehung zum Thema zu tun hat«, in der Schlußbesprechung: »Welches Bild spricht Sie an, wenn Sie an den heutigen Seminartag denken?« Das Bildkarteispiel ist ein wirksamer und zugleich zwangloser Mundöffner auch für Teilnehmer, die sonst zurückhaltend sind.

Bewegungsspiele

Bewegungsspiele sind Muntermacher, ideal am Morgen und nach der Mittagspause. Sie helfen den toten Punkt überwinden und bringen Kreislauf und Hirndurchblutung auf Trab. Man kann bei Bewegungsspielen aber auch Dampf ablassen und Adrenalin abbauen. Zu Bewegungsspielen gehört Musik, so fetzig wie möglich.

Bei manchen Bewegungsspielen glaubt man sich in ein Gymnastikstudio versetzt, bei anderen in einen Kindergeburtstag. Zu den Gymnastikspielen zählen Übungen wie Armkreisen und Rumpfbeugen, Stretching, Geschicklichkeitsübungen usw. An Kindergeburtstag erinnern Spiele mit Luftballons. Zu den letzteren hier einige Varianten:

Was man mit Luftballons alles machen kann

- Kooperative Spielvariante: Paare müssen einen Luftballon so lange wie möglich in der Luft halten, ohne die Hände zu benutzen. Wenn er zu Boden fällt, scheidet das Paar aus. Das letzte Paar hat gewonnen.
- Kämpferische Variante: Je zwei Teilnehmer stehen sich wie beim Duell gegenüber und versuchen, sich gegenseitig Luftballontreffer zuzufügen. Man darf nur mit der Hand abwehren. Wer zehnmal getroffen wurde, scheidet aus.
- Kombivariante: Jeder erhält einen Luftballon und stellt sich in den Kreis. Erste Phase: Jeder hält seinen Ballon durch Antippen mit der Fingerspitze in der Luft. Zweite Phase: Man hält den Ballon durch Blasen in der Luft. Dritte Phase: Man hält ihn nur durch Antippen mit der Schulter in der Luft. Vierte Phase: Je ein Paar tippt mit der rechten Hand abwechselnd den eigenen und den anderen Ballon in der Luft.
- Jongleurvariante: Jedes Paar hält drei Ballons in der Luft.

Wer erleben möchte, wie fröhliche Teilnehmer aussehen und wie sie sich anhören, ist mit Luftballonspielen gut beraten.

Kontaktspiele

Kontaktspiele erreichen, daß die Teilnehmer in Körperkontakt kommen.

- Kreismassage: Die Teilnehmer stellen sich in einen Kreis. Jeder wendet sich dann nach links und legt die Hände auf die Schultern des Vordermanns/der Vorderfrau. Dann werden die Schultermuskeln massiert. Man kann dabei auch langsam im Kreis herumgehen.
- Knotenspiel: Im Kreis ergreift jeder die Hände eines Partners über Kreuz. Dann versucht man, durch Winden und Drehen, die Arme und Körper möglichst kompliziert zu verknoten. Anschließend gilt es, alles wieder zu entwirren, ohne die Hände loszulassen.

Findespiele

Wenn eine Großgruppe in Kleingruppen aufzuteilen ist, kann man dies ebenfalls spielerisch inszenieren.

- Beim Streichholzziehen finden sich die Teilnehmer zusammen, die gleich lange Hölzchen ziehen (kann man auch mit Fäden oder anderen Gegenständen machen).
- Beim Puzzle ziehen die Teilnehmer Elemente von zerschnittenen Postkarten und suchen sich die zugehörigen Teile und damit auch ihre Arbeitspartner.

Der Fantasie sind hier keine Grenzen gesetzt.

Konzentrationsspiele

In Kursen und Seminaren herrscht meistens ein mörderisches Tempo, nur durch einige Tankpausen (Trinken, Essen, Rauchen) unterbrochen. Die Pausen werden als Fehlzeiten und notwendiges Übel ausgelagert; man unterbricht die Arbeit und verläßt den Arbeitsraum. Doch jeder Lernpsychologe weiß, wie wünschenswert

Phasen zum Innehalten und Sichsammeln während der Arbeit sind. Vielen Teilnehmern geht es wie Touristen, die im Eiltempo von einer Sehenswürdigkeit zur nächsten gehetzt werden und nach der Rückkehr ins Stottern kommen, wenn jemand sie fragt, was sie denn gesehen haben. Nach jedem Abschnitt im Kurs oder Seminar sollte man daher den Teilnehmern Zeit geben, um für sich festzuhalten, was sie nicht vergessen wollen und was sie sich vornehmen. Das läßt sich z.B. mit einem Lerntagebuch, mit Karten an der Pinwand (»Beerenauslese«) oder in Form einer Blitzlichtrunde arrangieren.

Konzentrationsspiele können auch themenneutral sein und einfach das Ziel verfolgen, den Kopf wieder frei zu bekommen und aufnahmebereit zu werden. Eine wichtige Rolle spielen dabei Atemübungen bei geschlossenen Augen und entspannter Muskulatur. Die ensprechende Musik, verbunden mit beruhigenden Instruktionen, kann man sich auf Meditationskassetten kaufen.

Andere Konzentrationsspiele zielen darauf ab, die Sinne zu schärfen:

- Beim Geräuscheraten muß man erraten, womit ein bestimmtes Geräusch hervorgebracht wurde.
- Beim Fotospiel (weil fotografisches Gedächtnis gebraucht wird) schaut sich ein Teilnehmer ein Arrangement von Gegenständen oder einen anderen Teilnehmer an, schließt dann die Augen und muß nach dem Wiederöffnen Änderungen registrieren.

Einige Konzentrationsspiele sollen vorgeblich positive Wirkungen auf die Zusammenarbeit der beiden Hirnhälften haben.

- Beidhändig zeichnen: Eine symmetrische Figur (z.B. eine Vase) wird gleichzeitig mit beiden Händen gezeichnet.
- Liegende Acht: Man verfolgt mit den Augen, wie der ausgestreckte Arm langsam und wiederholt eine große, liegende 8 in die Luft schreibt.
- Andere Konzentrationsspiele lassen innere Bilder entstehen, bei denen man dann verweilt (z.B. geleitete Fantasiereise).

Lernspiele

In manchen Kursen ist es notwendig, daß Inhalte mehr oder weniger mechanisch eingeprägt werden sollen. Als Alternative zu einem monotonen Pauken kann man Lernspiele in der Literatur finden oder sich selbst neue ausdenken.

- Beim Reißverschlußspiel stellen sich die Teilnehmer in je einer Reihe an der Längswand des Raumes einander gegenüber. Der erste der einen Reihe stellt dem ersten der anderen Reihe eine Frage. Der antwortet und stellt eine neue Frage an den zweiten gegenüber und so fort. Wer eine Frage nicht beantworten kann (Schiedsrichter sind zu empfehlen), bekommt einen Minuspunkt. In diesem Fall kann die Reihe des Fragestellers einen Pluspunkt ergattern, wenn ein anderer als der Fragesteller die Frage beantworten kann.
- Beim Lernquartett bereiten die Teilnehmer in Kleingruppen Quartettkarten mit Begriffen zum Lernstoff vor, die zusammenpassen. Dann wird Quartett gespielt.
- Beim Lernquiz läuft das Memorieren und Abfragen nach Fernsehvorbildern ab.
- Beim Mnemospiel sollen Inhalte mit möglichst originellen und einprägsamen Eselsbrücken und inneren Bildern verknüpft werden. Die Teilnehmer denken sich in Zweiergruppen ihre Gedächtnistricks aus und präsentieren sie dann im Plenum, am besten mit Visualisierungen.

Kreativspiele

Kreativspiele zielen darauf ab, gewohnte Bahnen zu verlassen und hemmende Gedanken (z.B. Killerphrasen wie »Das geht bei uns nicht«) bei der Ideensammlung auszuschalten. Beim Brainstorming, der bekanntesten Kreativmethode, ist es verboten, während der Ideensammlung eine Bewertung vorzunehmen. Osborn, der Erfinder dieses Verfahrens, nennt auch Techniken, um bei einem gegebenen Gegenstand auf neue Ideen zu kommen: verändern (Zweck, Aussehen usw.), vergrößern und verkleinern (was kann man hinzufügen, was weglassen?), ersetzen, umformen, ins Gegenteil verkehren, kombinieren. Andere Methoden dienen dazu, aus ganz anderen Gebieten Anregungen zu holen. Die sogenannte Bionicmethode sucht Vorbilder in der Natur als Anregung für ingenieurwissenschaftliche Entwicklungen.

»Das große Workshop-Buch« von U. Lipp und H. Will

Im Seminar kann man zuerst die Teilnehmer für ein Thema sensibilisieren und sie dann, in Büchern blätternd, im Seminarhotel herumgehend, im Bahnhof oder auf dem Markt herumschauend, alles notieren lassen, was sie zum jeweiligen Thema auf eine Idee bringt. Im übrigen sollte man Kreativspiele nicht unkreativ von anderen übernehmen, sondern kreativ eigene erfinden!

Symbolische Spiele

»*Interaktionsspiele*«
von K.W. Vopel

In Krisen kann es hilfreich sein, für die aktuelle Situation einen Ausdruck zu finden.

- Lebende Skulptur: Mehrere Teilnehmer konstruieren mit ihren Körpern und Gesten eine bewegungslose Skulptur, die symbolisch ausdrückt, was im Augenblick von Bedeutung ist. Man spricht dann darüber, was die Zuseher wahrgenommen haben und wie sich die Akteure gefühlt haben. Diese Spielform kann eine erstaunliche Fülle an Erkenntnissen in Gang setzen.

- Zeltplatzspiel: Die Teilnehmer gehen so lange im Raum umher, bis sie eine Stelle gefunden haben, wo sie sich am wohlsten fühlen. Dort bleiben sie stehen. Wenn alle stehen, ist eine Momentaufnahme der Gruppenstruktur entstanden. Mit Fragen wie »Wie ist es Ihnen bei der Suche nach Ihrem Zeltplatz ergangen«, »Was fällt Ihnen auf, wenn Sie jetzt in den Raum schauen?« kommt dann das Gespräch in Gang. Wichtig ist, daß die Teilnehmer während des Gesprächs ihren Platz nicht verlassen. Eine Variante des Spiels besteht darin, daß die Teilnehmer auf ihrem Platz eine Körperhaltung einnehmen, in der sie sich gerade am wohlsten fühlen.

- Ausbrechen und Einbrechen: Die Gruppe bildet einen Kreis um eine Teilnehmerin oder einen Teilnehmer; die eingeschlossene Person muß nun versuchen, auszubrechen. Oder die Person befindet sich außerhalb und muß versuchen, in den Kreis hineinzukommen. »Ausbrechen« verdeutlicht die Gefühle, wenn jemand sich von einer Gruppe eingeschränkt fühlt; »Einbrechen« symbolisiert den Prozeß, wenn man sich ausgeschlossen fühlt und dazugehören möchte.

- Hängematte: Ein Teilnehmer oder eine Teilnehmerin, der bzw. die signalisiert, daß sie die Zuwendung oder das Vertrauen der Gruppe vermißt, legt sich auf den Fußboden und schließt die Augen. Mehrere Teilnehmer heben die Person nun an Händen und Füßen auf und wiegen sie sanft hin und her. Nach einiger Zeit wird die Person wieder auf den Boden gelegt. Die Teilnehmer lassen ihre Hände noch auf dem Körper ruhen, bis die Person die Augen öffnen will.

- Bullenkampf: Zwei Teilnehmer, die einen Konflikt miteinander haben, stellen sich einander gegenüber und müssen versuchen, den anderen ohne Hilfe der Hände über eine Linie zu drängen. Dabei sollen sie schnauben und grunzen wie zwei rivalisierende Bullen oder Hirsche.

Um erlebte Realität auszudrücken und gemeinsam bearbeiten zu können, eignen sich neben diesen Spielen Plakatmalen, Collagen, Stegreifspiel, aber auch die Bildkartei (siehe oben).

Bei Ausdrucksspielen ist das Erleben des Prozesses mindestens so wichtig wie das Gespräch über das Ergebnis. Die Leiter können dabei helfen, indem sie während der Spiele auf Ruhe und Langsamkeit achten und die Teilnehmer anregen, nach innen zu schauen und zu horchen. Bei der Auswertung dürfen diese Erfahrungen nicht zerredet oder in einem Deutungswettbewerb intellektualisiert werden. Der richtige Weg ist statt dessen, die Erfahrungen genau anzusehen und die Erfahrungen der einzelnen Teilnehmer miteinander zu vergleichen. Beispiel zum ersteren: »Was haben Sie erlebt?« – »Ich habe mich unwohl gefühlt.« – »Was meinen Sie mit unwohl?« – »Irgendwie beengt.« – »Was hat Sie beengt?« Beispiel zum zweiten: »Wem ging es ähnlich?«, »Wem ging es anders?«, »Was genau war bei Ihnen anders?«

Spiele wollen erlebt und verarbeitet sein

Nach Ausdrucksspielen, bei denen viel ernste Emotionen und Gedanken ausgetauscht wurden, ist ein Bewegungsspiel mit Musik genau richtig.

Spielverderber

Leiter:

- »Meine Teilnehmer würden streiken. Die finden Spiele albern. Damit kann ich denen nicht kommen.«
- »Mir liegen Spiele im Seminar nicht. Ich bin doch kein Entertainer.«
- »Spiele bringen das ganze Seminar durcheinander. Da hat hinterher doch keiner mehr Lust zu arbeiten.«

Teilnehmer:

- »Ich mag keine Spiele.«
- »Da produzieren sich immer einige wenige auf Kosten der anderen.«
- »Ich will lernen und nicht herumhampeln.«
- »Mir sind diese Spiele zu oberflächlich.«
- »Mir sind diese Spiele zu exhibitionistisch.«
- »Mir sind diese Spiele zu persönlich.«

Ein Tip: Wer als Leiter oder Leiterin Methoden sucht, mit denen man zögerliche Teilnehmer zum Spielen bringt, sollte sich an einen Kinderspielplatz setzen und mitschreiben. Die Kinder wissen, wie man es macht.

Eines ist sicher: Wer selbst von einem Spiel nicht überzeugt ist, wird niemanden dafür gewinnen können.

4.3 Krisen

Störfälle

- Ein Teilnehmer kommt regelmäßig zu spät. Als die Trainerin ihn darauf anspricht, macht er sie vor der Gruppe mit gekonnter Ironie lächerlich. Am nächsten Tag kommt er wieder zu spät.
- Ein Teilnehmer kann nie ein Ende finden, wenn er einmal das Wort hat.
- Eine Teilnehmerin zeigt dem Leiter bei jeder Gelegenheit, daß dieser keine Ahnung von der Praxis hat. Die Gruppe verfolgt das Schauspiel mit sichtlichem Vergnügen.
- Eine Kleingruppe weigert sich, eine Gruppenarbeit auszuführen: »Das bringt doch nichts.« Die anderen Teams erwarten, daß der Trainer durchgreift.
- Zwei Teilnehmer zetteln bei jeder Gelegenheit einen heftigen Meinungsstreit an. Die anderen schauen interessiert zu.
- Aus einem Rollenspiel machen die Akteure durch Übertreibung und Komik eine Farce. Der Leiter bricht daraufhin ab. Das nächste Spielerpaar leistet sich ungerührt den gleichen Spaß.
- Bei der Videoauswertung eines Rollenspiels schaut ein Akteur nicht mehr hin, rennt hinaus und knallt die Tür zu.
- Eine Leiterin ist früher als erwartet mit ihrem vorbereiteten Stoff am Ende und weiß nicht, was sie mit der restlichen Zeit anfangen soll.
- Während eines Wochenseminars wird offenkundig, daß sich zwischen zwei Teilnehmern eine Liebesbeziehung angebahnt hat. Im Seminar halten sie Händchen. Sie sind verheiratet, allerdings nicht miteinander. Andere Teilnehmer sind empört und fordern den Trainer auf, etwas zu tun.
- Zu Beginn eines Seminars fragen die Teilnehmer, ob sie die Leiterin duzen dürfen.
- Am ersten Abend eines mehrtägigen Kurses teilt der Trainer Feedbackbögen aus und erhält eine vernichtende Rückmeldung.
- Die Lerngruppe ist lustlos und wirkt auf die Leiterin »wie eine Gummiwand«.

> »Es gibt drei Augenblicke.
> Einen richtigen, einen verpaßten und einen verfrühten.«
>
> (Nadolny)

- Im Lehrgespräch stellt die Leiterin eine Frage. Es kommt keine Antwort. Sie stellt eine weitere Frage. Wieder nur Schweigen.
- In einem Volkshochschulkurs zu Erziehungsfragen erklärt die Leiterin, es sei psychologisch wichtig, die Kinder so viel essen zu lassen, wie sie wollen. Eine Mutter sagt: »Das ist Unsinn.« Die anderen stimmen ihr zu.
- Am dritten Tag eines Seminars schlägt der Leiter vor, man könne am Abend kegeln. Die Teilnehmer wollen nicht so recht. Am nächsten Tag stellt sich zufällig heraus, daß alle zusammen (ohne den Leiter) in eine Disco gegangen sind.
- In einer Seminargruppe sitzen Anfänger neben Teilnehmern mit beträchtlicher Vorerfahrung zum Thema. Letztere kritisieren den Trainer, er würde ihnen zu wenig bieten.
- In einem betriebsinternen Seminar sitzt der Chef als Zaungast dabei und mischt sich permanent ein.
- Ein Teilnehmer sitzt im Kurs und liest Zeitung.
- Eine Leiterin hat ihren Kurs ganz auf Folien aufgebaut. Nach einer Stunde streikt der Projektor. Eine Ersatzbirne ist nicht aufzutreiben.
- Ein Teilnehmer schläft im Kurs ein.
- Eine Trainerin und ein Trainer betreuen im halbtägigen Wechsel zwei Trainingsgruppen. Ein Teilnehmer vertraut der Trainerin an, ihr Kollege versuche, sie bei den Gruppen schlechtzumachen.

Diese Beispiele stammen von Trainerinnen und Trainern, die ich in meinen Seminaren zur Trainerqualifizierung nach schwierigen Situationen gefragt habe. Die Fälle wurden dann gemeinsam bearbeitet.

Was stört? Was ist gestört?

Was stört?

Bei den genannten Beispielen scheint die Antwort leichtzufallen: Ein schwieriger Teilnehmer, der Chef als Zaungast, die Technik, zwei Streithähne, ein falscher Kollege, eine träge Gruppe. Doch das ist zu einfach. Denn was die Leiter in den genannten Situationen stört, sind die eigenen Gedanken und Gefühle.

- »Ich schäme mich, ich bin blamiert« beim ironischen und beim besser informierten Teilnehmer.

- »Ich kann nicht so arbeiten, wie ich will« beim Chef als Zaungast.
- »Ich hab's satt« bei der lahmen Gruppe und dem Zeitungsleser.
- »Ich weiß nicht weiter« beim streikenden Projektor und beim vorzeitigen Stoffende.
- »Ich werde unter Druck gesetzt« beim Liebespaar und bei den unzufriedenen Expertenteilnehmern.
- »Ich habe Angst vor dem nächsten Tag« beim schlechten Feedback im laufenden Seminar.
- »Ich verliere die Autorität« beim Duzen und beim Ulk-Rollenspiel.
- »Ich bin enttäuscht« beim falschen Kollegen.

Vor allem das Gefühl »Jetzt bin ich hilflos« und »Jetzt bin ich ratlos« angesichts einer Situation behindert, weil Hilf- und Ratlosigkeit am wenigsten mit der Leiterfunktion zu vereinbaren sind. Von Leiterinnen und Leitern erwartet man, daß sie souverän sind, daß sie wissen, was zu tun ist, daß sie Sicherheit und Entschlossenheit ausstrahlen.

Was ist gestört?

In allen Krisen ist die Arbeitsfähigkeit gestört (siehe Kapitel 1.3). Meistens ist es die Arbeitsfähigkeit des Leiters oder der Leiterin. Fast immer ist aber auch die Arbeitsfähigkeit eines Teilnehmers oder einer Teilnehmerin, mehrerer Teilnehmer oder der gesamten Lerngruppe beeinträchtigt. Nur eingeschränkt arbeitsfähig sind z.B. der schlafende oder zeitungslesende Teilnehmer, der weglaufende Rollenspieler, die unzufriedenen Expertenteilnehmer. Doch nicht immer ist die Störung so evident. Sind z.B. die Streithähne in ihrer Arbeitsfähigkeit eingeschränkt, oder sind sie voll bei der Arbeit, während die Zuschauer nicht mehr arbeitsfähig sind? Ist das Liebespaar in seiner Arbeitsfähigkeit reduziert, oder sind es die empörten Sittenwächter? Für die produktive Bearbeitung von Krisen ist diese Bewertung der Arbeitsfähigkeit von großer Bedeutung (siehe unten).

Alle Störungen der Arbeitsfähigkeit lassen sich auf die Formel bringen: »Ich bin nicht mehr dabei.« Dabeisein heißt: Die Passung stimmt zwischen mir, den anderen, dem Thema und der Arbeitsweise. Wenn ich nicht mehr »dabei« bin, paßt es irgendwo nicht mehr. Wenn die Passung mit dem Thema oder der Arbeitsweise nicht stimmt, dann langweile ich mich oder fühle mich überfordert oder würde

»Ich bin nicht mehr dabei«

205

lieber etwas anderes tun. Wenn die Passung mit den anderen nicht stimmt, dann fühle ich mich unterlegen oder ausgeschlossen, oder die anderen sind mir lästig. Das »Ich bin nicht mehr dabei« können Leiter wie Teilnehmer erleben. Bei den Leitern wird es allerdings meist sofort und von allen anderen bemerkt.

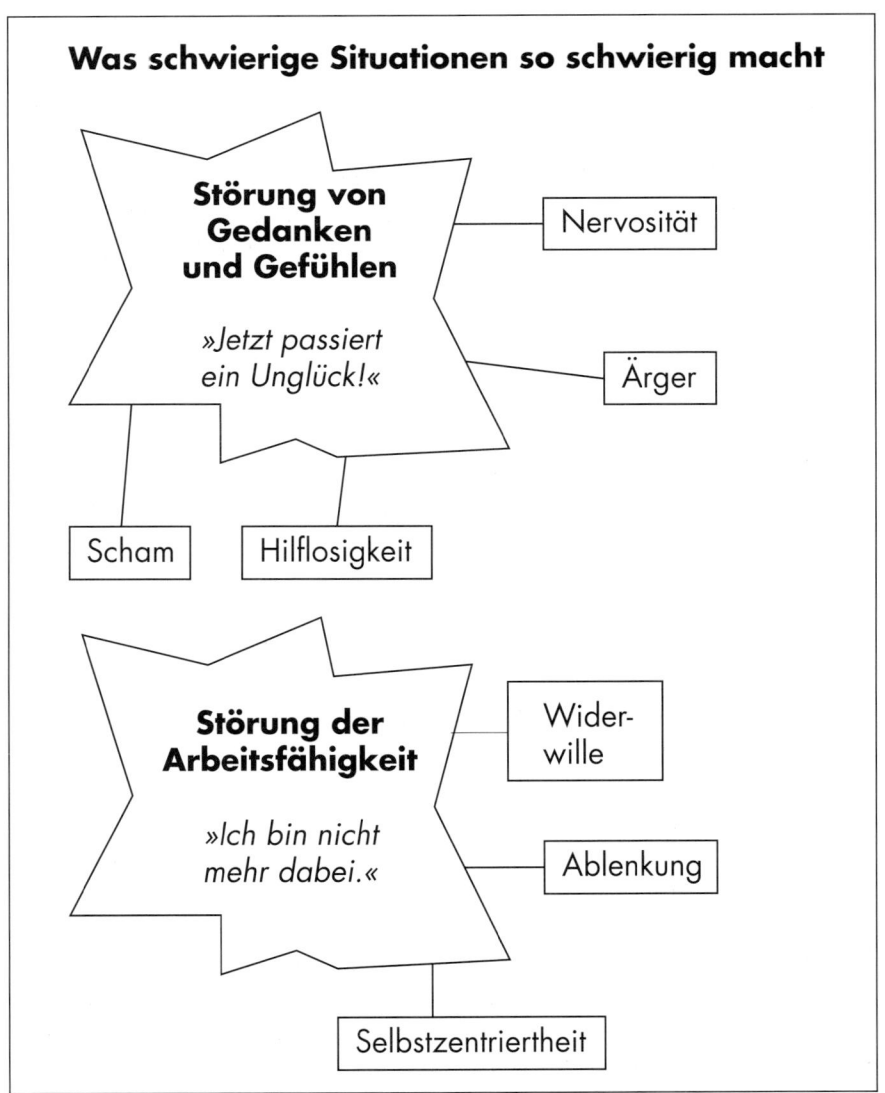

Was schwierige Situationen so schwierig macht

Störung von Gedanken und Gefühlen

»Jetzt passiert ein Unglück!«

Nervosität

Ärger

Scham

Hilflosigkeit

Störung der Arbeitsfähigkeit

»Ich bin nicht mehr dabei.«

Widerwille

Ablenkung

Selbstzentriertheit

Fehler

Wenn sich Leiterinnen und Leiter unsicher fühlen, machen sie meistens Fehler. Diese wirken sich in der Regel auf die weitere Lernarbeit ungünstig aus. Vermeintliche Siege im Kampf gegen Störer und Störungen entpuppen sich später als Aktionen mit Folgekosten. Das gilt auch für Maßnahmen, in denen man sich als Trainer oder Trainerin nach der Gruppenstimmung richtet und später enttäuscht feststellen muß, daß man die Zeche zahlen soll.

Wer Sieger bleibt, hat keinen Konflikt gelöst

Beispiel: Ein egoistischer und rüpelhafter Teilnehmer stört alle. Nach nutzlosen Einigungsversuchen fordert die Mehrheit von der Leiterin, sie solle den Teilnehmer ausschließen. Sobald dies geschehen und der Teilnehmer abgereist ist, stellt die Leiterin erstaunt fest, daß die Gruppe lustlos und mürrisch wirkt und die Lernarbeit nicht mehr vorankommt. Die Erklärung: Sie ist als Leiterin zum Sündenbock geworden; die Teilnehmer sind in Gedanken beim Verstoßenen. Sie spüren ein schlechtes Gewissen. Und sie befürchten insgeheim, das Drama könne sich vielleicht wiederholen.

Leiterinnen und Leiter sind schlecht beraten, wenn sie Siege suchen. In meinen Train-the-Trainer-Seminaren beobachte ich immer wieder, daß Leiter bei der Arbeit an schwierigen Situationen meistens nur an zwei Ziele denken: »Wie kann ich die Störung ausschalten?« und »Wie kann ich mir die Anerkennung der Mehrheit sichern?«

Folgerichtig entwickeln sie Ratschläge wie diese:

- »Störern muß man den Schneid abkaufen. Also am besten mal richtig vor der Gruppe rannehmen oder blamieren.«
- »Besserwissern und Gruppenführern muß man besondere Aufgaben zuteilen. Man kann sie auch als Assistent des Trainers einsetzen. Auf jeden Fall muß man sich mit ihnen verbünden.«
- »Probleme bespreche ich grundsätzlich unter vier Augen. Auch wenn mehrere Teilnehmer betroffen sind, rede ich einzeln mit ihnen. Dann kann ich sie leichter beeinflussen.«

Solche Taktiken lösen meistens zustimmendes Kopfnicken aus, obwohl sie ganz und gar unprofessionell sind. Selbst wenn sie das Ziel – die Störung abschalten und dem Leiter die Anerkennung der Mehrheit sichern – vorübergehend erreichen, ist gepfuscht worden. Warum?

- »Störer kleinmachen«: Die Arbeitsfähigkeit des »Störers« wird sich nicht verbessern, sondern mit Sicherheit verschlechtern. Auf der Gruppenebene wird gespalten statt integriert. Der Haut-den-Lukas-Stil verdirbt die Seminarkultur.
- »Gruppenführer als Verbündeter«: Ein Teilnehmer wird durch den Trainer zum »besonderen Teilnehmer« befördert. Die Verbrüderungsstrategie schadet der Gruppenkohäsion und verdeckt die Realität der unterschiedlichen Positionen von Teilnehmern und Leitern. Die Arbeitsfähigkeit anderer Teilnehmer wird sich verschlechtern (»Warum gerade der oder die und nicht ich?«).
- »Einzelgespräch«: Der Zusammenhalt zwischen den Teilnehmern wird nicht gestärkt, sondern gezielt geschwächt. Das Problem wird nicht gemeinsam bearbeitet, auch wenn alle betroffen sind. Die Teilnehmer entwickeln Fantasien darüber, was in den Einzelgesprächen wohl ausgeheckt wird. Gerüchte und Heimlichkeiten vergiften die Seminarkultur.

Zugegeben: Man kann auch mit Pfusch einen Blechschaden zupinseln oder ein Elektrogerät wieder zum Laufen bringen. Aber weil das unprofessionell ist, wird bald der Rost durchkommen oder die Sicherung durchbrennen. Bei der Arbeit an schwierigen Situationen ist es nicht anders.

Professionell intervenieren

Die folgende Checkliste für die Bearbeitung schwieriger Situationen in Kursen und Seminaren ist eine konsequente Anwendung der beiden Leitprinzipien »Realität deutlich machen« und »Arbeitsfähigkeit herstellen«. Ich habe es ebenso wie das Ablaufschema zur Supervision (siehe Kapitel 1.3) von meinem Kollegen Karlheinz A. Geißler übernommen und aufgrund der Erfahrungen in meinen Seminaren modifiziert. Diese Checkliste soll als Instrument dienen, um in schwierigen Situationen nicht zu pfuschen und zu wursteln, sondern professionell zu intervenieren. Dafür braucht man etwas Zeit. Wenn Sie oft mit diesem Schema gearbeitet haben, werden Sie allerdings auch unter Zeitdruck professioneller handeln. In den meisten schwierigen Situationen hat man die Möglichkeit, in einer Pause erst einmal in Ruhe nachzudenken, bevor man sich zu einer Intervention entschließt. Wenn man sofort handelt, weil man glaubt, dies tun zu müssen, kann man wenigstens später in einer stillen Stunde mit Hilfe der Checkliste überprüfen, ob eine andere Intervention besser gewesen wäre.

Checkliste:
»Was tun in
schwierigen
Situationen?«

Wichtig:
Die Numerierung
der zwölf Fragen
weist darauf hin,
daß die Fragen auch
in dieser Abfolge zu
bearbeiten sind

Realität erfassen

1. Wessen Arbeitsfähigkeit ist gestört?
2. Wie sehen und erleben die Beteiligten das Problem?
3. Was sollten die Beteiligten voneinander wissen?
4. Wenn nichts getan wird: Wie wird sich die Situation entwickeln?
5. Soll ich handeln, sollen andere handeln?
6. Wann soll gehandelt werden?
7. Was soll das Handeln bewirken?

Arbeitsfähigkeit herstellen

8. Was möchten die Beteiligten anders haben?
9. Was wollen/was können die Beteiligten dafür tun?
10. Was wäre eine gute Maßnahme/Vereinbarung?
11. Was ist zu tun, wenn die Maßnahme/ Vereinbarung nicht klappt?
12. Wie steht es jetzt mit der Arbeitsfähigkeit?

Damit Sie mit dieser Checkliste vertraut werden, will ich an einem relativ einfachen »Fall« zeigen, wie man mit ihr arbeitet. Der Fall wurde in einem Train-the-Trainer-Seminar von einem Teilnehmer authentisch berichtet und anschließend in drei Kleingruppen gleichzeitig bearbeitet.

Der Fall

Der Vielredner:
Was würden Sie tun?

Bei einem mehrtägigen Fachkurs fällt ein Teilnehmer dadurch auf, daß er sich bei jeder Frage des Kursleiters sofort meldet und dann endlos und umständlich redet. Die anderen Teilnehmer halten sich mit Beiträgen zurück und schreiben teilweise mit, was der Vielredner sagt. Dem Kursleiter wird der Teilnehmer zunehmend unsympathisch. Die Umständlichkeit und Weitschweifigkeit kostet ihn Nerven. Außerdem sieht er die Zeit davonlaufen. Deshalb versucht er, hin und wieder den Teilnehmer einfach nicht zu beachten, aber der meldet sich so hartnäckig und die anderen sind so passiv, daß er ihm doch wieder das Wort erteilen muß. Er weiß nicht, was er tun soll.

Die Gruppenarbeit

Alle drei Gruppen präsentierten zu diesem Fall übereinstimmende Diskussionsergebnisse. Einhellig verfolgten sie die Strategie: »Wie kann man diesen Teilnehmer bremsen?« Die Empfehlungen waren durchaus kreativ: Redezeit begrenzen; rote Karten austeilen, mit denen jeder Teilnehmer anzeigen kann, wenn ihm ein Beitrag zu lange dauert; nicht Fragen an alle stellen, sondern immer gleich einen Teilnehmer mit Namen aufrufen; den Teilnehmer sanft, aber deutlich um mehr Prägnanz bitten, z.B. »Können Sie das bitte mit einem Satz zusammenfassen?« oder »Das war wirklich erschöpfend behandelt«; den Teilnehmer in einer Pause ansprechen, er solle sich doch mehr zurückhalten.

Die Checkliste

Frage 1 »Wessen Arbeitsfähigkeit ist gestört?«
Ohne Zweifel die Arbeitsfähigkeit des Kursleiters. Vermutlich ist auch die Arbeitsfähigkeit der anderen Teilnehmer reduziert: Sie halten sich zurück, sind nicht engagiert. Nicht gestört ist nur die Arbeitsfähigkeit des eifrigen Teilnehmers.

Frage 2 »Wie sehen und erleben die Beteiligten das Problem?«
Der Kursleiter ist nervös und erlebt den eifrigen Teilnehmer als lästig. Zu dem anderen kann er vorerst nur Vermutungen anstellen. Vermutung zum eifrigen Teilnehmer: Er fühlt sich offensichtlich wohl und hat kein Problem. Vermutung zu den anderen Teilnnehmerinnen und Teilnehmern: Sie sind unbestimmt; teils finden sie die Beiträge wohl informativ und schreiben mit, teils dauert es ihnen auch zu lang.

Frage 3 »Was sollten die Beteiligten voneinander wissen?«
Mitzuteilen gäbe es vieles, z.B. die Gereiztheit des Kursleiters an den eifrigen Teilnehmer oder Informationen über die Situation der anderen Teilnehmer. In diesem Fall hat allerdings der Kursleiter das Hauptproblem. Deshalb muß er abwägen, welche Folgen eine offene Aussprache wahrscheinlich nach sich zieht. Ganz sicher ist der eifrige Teilnehmer irritiert, wenn er vom Ärger des Kursleiters erfährt. »Wo ich doch der einzige bin, der sich hier richtig einsetzt.« Und was tut der Kursleiter, wenn die anderen sagen, der Teilnehmer würde sie überhaupt nicht stören?

Zwischenergebnis nach den Fragen 1–3 der Checkliste ist folgende Einschätzung der Realität: Der eifrige Teilnehmer ist ein guter Teilnehmer, der Kursleiter ist am meisten in seiner Arbeitsfähigkeit beeinträchtigt, die anderen sind schlechte Teilnehmer, insgesamt kommt keine gute gemeinsame Arbeit zustande.

Der eifrige Teilnehmer ist ein guter Teilnehmer

Frage 4 »Wenn nichts getan wird: Wie wird sich die Situation entwickeln?«
Vermutlich wird sich der Ärger des Kursleiters so aufstauen, daß er sich gegenüber dem einen Teilnehmer nicht mehr angemessen verhält. Die ungleiche Verteilung der Mitarbeit wird sich ebenfalls nicht bessern.

Frage 5 »Soll ich handeln, sollen andere handeln?«
Der Kursleiter ist der Hauptbetroffene. Schon aus diesem Grund sollte er als erster über eine Intervention nachdenken. Außerdem ist mit der Position als Leiter prinzipiell eine besondere Verantwortung verbunden.

Frage 6 »Wann soll gehandelt werden?«
Es besteht kein Handlungsdruck gerade in diesem Augenblick, so daß der Kursleiter in Ruhe über sinnvolle Maßnahmen nachdenken kann.

Frage 7 »Was soll das Handeln bewirken?«
Der Kursleiter möchte den Teilnehmer zum Schweigen bringen. Das würde dessen Arbeitsfähigkeit einschränken. Die richtige Aufgabe wäre statt dessen, die anderen zum Mitmachen zu bringen, also ihre Arbeitsfähigkeit zu verbessern. Dann wird sich auch die Arbeitsfähigkeit des Kursleiters erholen.

Frage 8 »Was möchten die Beteiligten anders haben?«
Der Kursleiter möchte, daß alle mitarbeiten. Der eifrige Teilnehmer fühlt sich wohl. Die anderen Teilnehmer zeigen keine Anzeichen von Unzufriedenheit; vermutlich würde ihnen aber auch eine bessere Zusammenarbeit gefallen. Der Kursleiter könnte – das ist im Normalfall immer das Beste – die Beteiligten dazu befragen. In diesem Fall jedoch würde eine Aussprache den eifrigen Teilnehmer zum Problemfall machen (siehe oben zu Frage 3). Deshalb muß der Kursleiter als Hauptbetroffener über Maßnahmen entscheiden.

Frage 9 »Was wollen/was können die Beteiligten dazu tun?«
Der Kursleiter erkennt, daß er etwas tun kann, nämlich seine Methodik ändern.

Frage 10 »Was wäre eine gute Maßnahme/Vereinbarung?«
Die geschilderten Probleme mit dem eifrigen Teilnehmer sind typisch für den traditionellen Lehrvortrag und das Lehrgespräch mit dem Frage-Antwort-Ritual (siehe Kapitel 2.2). Eine bessere Verteilung der Mitarbeit kann der Kursleiter mit Methoden wie diesen erreichen:

So regt man zur Mitarbeit aller an

- Fragen mit der Aufforderung: »Besprechen Sie sich zuerst kurz mit Ihrem Nachbarn«. Dann kommen die Zweierteams nacheinander zu Wort.
- Reihummethoden wie Blitzlicht, Meinungsabfrage, Ideensammeln.
- Kartenabfrage und Pinwand; es muß ja nicht eine ausgiebige Moderation sein (siehe Kapitel 3.3).
- Kleingruppenarbeit.

Wenn der eifrige Teilnehmer bei diesen Methoden wieder zu lange reden sollte, kann man leicht darauf verweisen, daß man mehr voneinander hören kann, wenn sich jeder kürzer faßt.

Frage 11 »Was ist zu tun, wenn die Maßnahme/Vereinbarung nicht klappt?«
Bei den genannten Methoden ist das schwer vorstellbar. Sollten aber die anderen Teilnehmer auch hierbei »mauern«, kann man es direkt in der Situation zum

Thema machen. Es geht dann aber um mangelnde Mitarbeit der anderen und nicht gegen den eifrigen Teilnehmer!

Frage 12 »Wie steht es jetzt mit der Arbeitsfähigkeit?«
Vermutlich wird sich die Arbeitsfähigkeit des Kursleiters und die der anderen verbessern.

Dieser Fall zeigt, wie rasch man bei sogenannten schwierigen Teilnehmern den Fehler begeht, die Aufmerksamkeit nur auf den »Störer« zu richten. Das Thema dieses Falls ist aber nicht »Wie bremsen wir den Vielredner?«, sondern »Wo sind die anderen?« Keiner Gruppe, die in meinem Seminar diesen Fall diskutiert hat, ist aufgefallen, daß der Vielredner hier ein guter Teilnehmer ist und daß eine Strategie nicht richtig sein kann, die seine Arbeitsfähigkeit einschränkt. Bemerkenswert ist auch, daß für alle Gruppen das Problem sofort »völlig klar« war, obwohl sie nur einen Teil der Realität – die Wahrnehmung des Kursleiters, daß jemand stört – erfaßt und wesentliche andere Aspekte – der »Störer« ist ein guter Teilnehmer, die anderen verhalten sich problematisch – ganz übersehen haben.

Besonders wichtige Checkfragen

Die Checkliste regt dazu an, vor einer Intervention sorgfältig die Realität des Problems zu klären und dann zu einer Maßnahme oder Vereinbarung zu kommen, die von den Beteiligten getragen wird und die Arbeitsfähigkeit wiederherstellt. Vor allem vier der zwölf Teilfragen der Checkliste verdienen besondere Beachtung:

Frage 1 »Wessen Arbeitsfähigkeit ist gestört?«
Im Beispielfall klärte sich durch diese Frage, daß der »schwierige« Teilnehmer wohl derjenige Beteiligte war, dessen Arbeitsfähigkeit sich am besten entfaltete. Schon diese erste Frage der Checkliste hätte also den Fehler verhindern können, bei Maßnahmen an den eifrigen Teilnehmer zu denken. Zugleich klärt diese Frage auch, wer ein besonderes Interesse haben müßte, sich um das Problem zu kümmern. Wenn z.B. ein Teilnehmer zu spät kommt, dies aber nicht den Kursleiter, sondern nur einige andere Teilnehmer stört, haben diese das Problem und sollten sich darum kümmern. Wenn im Falle des Liebespaars (siehe oben) entrüstete Teilnehmer den Trainer unter Druck setzen, etwas zu unternehmen, wäre zu sagen: »Mich stört es nicht. Sie stört es. Also liegt es an Ihnen, etwas zu unternehmen.« Diese Aussage klärt die Realität. Allerdings sollte man als Leiterin oder Leiter – auch wenn man das Problem nicht hat – immer dann intervenieren,

»Wer hat das Problem?«

wenn die Arbeitsfähigkeit der Teilnehmer durch ein Problem gestört ist und man sieht, daß die Beteiligten unfähig sind, selbst eine Lösung zu finden. Aber auch dann ist es sinnvoll, bei der Intervention deutlich zu machen, wer das Problem hat und wer nicht.

Frage 3 »Was sollten die Beteiligten voneinander wissen?«
In Partnertherapien werden die zerstrittenen Paare in der Regel zuerst gebeten, einmal auszusprechen, wie sie jeweils die Beziehung erleben, was sie am anderen mögen, was ihnen fehlt. Dem Partner fällt es dann wie Schuppen von den Augen. Er/sie versteht plötzlich vieles und fragt verwundert: »Aber warum hast du mir das nie gesagt?« Ähnlich ist es auch bei schwierigen Situationen in Kursen und Seminaren. Es kann sehr klärend sein, wenn die Teilnehmer z.B. erfahren, daß ihre Kursleiterin sich seit einigen Stunden unwohl fühlt, weil sie spürt, daß nicht mehr produktiv gearbeitet wird (siehe oben, lustlose Gruppe). Oder wenn der Zaungastchef (siehe oben) vom Kursleiter hört: »Ich kann nicht arbeiten, wie ich es möchte. Das hat mit Ihnen zu tun. Ich bin unzufrieden und möchte das ändern.«

»Warum hat mir das niemand gesagt?«

Vor einem Mißverständnis ist zu warnen: Ich will nicht dazu animieren, bei jeder Gelegenheit Ich-Botschaften zu versenden und die Teilnehmer ebenfalls dazu aufzufordern. Kriterium ist, ob das Wissen voneinander der Sicherung der Arbeitsfähigkeit dient, also produktiv ist. Wenn ich als Trainer z.B. ein ernstes privates Problem hätte, würde ich versuchen, einen Weg zu finden, daß meine Arbeitsfähigkeit im Seminar trotzdem gewährleistet ist. Gelingt mir das nicht, sollte ich besser das Seminar von einem Kollegen leiten lassen. Breite ich statt dessen mein Problem vor der Gruppe aus, belaste ich ihre Arbeitsfähigkeit; die Teilnehmer würden sich eher mit mir als mit der Lernarbeit beschäftigen. Mitleid und Schonung würden das Geschehen bestimmen.

Frage 6 »Wann soll gehandelt werden?«
Meiner Erfahrung nach intervenieren Leiterinnen und Leiter in schwierigen Situationen oft zu früh (siehe das Motto zu diesem Kapitel). Das hat mehrere Nachteile. Frühe Interventionen sind selten ausreichend durchdacht. Frühe Interventionen sind oft überflüssig, weil sich das Problem mit etwas Warten erledigt hätte. Und frühe Interventionen sind oft schade, weil sie den Teilnehmern die Chance nehmen, selbst das Problem anzupacken. Für die Gruppenbildung wie für die Gestaltung der Teilnehmerrolle ist das Erfolgserlebnis, ein Problem ohne Leiter

Abwarten kann sich lohnen

gelöst zu haben, besonders förderlich. Wenn man als Leiter glaubt, nicht mehr länger warten zu können, ist es immer noch besser, diese »Selbstheilungskräfte« der Teilnehmer anzuregen, als selbst alles in die Hand zu nehmen. Die Checkliste regt das gemeinsame Vorgehen mit den Fragen 3, 5, 8 und 9 an.

Frage 8 »Was möchten die Beteiligten anders haben?«
Im problemklärenden Gespräch sollte diese Frage nie fehlen. Sie fokussiert auf mögliche Lösungen für das Problem, lenkt die Aufmerksamkeit also weg von der eigenen Betroffenheit und dem Sumpf an Unzufriedenheit, Kränkung, Aggressivität und Verdächtigungen, der für schwierige Situationen charakteristisch ist. Für Personen, die gerade von ihren negativen Emotionen überschwemmt werden, ist die Frage »Was möchten Sie anders haben?« verblüffend und zugleich sehr produktiv. Über dem Jammern oder Schimpfen haben sie aus dem Blick verloren, was sie konkret wollen. Es gibt allerdings Fälle, wo eine Person die Hilfe des Leiters oder der Leiterin braucht, um diese Frage beantworten zu können. Sie sagt dann z.B.: »Keine Ahnung« oder »Es bringt sowieso nichts, wenn ich sage, was ich möchte.« Wie immer ist es auch hier angebracht, Realität deutlich zu machen: »Möchten Sie, daß alles beim alten bleibt?«, »Warum glauben Sie, daß es nichts bringt, wenn Sie Ihre Wünsche äußern?«, »Ich brauche Ihre Meinung, denn ich wünsche mir, daß Sie/wir bald wieder arbeitsfähig sind.«

Nicht zurück, sondern nach vorne blicken!

Stumme Interventionen

Meistens, aber nicht immer ist die sprachliche Klärung, Verständigung und Vereinbarung der beste Weg des Krisenmanagements. Manchmal kann eine nonverbale Intervention, also eine Handlung der Leiterin oder des Leiters, wirkungsvoller sein.

Ein Beispiel: Ich habe in einem Seminar erlebt, daß eine Teilnehmerin immer wieder mit ihrer Sitznachbarin flüsterte. Sie störte damit mich und die anderen. Als die Teilnehmerin treuherzig und liebenswert gestand, das sei eine alte und dumme Angewohnheit von ihr, die sie trotz guten Willens nie ganz abstellen könne, entschied ich mich für eine nonverbale Intervention. Sobald die Teilnehmerin wieder mit dem Tuscheln anfing, hörte ich auf zu reden, ging zum Fenster und schaute hinaus. Beendete sie das Tuscheln, redete ich weiter. Die Intervention erwies sich als sehr wirksam. Ich führe dies darauf zurück, daß die Handlung exakt die entscheidende Realität abbildete (siehe Kapitel 4.1, »Symbole«): Wenn die Teilnehmerin redet, kann ich nicht gleichzeitig reden, weil sie und ich dann nicht arbeitsfähig sind.

Andere stumme Interventionen, die in manchen schwierigen Situationen mehr mitteilen und bewirken können als Worte, sind z.B.: Körperkontakt (jemand den Arm auf die Schulter legen, die Hand geben usw.), räumliche Nähe (auf jemand zugehen, sich zu jemand setzen), Gesten (ein Gefühl, eine Stimmung, einen Prozeß symbolisieren), Mimik (Lächeln oder negative Mimik bewußt übertreiben und damit »entkrampfen«).

Doch Vorsicht: Stumme Interventionen sind noch mehrdeutiger als Sprache und können deshalb gerade in verwickelten Situationen »falsch ankommen«.

Die Krise als Test

»In unseren Fehlern sind wir am ehrlichsten.«

(Jean Cocteau)

Als Leiterin oder Leiter hat man es bei der Arbeit an schwierigen Situationen schwerer als die Teilnehmer. Man trägt eine besondere Verantwortung für die Arbeitsfähigkeit aller, auch dann, wenn die eigene Arbeitsfähigkeit gestört ist und man selbst von negativen Emotionen heimgesucht wird. Außerdem setzt man mit seinem Verhalten Zeichen für die Qualität der Seminarkultur. Schwierige Situationen sind der härteste Test für die Leiterprofessionalität. Für diesen Test möchte ich Ihnen zum guten Schluß noch drei Anregungen mitgeben, die nicht nur in schwierigen Situationen recht taugliche Wegweiser sind.

Seien Sie klar!

Gerade in Krisen steigert es die Verwirrung, wenn man als Leiterin oder Leiter mehrdeutig und widersprüchlich agiert oder wenn man die Teilnehmer im unklaren über die eigene Position läßt. Unklar ist, wer auf ein wiederkehrendes Ereignis unberechenbar einmal so reagiert, einmal anders. Unklar ist, wer droht und beim nächsten Mal nachgiebig reagiert. Unklar ist, wer die Teilnehmer nach Vorschlägen fragt, aber weitermacht, als sei nichts geschehen. Unklar ist, wer bei einer Krise der Gruppe sagt: »Es ist euer Problem«, dann aber doch das Problem an sich reißt und einsame Entscheidungen trifft. Klar sollte man als Leiter besonders dann sein, wenn man Wünsche von Teilnehmern nicht akzeptieren kann, weil sie mit den eigenen Entscheidungen über die Struktur der Lernarbeit nicht vereinbar sind. »Das ist verhandelbar, das nicht« gehört wesentlich zur Leiteraufgabe, Realität deutlich zu machen.

Seien Sie tolerant!

Nicht wenige schwierige Situationen sind nur deshalb schwierig, weil es Leiterinnen und Leitern schwer fällt, ein Mindestmaß an Toleranz und Souveränität aufzubringen.
Warum stört es, wenn ein Teilnehmer ein paar Minuten zu spät kommt, solange er toleriert, daß ich und die anderen zur vereinbarten Zeit beginnen?

Warum stört es, wenn Teilnehmer während der Lernarbeit ihren Kaffee trinken oder ein Stück Kuchen essen, solange es ihrer Arbeitsfähigkeit dient? Wenn ein Teilnehmer Zeitung liest (siehe oben), ist das etwas anders: Lesen und Zuhören sind weniger verträglich als Essen und Zuhören.

Warum sollen die Teilnehmer nicht jeweils aktuell selbst entscheiden, ob und wie lange sie eine Pause haben möchten, wie lange sie für eine Gruppenarbeit brauchen?

Das sind Kleinigkeiten, aber es gibt Leiterinnen und Leiter, die sich Probleme schaffen, weil sie auch diese Kleinigkeiten reglementieren und es dann als »schwierige Situation« erleben, wenn die Disziplin zu wünschen übrig läßt.

Leiter sollten auch Toleranz von den Teilnehmern verlangen, wenn dies nötig ist. Wenn Teilnehmer den Leiter oder die Leiterin unter Druck setzen, »Da müssen Sie aber einschreiten«, ist das eigentliche Thema in den meisten Fällen Toleranz oder Intoleranz und ist auch als solches zu klären. Ich würde – aufgrund meiner Auffassung von Seminarkultur – von den Teilnehmerinnen und Teilnehmern verlangen, daß sie (siehe die Beispiele oben) Geduld mit einem Vielredner aufbringen; daß sie ein Liebespaar in Ruhe lassen, auch wenn das mit den eigenen Wertvorstellungen nicht übereinstimmt; daß sie als Fortgeschrittene die Probleme von Anfängern respektieren; daß sie es nicht als Renitenz werten, wenn eine Kleingruppe bei einer Gruppenarbeit keinen Sinn sehen kann; daß sie einem Akteur nach dem Rollenspiel gestatten, die Nerven zu verlieren, und einem übermüdeten Teilnehmer seinen Kurzschlaf. Leitlinie ist für mich in all diesen Fällen wieder das Kriterium »Arbeitsfähigkeit«. Der Vielredner, das Liebespaar, die Anfänger sind arbeitsfähig; den Forderungen der anderen Teilnehmer nachzugeben hieße, diese Arbeitsfähigkeit zu gefährden. Die Kleingruppe ist nicht arbeitsfähig; sie zur Gruppenarbeit zu zwingen würde dieses Problem nicht lösen. Der verzweifelte Rollenspieler und der Schläfer sind nicht arbeitsfähig; aber die Flucht und der Kurzschlaf sind nicht die schlechtesten Mittel, die Arbeitsfähigkeit wiederherzustellen. Warum also hier intervenieren?

Die Toleranz hat ihre Grenze, wo sie der Arbeitsfähigkeit schadet. Wenn Teilnehmer jeden Abend so lange zechen, daß sie am nächsten Tag nicht arbeitsfähig sind, muß ich als Leiter das Problem zum Thema machen. Wenn sich die fortgeschrittenen Teilnehmer chronisch unterfordert fühlen, weil ich mich nur auf die Anfänger in der Gruppe einstelle, muß eine sinnvolle Arbeitsweise gefunden werden.

Seien Sie erwachsen!

Agieren nach Eltern-Ich- oder Kind-Ich-Drehbüchern (siehe Kapitel 1.3) ist für Leiter unprofessionell und unproduktiv. Eine ihrer wesentlichen Aufgaben besteht ja darin, mit den Erwachsenenanteilen der Lernenden zu arbeiten und diese zu stärken. Dies gelingt nicht, wenn man als Leiter bemuttert, bevormundet, sich klein macht oder alles auf die leichte Schulter nimmt. Unter Belastung kommt es leicht dazu, daß man aus dem Erwachsenen-Ich in solche untauglichen Drehbücher gerät. »Jetzt reicht es aber!« und »Jetzt zeige ich denen, wo es langgeht!« sind Impulse, die das kritische Eltern-Ich durchbrechen lassen. Mit »Warum muß das gerade mir passieren?« und »Was machen wir jetzt bloß?« meldet sich das Kind-Ich.

Manche Kolleginnen und Kollegen vertreten die Meinung, es hätte sein Gutes, wenn die Teilnehmer mitbekommen, daß auch ein Leiter oder eine Leiterin die Nerven verlieren kann. Ich vermag nicht zu sehen, wo der Gewinn dieser Erfahrung liegen soll. Tatsache ist, daß unprofessionelles Leiterverhalten Krisen verstärkt und ihre Bearbeitung erschwert. Daß der Leiter oder die Leiterin unter Druck steht, ist den Teilnehmern in Krisen ohnehin klar. Aber es ist für sie entlastend und zugleich eine gute Lernchance, wenn sie am Modell des Leiters oder der Leiterin sehen, wie man auch bei Krisen realitätsangemessen, kooperativ und konstruktiv handelt.

Schluß

»Zu verlangen, daß einer alles,
was er je gelesen, behalten hätte,
ist wie verlangen, daß er alles,
was er je gegessen hätte,
noch in sich trüge.«

(Arthur Schopenhauer)

Im Text genannte Lesetips

Bono, E. de: Laterales Denken. Düsseldorf 1989

Geißler, Kh.A.: Anfangssituationen. Weinheim und Basel 1994, 6. Auflage

Geißler, Kh.A.: Lernprozesse steuern. Weinheim und Basel 1995

Harris, Th.A.: Ich bin o.k, Du bist o.k. Reinbek 1994

Kirckhoff, M.: Mind Mapping. München 1992, 9. Auflage

Neuland, M.: Neuland-Moderation. Eichenzell 1995

Knoll, J.: Kleingruppenmethoden. Weinheim und Basel 1993

Langner-Geißler, T./Lipp, U.: Pinwand, Flipchart und Tafel. Weinheim und Basel 1994, 2. Auflage

Lipp, U./Will, H.: Das große Workshop-Buch. Weinheim und Basel 1995

Pallasch, W.: Supervision. Weinheim 1991

Schanda, F.: Computer-Lernprogramme. Weinheim und Basel 1995

Toelstede, B./Gamber, P.: Video-Training und Feedback. Weinheim und Basel 1993

Vopel, K.W.: Interaktionsspiele (6 Hefte). Hamburg 1992, 7. Auflage

Wallenwein, G.: Spiele: Der Punkt auf dem i. Weinheim und Basel 1995

Will, H.: Overheadprojektor und Folien. Weinheim und Basel 1994, 2. Auflage

Winteler, A./Forster, P.: Ich bin ganz Ohr. Genf und München 1995

Bildnachweis

S. 61: Aus: Langner-Geißler, T./Lipp, U.: Pinwand, Flipchart und Tafel. Weinheim und Basel 1994, 2. Auflage

S. 96: Aus: Will, H.: Overheadprojektor und Folien. Weinheim und Basel 1994, 2. Auflage

S. 150: Werkfoto Pelikan

S. 159: Aus: Langner-Geißler, T./Lipp, U.: Pinwand, Flipchart und Tafel. Weinheim und Basel 1994, 2. Auflage

S. 173: Aus: Kittelberger, R./Freisleben, I.: Lernen mit Video und Film. Weinheim und Basel 1994, 2. Auflage

S. 236: Aus: Lipp, U./Will, H.: Das große Workshop-Buch. Weinheim und Basel 1995

Sachverzeichnis

W BELTZ WEITERBILDUNG

Hermann Will (Hrsg.)
Mit den Augen lernen
Medien in der
Aus- und Weiterbildung.
5 Bände im Schuber.
557 Seiten. Broschiert.
ISBN 3-407-36014-2

Die fünf Bücher in diesem Schuber befassen sich mit ganz unterschiedlichen Medien – von Teilnehmerunterlagen über Flipchart bis zu Video und Film. Der erste Band gibt eine Einführung in das Lernen mit Medien. Diesem eher theorieorientierten »Brückenband« folgen vier betont praxisbezogene Bücher. Die Bände nehmen zwar Bezug aufeinander, können aber auch für sich genommen sinnvoll gelesen werden.

»Ein gutes Instrumentarium und Hilfsmittel für den Dozentenalltag.«
TRAINING aktuell

»Erfreulich konkret und anschaulich wird diese in verständlicher Sprache gehaltene Reihe durch vielfältige Illustrationen und Tips bis hin zu Bezugsadressen. Durch das eigenwillige quadratische Format besteht reichlich Platz für Randbemerkungen. Richtige Arbeitsbücher also.«
Süddeutsche Zeitung

Band 1
Weidenmann
Lernen mit Bildmedien
Psychologische und didaktische Grundlagen.
124 Seiten. Broschiert.
ISBN 3-407-36015-0

Band 2
Ballstaedt
Lerntexte und Teilnehmerunterlagen
104 Seiten. Broschiert.
ISBN 3-407-36016-9

Band 3
Langner-Geißler/Lipp
Pinwand, Flipchart und Tafel
96 Seiten. Broschiert.
ISBN 3-407-36017-7

Band 4
Will
Overheadprojektor und Folien
109 Seiten. Broschiert.
ISBN 3-407-36018-5

Band 5
Kittelberger/Freisleben
Lernen mit Video und Film
124 Seiten. Broschiert.
ISBN 3-407-36019-3

Hermann Will
Mini-Handbuch
Vortrag und Präsentation
Für Ihren nächsten Auftritt
vor Publikum.
68 Seiten. Broschiert.
ISBN 3-407-36314-1

»An einen guten Vortrag erinnert man sich nicht immer, einen schlechten aber vergißt man nie!« Darum lohnt sich das Vorbereiten auf den nächsten Auftritt vor Publikum.

»Jeder der vorträgt, sollte zumindest dieses Minihandbuch einmal gelesen haben, es lohnt sich.«
Deutsche Apotheker Zeitung

»Die Texte sind knapp und prägnant formuliert. Damit eignet es sich ganz besonders als Nachschlagewerk für Teilnehmer von Präsentationstechnik-Seminaren oder Rhetorikkursen. Es ist aber auch ideal als schnelle Auffrischung für alle diejenigen, die nicht ständig Vorträge halten müssen.«
Windmühle

Reinhard van Vugt
Audiovisuelle
Kommunikation
Elektronische Medien in
Aus- und Weiterbildung,
Präsentation und Konferenz.
253 Seiten. Gebunden.
ISBN 3-407-36313-3

»Ein Buch, bei dem der Leser stets spürt – der Autor ist Praktiker. (...) Ein ohne Einschränkung empfehlenswertes Buch.«
m+s Jahrbuch 1995

»Allgemeinverständlich und prägnant verfaßt, offeriert der Verfasser eine kompakte Einführung in die moderne Unterrichtsgestaltung und Präsentation.«
K. Schneider, Sozial extra

»Der Lektüre des verständlich geschriebenen Buches folgt ein Gefühl der Erleichterung: endlich weiß man einmal, was es alles gibt, was hinter den neumodischen Begriffen steht und was für einen selbst in Frage kommen könnte.«
Motivation

Beltz Verlag · Postfach 100154 · 69441 Weinheim

W BELTZ WEITERBILDUNG

Karlheinz A. Geißler
Anfangssituationen
Was man tun und besser
lassen sollte.
176 Seiten. Broschiert.
ISBN 3-407-36303-0

»Auch wenn Sie die Anfänge Ihrer
Seminare immer ohne mulmiges
Gefühl souverän und überlegen
meistern, keine Probleme mit
Dauerrednern und Schweigern
haben, Zuspätkommende problem-
los integrieren und schon genügend
Spiele für schwungvolle Anfänge
kennen – werden Sie dieses unter-
haltsam geschriebene Buch mit
seinen humorvollen Zitaten wahrscheinlich mit Vergnügen lesen ...«
villa bossaNova,
Lebendige Seminarmethoden

Aus dem Inhalt:
Die Soziodynamik von Anfangssituationen; Die Angst des
Dozenten vor und in Anfangssituationen; Redner und Schweiger;
Ist es sinnvoll, das Kennenlernen
spielerisch zu gestalten? Regeln
zur Orientierung der Teilnehmer;
Beispiele von Anfangssituationen.

Karlheinz A. Geißler
Schlußsituationen
Die Suche nach dem guten Ende.
156 Seiten. Broschiert.
ISBN 3-407-36304-4

»Die Lektüre dieses Buches macht
Spaß. (...) Das Buch kann jedem
empfohlen werden, der Bildungsveranstaltungen durchführen und
zu einem guten Ende bringen will.«
Günter Pätzold, Die berufsbildende
Schule

»Das Muster eines Buches, aus
dem man gern lernt, was man auch
auf diese Weise lernen kann.«
Kunst + Unterricht

»Ein empfehlenswertes, weil
hilfreiches und handhabbares
Buch (...).«
Organisationsentwicklung

Aus dem Inhalt:
Die Auflösung der Zusammenarbeit;
Rituale der Trennung; Prüfungen:
Das Macht-volle Ende; Das Finale
verlangt nach Gestaltung; Auswer-
tung in Schlußsituationen; Transfer;
Übergänge gestalten.

Karlheinz A. Geißler
Lernprozesse steuern
Übergänge: Zwischen Willkommen
und Abschied.
212 Seiten. Broschiert.
ISBN 3-407-36320-6

Wie kann man gut und erfolgreich
den Lernalltag steuern? Diese Frage
stellen sich in zunehmendem Maße
Trainerinnen, Dozenten, Referentinnen und Seminarleiter. Die Akzep-
tanz von Führung muß heute durch
anspruchsvolle Gestaltungs- und
Steuerungsarbeit erreicht werden.
Dieses Buch zeigt, wie man den ge-
stellten Ansprüchen gerecht werden
kann. Mit zahlreichen Beispielen
aus der Praxis werden Methoden,
Verfahren und Empfehlungen angeboten, die helfen, sich in der Komplexität der sozialen Prozesse des
Lehrens und Lernens zurechtzufin-
den. Dies gilt insbesondere für die
Übergänge, die zwischen dem Anfangen und dem Aufhören liegen.

Aus dem Inhalt:
Lehr-/Lernprozesse steuern und
gestalten; Schwierige Situationen;
Übergänge; Die Gruppe und ihre
Dynamik.

Bernd Weidenmann
Erfolgreiche Kurse und
Seminare
Professionelles Lernen mit
Erwachsenen.
224 Seiten. Broschiert.
ISBN 3-407-36322-2

Erwachsene Lerner sind anspruchsvoll. Sie wünschen sich lebendige,
effektive, praxisnahe Kurse und
Seminare. So werden Kurs- und
Seminarleiter in der Erwachsenenbildung heute mehr gefordert als
je zuvor. Sie müssen in vielerlei
Hinsicht mit hoher Professionalität
arbeiten
● als Experte zum Thema
● als Arrangeur von Lern-
  situationen
● als Coach
● als Teamentwickler
● als Krisenmanager
● als Gestalter der Seminarkultur
Der renommierte Lernpsychologe
und erfahrene Trainer Bernd
Weidenmann stellt vor, worauf es
ankommt. Das Buch enthält eine
Fülle von interessantem Hinter-
grundwissen, anschaulichen
Beispielen aus der Praxis und
erprobten Anregungen.

Beltz Verlag · Postfach 100154 · 69441 Weinheim

W BELTZ WEITERBILDUNG

Martin Hartmann
Rüdiger Funk
Horst Nietmann
Präsentieren
Präsentationen: Zielgerichtet
und adressatenorientiert.
189 Seiten. Gebunden.
ISBN 3-407-36319-2

»Wer eine ›Dramaturgie der
Präsentation‹ sucht, wird hier
fündig! In der Verschränkung
von Ziel, Inhalt und Methode ist
dieses Buch Spitzenklasse, immer
wieder mit Gewinn zu Rate zu
ziehen.«
Wolfgang Beywl, Contraste

»Ein empfehlenswertes Buch
für alle, die ihre Präsentation
verbessern wollen.«
Betriebliches Vorschlagswesen

Aus dem Inhalt:
Vorbereitung, Aufbau und Durchführung der Präsentation; Fragen
und Diskussion; Visualisierung und
Einsatz von Medien; Lampenfieber;
Rhetorik, Mimik, Gestik; Gestaltung
optimaler Rahmenbedingungen für
eine Präsentation; Checkliste.

Susanne Motamedi
Rede und Vortrag
Sorgfältig vorbereiten, stilistisch
ausarbeiten, erfolgreich durchführen.
132 Seiten. Broschiert.
ISBN 3-407-36310-9

»Susanne Motamedi verbindet die
Erkenntnisse der wissenschaftlichen
Rhetorik mit den praktischen An-
forderungen von Beruf und Alltag.
Ihre Ratschläge sind zugleich
fundiert, verständlich und korrekt.«
Vorarlberger Lehrerzeitung

»Ob Fachvortrag, Meinungs- oder
Gelegenheitsrede, das Buch ist
ein zuverlässiger Helfer in allen
Sprechsituationen.«
Jugend-Beruf-Gesellschaft

Aus dem Inhalt:
Über die Rhetorik; Aufbau von
Rede und Vortrag; Verständlichkeit;
Redefiguren; Atmung, Stimme
und Aussprache; Körpersprache;
Lampenfieber; Kurzstatements;
Gelegenheitsrede; Sachvortrag.

Sigmar Saul
Führen durch Kommunikation
Gespräche mit Mitarbeiterinnen
und Mitarbeitern.
126 Seiten. Broschiert.
ISBN 3-407-36307-9

»Dieses Buch liefert die Grund-
lage für eine optimale Gesprächsführung.«
VDBUM-Information

»Das Buch ist zudem leicht lesbar,
anregend und problemorientiert.«
Prof. Ulrich Gonschorrek,
Der Verwaltungswirt

»Ein interessantes und informatives
Buch (...), das keineswegs nur
Führungskräften, sondern auch
deren Gesprächspartnern dringend
zu empfehlen ist.«
Bonner Generalanzeiger

Aus dem Inhalt:
Die zwei Hauptfunktionen des
Mitarbeitergesprächs; Grundlagen
mitarbeiterorientierter Gesprächsführung; Lenken des Mitarbeitergesprächs; Spezielle Techniken der
Gesprächsführung; Empfehlungen
für das Selbststudium.

Theo Gehm
Kommunikation im Beruf
Hintergründe, Hilfen, Strategien.
228 Seiten. Broschiert.
ISBN 3-407-36312-5

»Theo Gehms Publikation ist gleich-
zeitig Ratgeber und Lehrbuch. (...)
Der Band ist klar strukturiert und in
kurze, auch einzeln konsultierbare
Abschnitte unterteilt, die zusätzlich
vertiefende Übungen anbieten.
Das stark auf die Praxis ausgerich-
tete Buch kann allen Berufsleuten
helfen, ihr kommunikatives
Verhalten zu verbesserr. und ihre
Gespräche bewußter zu führen.«
Der kleine Bund

»Ein Leitfaden, der seinen Preis
wert ist.« *Angela E. Kardung,*
ekz-Informationsdienst

Aus dem Inhalt:
Dissonanz und ihre Folgen; Ziel-
orientierte Gesprächsvorbereitung;
Kommunikationstechniken; Frage-
formen und ihr gezielter Einsatz;
Öffnende Gesprächsführung und
aktives Zuhören.

Beltz Verlag · Postfach 100154 · 69441 Weinheim

B0010

W BELTZ WEITERBILDUNG

Jörg Knoll
Kurs- und Seminarmethoden
Ein Trainingsbuch zur Gestaltung
von Kursen und Seminaren,
Arbeits- und Gesprächskreisen.
202 Seiten. Broschiert.
ISBN 3-407-36301-X

»Dieses Buch erklärt fundiert und
anschaulich vor dem Hintergrund
ganz konkreter Beispiele aus der
Praxis, welche Kriterien man bei
der Auswahl seiner Methoden
beachten sollte, um die Gruppe
optimal motivieren und aktivieren
zu können.«
villa bossaNova,
Lebendige Seminarmethoden

»Ein vergleichbar solide gemachtes,
praxisnahes und ansprechendes
Methodenbuch ist mir nicht
bekannt.«
Hans-Joachim Petsch, Unser Auftrag

Aus dem Inhalt:
Methoden in der Anwendung;
Einflüsse bei der Auswahl und
Durchführung von Methoden;
Einzelne Methoden (Sandwich-
Methode, Motorinspektion,
Fallarbeit, Phantasiereise u.a.m.).

Jörg Knoll
Kleingruppenmethoden
Effektive Gruppenarbeit in
Kursen, Seminaren, Trainings und
Tagungen.
144 Seiten. Broschiert.
ISBN 3-407-36309-5

»Dieses Buch versteht sich als Pra-
xishilfe und folgt dem Grundsatz,
daß Kleingruppen ein höchst wirk-
sames Instrument der Arbeit sind,
sofern es präzise eingesetzt wird.«
TRAINING aktuell

»Das Buch ist sehr benutzerfreund-
lich aufgebaut, bietet viele Beispiele
und optische Auflockerungen (...)
und verdient meines Erachtens
das Prädikat ›besonders praxis-
orientiert‹.«
Werner Lenz, Erwachsenenbildung
in Österreich

Aus dem Inhalt:
Einsatzbereiche von Gruppen-
arbeit (Eröffnung, Vertiefung,
Abschluß von Arbeitsphasen);
Entwicklung und Formulierung
von Arbeitsaufträgen; Varianten
und Techniken; Übergänge von
Gruppenarbeit zum Plenum.

Ulrich Lipp / Hermann Will
Das große Workshop-Buch
Konzeption, Inszenierung
und Moderation von Klausuren,
Besprechungen und Seminaren.
299 Seiten. Gebunden.
ISBN 3-407-36321-4

Workshops und Klausuren sind
spezielle Arbeitstreffen. Sie sind
aber nur dann erfolgreich, wenn
Arbeitstechniken und Dramaturgie
stimmen. Die Autoren öffnen in
diesem Buch ihren gut gefüllten
Werkzeugkasten des Moderatoren-
handwerks – entstanden und
bewährt in vielen Praxiseinsätzen.
Nicht nur Workshops, sondern
auch Besprechungen, Tagungen
und Seminare werden dadurch
lebendiger und effektiver.

Aus dem Inhalt:
Workshop-»Philosophie«; Ablauf-
pläne von Workshops; Diskussions-
formen in Workshops; Kartenabfrage, Zuruflisten, Blitzlicht, Mind-
Mapping; Bewerten und Entscheiden; Arbeit in Kleingruppen;
Visualisieren und Dokumentieren;
Umsetzung anschieben; Krisen-
management; Workshop-Exoten.

Gudrun F. Wallenwein
Spiele: Der Punkt auf dem i
Kreative Übungen zum Lernen
mit Spaß.
252 Seiten. Broschiert.
ISBN 3-407-36318-4

Viele Versuche wurden in den
letzten Jahren unternommen, um
herauszufinden, wie unser Gehirn
funktioniert, wie es arbeitet und
welche Bedingungen gute Ergebnisse fördern. Das »spielende
Lernen« spielt dabei eine wichtige
Rolle. Spielen kann uns lern- und
aufnahmebereit machen, kann uns
positiv öffnen, uns den Arbeits-
und Lernstreß nehmen. In diesem
Buch hat Gudrun F. Wallenwein
in eigenen Trainings erprobte Spiele
und Übungen gesammelt, die in
den unterschiedlichsten Situationen
eingesetzt werden können.

Aus dem Inhalt:
Der Seminarbeginn; Spiele in und
nach der Pause; Spiele am Ende eines Seminartages; Konzentrationsspiele; Lernspiele; Kommunikations-
spiele; Kreativspiele; Entspannung;
Mit Musik geht alles besser.

Beltz Verlag · Postfach 100154 · 69441 Weinheim